Med. 3+1

Reinhard Pohanka

Dokumente der Freiheit

Reinhard Pohanka

Dokumente der Freiheit

marixverlag

FSC

Mix

Produktgruppe aus vorbildlich
bewirtschafteten Wäldern und
anderen kontrollierten Herkünften

Zert.-Nr. SGS-COC-1940
www.fsc.org
© 1996 Forest Stewardship Council

Bibliografische Information der Deutschen Nationalbibliothek
Die Deutsche Nationalbibliothek verzeichnet diese Publikation in der
Deutschen Nationalbibliografie; detaillierte bibliografische Daten sind
im Internet über
http://dnb.d-nb.de abrufbar.

Copyright © by Marix Verlag GmbH, Wiesbaden 2009
Covergestaltung: Nicole Ehlers, marixverlag GmbH, Wiesbaden nach
der Gestaltung von Thomas Jarzina, Köln
Bildnachweis: akg-images GmbH, Berlin
Lektorat: Dr. Anette Pelizaeus, Mainz
Korrekturen: Dr. Bruno Kern, Mainz
Satz und Bearbeitung: Medienservice Feiß, Burgwitz
Der Text wurde in der Palatino gesetzt
Gesamtherstellung: GGP Media GmbH, Pößneck
Printed in Germany

ISBN: 978-3-86539-950-2

www.marixverlag.de

INHALT

EINLEITUNG

Die Grundrechte des Menschen mussten definiert werden, bevor man darangehen konnte, sie zu sichern. Es gab lange Zeit keine einheitliche Beschreibung dieser Rechte, und wenn es sie in Ansätzen gab, so richtete sich diese stets nach der Zeit und dem Ort, an dem sie festgestellt wurden. Es fehlte lange Zeit eine universelle und allgemeingültige Definition. Man kann die ersten Erwähnungen von Grundrechten auf die Zeit des Absolutismus zurückführen, in der es darum ging, die Rechte des Individuums gegen einen Souverän zu verteidigen: *„Als Menschenrechte bezeichnet man die dem Individuum zustehenden Rechte auf Schutz vor Eingriffen des Staates, die dem Einzelnen kraft seines Menschseins gegeben sind und auf jeden Fall erhalten bleiben und die nicht durch den Staat beschränkt werden können."* Aus dieser Zeit des Absolutismus stammt ihre Kennzeichnung als „angeborene" und „unveräußerliche" Rechte.

Ab dem 17. Jahrhundert beginnt die Zeit der Verschriftlichung der Menschenrechte in Verfassungen und „Bill of Rights", in denen Folgendes festgestellt wurde: *... zum Kern der Menschen- und Grundrechte zählen die Menschenwürde, das Recht auf Entfaltung der Persönlichkeit, Gleichheit vor dem Gesetz und Gleichberechtigung, Religions- und Gewissensfreiheit, Meinungs-, Presse-, Informations- und Lehrfreiheit, Versammlungs- und Vereinigungsfreiheit, Freizügigkeit, Berufs- und Arbeitsfreiheit, Unverletzlichkeit der Wohnung, Garantie des Eigentums und des Erbrechts, Asyl- und Petitionsrecht, sowie justitielle Rechte wie beispielsweise die Garantie gegen ungerechtfertigte Verhaftung (...)."*

Erst nachdem diese grundlegenden Rechte festgestellt wurden, arbeitete man daran, sie auch allgemein zu definieren. Grundlegende Rechte, so wurde nun formuliert, sind *„... der*

Inbegriff derjenigen Freiheitsansprüche, die der Einzelne allein aufgrund seines Menschseins erheben kann und die von einer Gemeinschaft aus ethischen Gründen rechtlich gesichert werden müssen. In diesem Sinne ist von ‚natürlichen', ‚vorstaatlichen', ‚angeborenen' oder ‚unveräußerlichen' Rechten die Rede, in deren Achtung und Sicherung sich ein politisches Gemeinwesen legitimiert …"

Die Definition der Menschenrechte und ihre Umsetzung lässt sich in drei Phasen vom 16. bis zum 21. Jahrhundert einteilen: Ihre Herleitung aus der Philosophie, ihre politische Umsetzung im Rahmen von Nationalstaaten und ihre universelle Geltung in einer globalisierten Welt durch eine weltumspannende Organisation, den Vereinten Nationen.

Die Geschichte der Menschenrechte beginnt in der antiken griechischen Philosophie. Vor mehr als 2000 Jahren entwickelte sich die Idee von der Gleichheit aller Menschen und eines natürlichen Rechts, das jedem Menschen zukommen sollte. Im frühen Christentum und in anderen Religionen erfuhr diese Naturrechtstradition eine Weiterentwicklung. Man war der Auffassung, dass alle Menschen gleich von Gott geschaffen und ihm ebenbildlich seien. Diese beiden Ideen bilden die Grundlagen der Menschenrechte. Allerdings hatten sie noch nicht viel mit der politischen Realität zu tun. Es handelte sich um philosophische Betrachtungen, die zwar einen universalen Anspruch erhoben, deren schrittweise Übertragung in die Welt der Politik und des Rechts aber erst mit Beginn der Neuzeit einsetzte.

Eine der ersten Persönlichkeiten, die eines der Menschenrechte explizit nannte, war der italienische Philosoph Giovanni Picco della Mirandola (1463-1494), der 1486 in seiner Rede *„De Hominis dignitate"* feststellte, dass den Menschen Eines auszeichne, nämlich die Freiheit der Wahl. Im Gegensatz zu allen anderen Lebewesen, deren Natur durch die Naturgesetze festgelegt ist, vermag allein der Mensch seine Natur frei zu wählen. Mirandola war zudem der erste Philosoph, der die Freiheit und Würde des Menschen als Menschenrecht philosophisch begründete. Die soziale Verpflichtung des Menschen trifft der Mensch selbst und freiwillig. Wird sein Wille missachtet und zwangsweise unterworfen, so werden seine Würde und Freiheit verletzt. Allerdings muss sich der Mensch auch darüber im Klaren sein, dass er die aus der Freiheit gewonnene Verantwortung selbst trägt und sie nicht einem Gott oder Herrscher abtreten kann.

Thomas Hobbes (1588 – 1679) begründete die Allmacht des Staates mit dem Naturzustand des Menschen, indem dieser regellos und im Krieg aller gegen alle lebe, so dass er beschloss, alle Macht auf einen Staat, den *„Leviathan"* zu übertragen, dessen Vertreter, der Souverän, für Ruhe und Ordnung zu sorgen habe.

Der Deutsche Samuel Pufendorf (1632-1694) übernahm die Idee des Naturzustandes von Hobbes. Er leitete die Staatenbildung aus der natürlichen Geselligkeit und dem Bedürfnis des Menschen ab, den Unterschied zwischen Recht und Unrecht zu erkennen. Damit setzte er sich in Widerspruch zur damals geltenden Staatstheorie, die das Recht allein auf göttliche Gesetze zurückführte. Aus dieser Sicht hat der Engländer John Locke (1632-1704) das Leben, die Freiheit und das Eigentum als die drei wichtigsten vorstaatlichen und natürlichen Rechte des Menschen abgeleitet. Es sind jene Eigenrechte, die der Mensch dem Staat nicht abgetreten hat, sie sind dem Menschen geblieben, weil er nicht darauf verzichtet hat.

Locke ging es also um die Idee der unveräußerlichen Menschenrechte.

Für ihn bilden Leben, Freiheit und Eigentum unwandelbar angeborene Rechte des Menschen. Der Zweck eines Staates sei es, diese natürlichen Menschenrechte zu schützen. Locke verpflichtet in seiner politischen Philosophie den Staat auf die Menschenrechte und vollzieht damit den entscheidenden Schritt von der abstrakten Idee der Menschenrechte zu ihrer konkreten Umsetzung im Staat. Diese Gedanken wurden später in England und den Vereinigten Staaten von Amerika aufgenommen und fanden Eingang in deren Verfassungen.

Eine andere Sichtweise hatte der holländische Gelehrte, Theologe, Jurist und Staatsmann Hugo Grotius (1583 – 1645). Auch er betrachtete das Naturrecht, jedoch nicht das des Individuums, sondern das der Staaten. Für ihn ist das Naturrecht ein Gebot der Vernunft, neben diesem besteht auch noch ein *„Ius volontarium"*, das durch den Willen gesetzte Recht, das er *„Ius gentium"*, Völkerrecht, nennt. Er definiert es als naturrechtliche Forderung, dass die Völker im Schutze des Rechtes leben dürfen und sollen. Das gesetzte Völkerrecht, aus dem Naturrecht kommend, geht diesem in der Rechtspraxis vor.

Der nächste Schritt in der Erarbeitung der Menschenrechte war deren Einführung und politische Umsetzung in den Gesetzen von Nationalstaaten. England spielte eine Vorreiterrolle bei dieser Entwicklung. Bereits 1215 wurden dem König in der *„Magna Charta Libertatum"* gewisse Rechte abgetrotzt. Die *„Petition of Rights"* von 1628 stellte die Unantastbarkeit des Bürgers sicher, und die *„Habeas-Corpus-Akte"* von 1679 bildete den entscheidenden Durchbruch zur Verankerung der Idee der Menschenrechte im konkreten staatlichen Recht.

Die englischen Rechte galten auch in den englischen Kolonien in Amerika. Dort wurde im Zuge des amerikanischen Unabhängigkeitskampfes unter direkter Berufung auf die Gedanken Lockes erstmalig in der Geschichte ein Menschenrechtskatalog für eine Demokratie formuliert, die *„Virginia Bill of Rights"* von 1776, die wie die Amerikanische Unabhängigkeitserklärung aus demselben Jahr zu den wichtigsten Dokumenten in der Geschichte der Menschenrechte zählt. Die *„Virginia Bill of Rights"* erstellte den Kern der Menschenrechte: Recht auf Leben, Freiheit und Eigentum, Versammlungs- und Pressefreiheit, Freizügigkeits- und Petitionsrecht, Anspruch auf Rechtsschutz und das Wahlrecht. Die Amerikanische Verfassung fügte ein neues Element hinzu, nämlich das persönliche Glück und das Recht für alle Menschen, es zu suchen und zu gewinnen. In ihr sind die grundlegenden Naturrechte das Leben, die Freiheit, das Eigentum und die Suche nach dem Glück.

Von Frankreich aus nahm die verfassungsrechtliche Umsetzung der Idee der Menschenrechte in Kontinentaleuropa ihren Ausgangspunkt. Die Französische Revolution von 1789 mit ihrer Parole *„liberté, égalité, fraternité"* entfaltete eine enorme Wirkung. Am 26. August 1789 wurde die französische *„Erklärung der Menschen- und Bürgerrechte"* angenommen. In ihr findet sich der Versuch, die universelle Geltung der Menschenrechte zu betonen.

Im weiteren Verlauf der Geschichte ging es dann darum, die Menschenrechte als Grundrechte in den jeweiligen nationalen Verfassungen zu etablieren, was in fast allen europäischen Staaten im Lauf des 19. Jahrhunderts gelang. Die politische und rechtliche Umsetzung der philosophischen Idee der Menschenrechte war bis Mitte des 20. Jahrhunderts europaweit zumindest theoretisch weitgehend gelungen.

Die Menschenrechte, wie sie in den Verfassungen der Nationalstaaten niedergeschrieben waren, beanspruchten universelle Gültigkeit, ihre verbindliche Verankerung als Grundrechte war aber auf die Nationalstaaten begrenzt. Diesen Widerspruch galt es in einem dritten Schritt, und zwar mit dem Versuch der universalen politischen und rechtlichen Umsetzung der Menschenrechte, aufzulösen.

Es waren die Gräuel des Zweiten Weltkrieges, welche die Menschen veranlassten, einen Weg zu suchen, um den Menschenrechten weltweit Geltung zu verschaffen. Alle Menschen auf der Welt sollten Grundrechte und Grundfreiheiten besitzen. Das war eines der wichtigsten Ziele, die zur Gründung der Vereinten Nationen führten. Durch den Zusammenschluss aller Staaten sollten die Menschenrechte nicht mehr die Angelegenheit eines einzelnen Staates sein, sondern zur Angelegenheit der internationalen Staatengemeinschaft werden. Festgehalten wurde dies in der *Charta der Vereinten Nationen* von 1945. In ihr heißt es, dass alle

Mitgliedstaaten sich verpflichten, gemeinsam und jeder für sich, mit der Organisation zusammenzuarbeiten, um die Ziele der Organisation, und dazu zählt die Durchsetzung der Menschenrechte, zu erreichen. Durch diesen Artikel ist jedes Mitglied der Vereinten Nationen verpflichtet, die Menschenrechte zu achten. Um diese zu definieren, haben die Vereinten Nationen eine *„Allgemeine Erklärung der Menschenrechte"*, eine Aufzählung der Menschenrechte, verfasst, die von der Generalversammlung 1948 angenommen wurde.

Die *„Allgemeine Erklärung der Menschenrechte"* markiert den Beginn des Bemühens um universale politische und rechtliche Durchsetzung der Menschenrechte. Sie will den Widerspruch zwischen globalem Anspruch und nationaler Geltung der Menschenrechte aufheben. Man könnte in der Entwicklung der Menschenrechte noch weitergehen, wenn man sie nur als einen nächsten Schritt sieht, in dem es darum geht, im Dialog der Religionen und Kulturen aller Menschen ein Weltethos festzulegen, um die Zweifel an der Universalität der in Europa entstandenen und christlich geprägten Menschenrechte auszuräumen und sie für alle Kulturen und Religionen anwendbar zu machen.

Es sollte aber nicht vergessen werden, dass die Menschen- und Grundrechte nicht immer freiwillig gewährt wurden, sondern oft durch Kampf und Revolution eingefordert werden mussten. Es sind Rechte, die auch heute noch nicht von allen Staaten akzeptiert oder dort gebrochen werden, wo es Staaten politisch dienlich erscheint. Es muss daher ein Anliegen aller Menschen sein, diese Rechte weiter zu beschützen, zu bewahren und anzuwenden, oder zu akzeptieren, dass ohne sie die Menschheit wieder zum Urzustand, zum Krieg aller gegen alle, zurückkehren muss. Die Menschenrechte sind nur ein dünner Schild, der zwischen dem Menschen und seiner wilden Natur steht. Sie müssen stets von Neuem erkämpft und gesichert werden.

1. Der Augsburger Religionsfriede (1555)

Freiheiten entstehen weder von selbst, noch werden sie von den Mächtigen gerne gewährt. Freiheiten mussten oft in einer langen Reihe von Auseinandersetzungen erkämpft werden. An erster Stelle stand in der Geschichte nicht der Kampf um politische Freiheiten, sondern um die Religionsfreiheit, die Freiheit, nach seinem Gewissen zu leben.

Als im Jahre 1517 Martin Luther seine 95 Thesen an die Türe der Schlosskirche zu Wittenberg anschlug, löste er die größte kirchliche, religiöse und auch politische Krise in der deutschen Geschichte aus.

In rascher Folge schlossen sich zahlreiche deutsche Fürsten der reformierten Religion an, nicht nur deshalb, weil sie die Erneuerung der Kirche anstrebten, sondern auch, um sich als Widerpart gegen die immer stärker werdende Position der habsburgischen Kaiser im Reich zu etablieren. Innerhalb weniger Jahre wuchs die „protestantische Kirche" in verschiedensten Ausformungen, deren stärkste die lutherische Kirche war, zu einer politischen Kraft im Reich heran, die sich jedem Versuch des Kaisers, sie wieder in die katholische Kirche einzubinden, widersetzte.

1530 wurde durch die protestantischen Stände auf dem Reichstag zu Augsburg versucht, die Anerkennung der reformierten Kirche, also eine erste grundlegende Religionsfreiheit, nämlich die Wahlfreiheit der Religion, zu erreichen. Das hierbei veröffentlichte Augsburger Bekenntnis („*Confessio Augustana*") war noch bestrebt, die Gemeinsamkeit mit der Katholischen Kirche wiederzuerlangen, sie war noch ein ökumenisches Bekenntnis, wurde aber in der Folge zur zentralen Bekenntnisschrift der Lutheraner, und somit ein erster Schritt auf dem Weg zur Kirchenspaltung. Kaiser Karl V., der dies erkannte, verweigerte daher dem Augsburger Bekenntnis die Anerkennung. In der Folge kam es zu innerdeutschen Auseinandersetzungen im Kampf zwischen dem Kaiser und den Protestanten im Reich, die bis 1547 andauerten und mit einem vorläufigen Sieg des Kaisers endeten. 1548 erließ Karl V. das *„Augsburger Interim"*, mit dem er die Protestanten zur Vereinigung mit der Katholischen Kirche zwingen wollte. Dieser Versuch endete 1552 mit dem Aufstand der protestantischen Fürsten im Reich, worauf im *„Vertrag von Passau"* die Gleichberechtigung der beiden Konfessionen bis zum nächsten Reichstag ausgesprochen wurde.

Kaiser Karl V. zog sich daraufhin aus der deutschen Politik zurück, sein Bruder Ferdinand I. berief in seiner Vertretung für 1555 einen Reichstag nach Augsburg ein, wo er mit den lutherischen Protestanten den *„Augsburger Religionsfrieden"* schloss.

Die Kernpunkte dieses Dokumentes, mit dem im Reich eine friedliche Koexistenz beider Konfessionen erreicht werden sollte, umfasst zwei Rechte:

Das *„ius reformandi"* ist das Recht des Landesherren, in seinem Herrschaftsgebiet die zu praktizierende Religion zu bestimmen. Daraus aber, und das ist das revolutionäre Gedankengut des Augsburger Religionsfriedens, leitet sich ein zweites Recht ab, das *„ius emigrandi"*. Es ist dies das Recht der Andersgläubigen, ein konfessionell definiertes Herrschaftsgebiet zu verlassen und nach Bezahlung einer Abzugssteuer in ein Gebiet ihres Glaubens überzusiedeln. Erlaubt war dies aber nur Katholiken und Lutheranern, während Reformierte, Calvinisten und Anhänger Zwinglis davon ausgenommen waren.

Im Augsburger Religionsfrieden wurde damit erstmals ein Individualrecht festgeschrieben, das im Gegensatz zu anderen europäischen Staaten, in denen die Verfolgung Andersgläubiger durch Zwang und durch den Henker durchgeführt wurde, als fortschrittlich bezeichnet werden konnte. Damit kann das *„ius emigrandi"* als erstes niedergeschriebenes Grundrecht in der deutschen Geschichte bezeichnet werden.

Der Augsburger Reichs- und Religionsfriede 1555 (Auszug)

§ 14 – Landfriedensformel

Setzen demnach, ordnen, wollen und gebieten, dass fernerhin niemand, welcher Würde, Standes oder Wesens er auch sei, den anderen befehden, bekriegen, fangen, überziehen, belagern, [...] [möchte], sondern ein jeder den anderen mit rechter Freundschaft und christlicher Liebe entgegentreten soll und durchaus die Kaiserliche Majestät und Wir alle Stände, und wiederum die Stände Kaiserliche Majestät und Uns, auch ein Stand den anderen, bei dieser nachfolgenden Religionskonstruktion des aufgerichteten Landfriedens in allen Stücken lassen sollen.

§ 15 – Religionsformel

Und damit solcher Friede auch trotz der Religionsspaltung, wie es die Notwendigkeit des Heiligen Reiches Deutscher Nationen erfordert, desto beständiger zwischen der Römischen Kaiserlichen Majestät, Uns, sowie den Kurfürsten, Fürsten, und Ständen aufgerichtet und erhalten werden möchte, so sollen die Kaiserliche Majestät, Wir, sowie die Kurfürsten, Fürsten und Stände keinen Stand des Reiches wegen der Augsburgischen Konfession, und deren Lehre, Religion und Glauben in gewaltsamer Weise überziehen, beschädigen, vergewaltigen oder auf anderem Wege wider Erkenntnis, Gewissen und Willen von dieser Augsburgischen Konfession, Glauben, Kirchengebräuchen, Ordnungen und Zeremonien, die sie aufgerichtet haben oder aufrichten werden, in ihren Fürstentümern, Ländern und Herrschaften etwas erzwingen oder durch Mandat erschweren oder verachten, sondern diese Religion, ihr liegendes und fahrendes Hab und Gut, Land, Leute, Herrschaften, Obrigkeiten, Herrlichkeiten und Gerechtigkeiten ruhig und friedlich belassen, und es soll die strittige Religion nicht anders als durch christliche, freundliche und friedliche Mittel und Wege zu einhelligem, christlichem Verständnis und Vergleich gebracht werden.

§ 17 – Beschränkung des Vertrages auf zwei Religionen – Katholiken und Lutheraner

Doch sollen alle anderen so obgemelten beiden Religionen nicht anhängig in diesem Frieden nicht gemeint, sondern gänzlich ausgeschlossen sein.

§ 18 – Geistlicher Vorbehalt

Wo ein Erzbischof, Bischof, Prälat oder ein anderer geistlichen Standes von Unser alten Religion abtreten würde, dass derselbige sein Erzbistum, Bistum, Prälatur und andere Benificia, auch damit alle Frucht und Einkommen, so er davon gehabt, alsbald ohne einige Verwiderung und Verzug, jedoch seinen Ehren ohne Nachteil, verlassen, auch den Kapiteln, und denen es von gemeinhin Rechten oder der Kirchen und Stift Gewohnheiten zugehört, ein Person, der alten Religion verwandt, zu wählen und zu ordnen zugelassen sein, welche auch samt der geistlichen Kapiteln und anderen Kirchen bei der Kirchen und Stift-Fundationen, Elektionen, Präsentationen, Konfirmationen, altem Herkommen, Gerechtigkeit und Gütern, liegend und fahrend, unverhindert und friedlich gelassen werden sollen, jedoch künftiger christlicher, freundlicher und endlicher Vergleichung der Religion unvergreifflich.

§ 23 – Recht zur Auswanderung

Es soll auch kein Stand den andern, noch desselben Untertanen zu seiner Religion dringen, abpraktizieren, oder wider ihre Obrigkeit in Schutz und Schirm nehmen, noch verteidigen in keinen Weg. Und soll hiermit denjenigen, so hiebevor von alters Schutz- und Schirmherrn anzunehmen gehabt, hiedurch nichts benommen, und dieselbige nicht gemeint sein.

Wo aber unsere, auch der Churfürsten, Fürsten und Stände Untertanen der alten Religion oder Augsburgischen Konfession anhängig, von solcher ihrer Religion wegen, aus unsern, auch der Churfürsten, Fürsten und Ständen des Heiligen Reiches Landen, Fürstentümern, Städten oder Flecken, mit ihren Weib und Kindern, an andere Ort ziehen und sich nieder tun wollten, denen soll solcher Ab- und Zuzug, ... zugelassen und bewilligt, auch an ihren Ehren und Pflichten allerding unentgolten sein.

§ 27 – Religionsfreiheit in Reichsstädten

Nachdem aber in vielen Frei- und Reichsstädten die beiden Religionen ..] eine Zeit im Gang und Gebrauch gewesen, so sollen dieselbigen hinführ auch also bleiben, und in denselben Städten gehalten werden, und derselben Frei- und Reichsstädtischen Bürger, und andere Einwohner, geistlichen und weltlichen Stands, friedlich und ruhig, bei und neben einander wohnen, und kein Teil des andern Religion, Kirchengebräuche, oder Zeremonien, abzuthun, oder ihn davon zu bringen, unterstehen, sondern jeder Teil den andern, laut dieses Friedens, bei solcher seiner Religion, Glauben, Kirchengebräuchen, Ordnungen und Zeremonien, auch seinen Hab und Gütern und allem andern, wie hie oben beider Religion Reichs-Stände halben verordnet und gesetzt worden, ruhig und friedlich bleiben lassen.

Der Augsburger Religionsfriede war ein erster Ansatz in Europa, das Grundrecht der Gewissens- und Religionsfreiheit zu akzeptieren. Es ging darum, die Konfessionsspaltung zu bewältigen und einen Ausgleich zwischen den christlichen Konfessionen, besonders zwischen der Katholischen Kirche und dem Luthertum, zu etablieren.

Der Religionsfriede war allerdings auch der Beginn eines staatlichen Zwangskirchentums. Jeder deutsche Landesherr konnte ab 1555 für sich und seine Untertanen die Glaubenszugehörigkeit (*„cuius regio, eius religio"*: In wessen Gebiet ich lebe, dessen Religion muss ich annehmen") verpflichtend festlegen. Wer dem auf Grund seines Gewissens nicht folgen wollte, konnte nach dem Auswanderungsrecht das Territorium des Landesherren mit einer Eigentumsgarantie verlassen. Wegen dieser Bestimmung sehen Historiker im Augsburger Religionsfrieden die erste mitteleuropäische Menschenrechtserklärung. Allerdings waren von der Friedensgarantie alle diejenigen protestantischen Strömungen ausgeschlossen, die nicht auf dem Boden des Augsburger Bekenntnisses von 1530 standen.

Das Vertragswerk von 1555 regelte erstmals dauerhaft das gleichberechtigte konfessionelle Zusammenleben beider christlicher Glaubensgemeinschaften, ohne die umstrittene Frage nach dem „wahren Glauben" zu entscheiden. *„Nicht Theologen haben damals eine Lösung gefunden, sondern Politikern war es gelungen, ein eigentlich unlösbares Problem zu regeln"*, bewertet der Historiker Johannes Burkhardt das Zustandekommen des Augsburger Religionsfriedens. *„Es war das erste Mal, dass für eine weltanschauliche Unstimmigkeit eine politisch-rechtliche Lösung ohne Gewaltanwendung gefunden wurde."*

Dieses System des „Landesherrlichen Kirchenregiments" wurde durch das aufkommende Presbyterial- und Synodalwesen sowie durch das allmähliche Auseinandertreten von Staat und Kirche im 19. Jahrhundert gelockert. Erst mit dem Ende der deutschen Monarchie 1918, mit der Weimarer Reichsverfassung von 1919 sowie mit den eigenständigen evangelischen Kirchenverfassungen der folgenden Jahre kam es zu einer völligen Trennung von Kirche und Staat.

2. Die Unabhängigkeitserklärung der Vereinigten Niederlande (1581)

Einen ungeliebten Herrscher konnte ein Volk seit alters her durch Aufstand, Revolution und Krieg beseitigen. Die Vereinigten Niederlande fanden am Ende des 16. Jahrhunderts einen neuen Weg der Befreiung, indem sie ihrem König von sich aus den Gesellschaftsvertrag zwischen König und Untertanen aufkündigten und so eine Republik schufen, die zum Vorbild für andere Staaten werden sollte.

Die „Niederen Lande" waren seit dem Mittelalter ein Teil des Heiligen Römischen Reiches gewesen. Politisch bestimmend in den Niederlanden waren die Städte, die durch Handel zu Reichtum gekommen waren und sich zu größeren politischen Verbänden zusammenschlossen. Da die Niederlande ein Teil des Habsburgischen Imperiums waren, kamen sie zu Beginn des 16. Jahrhunderts unter die Herrschaft Karls V., der das Land in siebzehn Provinzen aufteilte. Gegen die Herrschaft der Spanier organisierten sich die Niederlande mit dem Adel, den Bürgern und der Geistlichkeit in den Generalständen. In der Reformation zum Großteil calvinistisch geworden, standen diese im Gegensatz zu den katholischen spanischen Habsburgern, die auf eine zentralistische Verwaltung und auf die Durchsetzung des katholischen Glaubens bedacht waren.

Ab 1568 begann sich die niederländische Widerstandsbewegung gegen die Spanier militärisch unter der Führung Wilhelms von Oranien zu formieren. Am 19. Juli 1572 kamen die Vertreter der Generalstände in Dordrecht, der ältesten Stadt der Niederlande, zusammen, um Wilhelm von Oranien als Statthalter anzuerkennen. Wilhelm machte die Akzeptanz seiner Wahl von verschiedenen Umständen abhängig, darunter von der Gewährung der Religions- und

Versammlungsfreiheit in den ihm unterstellten Gebieten, insbesondere auch für die Katholiken in den südlichen, an Frankreich angrenzenden Provinzen.

Die Dordrechter Ständeversammlung stellt damit erstmals zwei wesentliche Grundrechte des Menschen als Maßstab in der Politik fest. Es war die erste verbriefte Gewährung von solchen Grundrechten durch einen Staat im modernen Sinne und durch eine „verfassunggebende Versammlung". Die Grundlage bildete die Festlegung der Volkssouveränität durch Wilhelm, in der zum Ausdruck gebracht wurde, dass das Volk eine *„auctoritas"* habe. Daran schlossen sich ein Gesellschafts- und Herrschaftsvertrag Wilhelms an, mit dem ausdrücklich bekundeten Willen, gemeinsam den Spaniern und der Inquisition zu widerstehen.

Diese Formulierungen wurden in der Folge immer wieder für Verträge der Vereinigten Niederlande verwendet, so beim Zusammenschluss der niederländischen Provinzen in der Genter Pazifikation 1576 und der Utrechter Union 1579.

1581 vollzogen die niederländischen Staaten den endgültigen Bruch mit dem spanischen König und machten den entscheidenden Schritt zur Unabhängigkeit, als sie in der *„Acte van Afzwering"* (Akte der Abschwörung), die einen Teil des *„Plakkaat van Verlathinge"* (Unabhängigkeitserklärung) darstellt, dem Landesherren abschwörten und sich damit endgültig von Spanien lösten.

Diesem Dokument geht eine umfangreiche Präambel voraus, welche die Form einer juristischen Rechtfertigung, ausgedrückt als Anklage gegen den spanischen König Philipp, annimmt. Diese Präambel gründet sich auf die Schrift *„Vindiciae contra tyrannos"* von Philippe de Mornay und auf andere Werke der als „Monarchomachen" bezeichneten Staatstheoretiker, welche die Auffassung vertraten, dass die Herrschaftsgewalt des Monarchen durch die Rechte der Stände, welche die Vertretung des Volkes sind, beschränkt sei. Eine der zentralen Thesen der Monarchomachen war, dass ein seine Macht missbrauchender, tyrannischer Herrscher abgesetzt oder auch getötet werden könne. Die niederländischen Stände sahen dies im *„Plakkaat van Verlathinge"* pragmatischer und beriefen sich bei der Absetzung des Königs auf Quellen und alte Rechte. In ihrer Meinung, man könne einen Herrscher, der den Gesellschaftskontrakt zwischen sich und seinen Untertanen nicht erfüllt habe, beseitigen oder absetzen, war die niederländische Verfassung die erste, die dies aussprach. Ihre Ideen sollten sich zweihundert Jahre später die Gründungsväter der Vereinigten Staaten von Amerika zum Vorbild nehmen, um sich vom englischen König Georg III. loszusagen.

Unabhängigkeitserklärung der Vereinigten Niederlande (1581)

Präambel

Ein Volk ist nicht wegen des Fürsten, sondern ein Fürst um des Volkes willen geschaffen; denn ohne das Volk wäre er ja kein Fürst. Er ist dazu da, dass er seine Untertanen nach Recht und Billigkeit regiere und sie liebe wie ein Vater seine Kinder. Dass er treu walte, wie ein Hirte über seine Herde. Behandelt er sie aber nicht so, sondern bloß wie Sklaven, dann hört er auf, ein Fürst zu sein, und ist ein Tyrann. Die Untertanen aber haben das Recht, nach gesetzlichem Beschluss ihrer Vertreter, der Stände, wenn kein anderes Mittel mehr übrig ist und dass sie durch keine Vorstellung ihrer Not irgendwelche Versicherungen der Freiheit für Leib und Gut, für Weib und Kind von dem Tyrannen erlangen können, diesen zu verlassen.

Unter dem Vorwand der Religion hat der König von Spanien eine Tyrannei einzurichten versucht, und, ohne auf irgendeine Vorstellung des Landes zu achten, dessen Privilegien verletzt, den Eid gebrochen, den er auf deren Erhaltung geschworen. Und so erklären wir jetzt den König von Spanien verlustig jeden Anspruchs auf die Herrschaft in den Niederlanden; wir entbinden hiermit alle Amtsleute, Obrigkeiten, Herren, Vasallen und Einwohner von dem einst dem König von Spanien geleisteten Eid des Gehorsams und der Treue und befehlen allen Beamten, fortan den Namen, die Titel und die Siegel des Königs von Spanien nicht mehr zu gebrauchen und einen neuen Eid abzulegen, des Inhalts, uns treu zu sein gegen den König von Spanien und allen seiner Anhänger.

Mit diesem Dokument hat in der Neuzeit erstmals ein Volk seinem König von sich aus abgeschworen und ihn für abgesetzt erklärt. Dennoch hielten sich viele Beamte nicht daran und traten lieber von ihren Ämtern zurück als den König zu verlassen. In der Folge fielen die südlichen katholischen Provinzen ab und die Vereinigten Niederlande bestanden nur noch aus den sieben nördlichen protestantischen Provinzen.

Dennoch hatten die Verfasser des *„Plakkaats van Verlanthinge"* ihren Schritt zunächst nicht bis zur vollen Konsequenz durchdacht. Man suchte einen neuen Herren oder König, den man aber nicht fand, da sich kein ausländischer Souverän in einen politischen Gegensatz zu Philipp II. von Spanien begeben wollte. Nachdem Wilhelm von Oranien 1584 einem Mordanschlag zum Opfer gefallen war, lehnte es Königin Elisabeth I. von England ab, neue Herrin der Niederlande zu werden; auch dem von ihr ausgesandten Statthalter Robert Dudley, Earl von Leicester, war kein Glück beschieden. Nach Leicesters Abreise 1587 übertrugen die Generalstaaten das Recht der Souveränität auf sich selbst und machten die sieben Vereinigten Provinzen zur Republik.

Die niederländische Erklärung zur Absetzung eines Tyrannen hatte einen grundlegenden Einfluss auf Thomas Jefferson, einen der Verfasser der Amerikanischen Unabhängigkeitserklärung. Es ist anzunehmen, dass die Niederländische Unabhängigkeitserklärung durch mehrere Kopien in Amerika bekannt war, und die bereits einmal erfolgte Absetzung eines Königs durch das Volk war für die auf Rechtssicherheit bedachten Verfasser der Amerikanischen Unabhängigkeitserklärung der Präzedenzfall, den sie benötigten, um eine Republik unter Absetzung des bisherigen Souveräns zu gründen. Damit hat die niederländische Unabhängigkeitserklärung durch die Amerikanische Verfassung bis heute ihre Bedeutung bewahrt.

3. Der Friede von Münster und Osnabrück – Westfälischer Friede (1648)

Einmal gewährte Freiheiten und Menschenrechte haben keine Garantie, dass sie für immer gelten. Im Gegenteil, es gab immer wieder Personen und Mächte, welche diese wieder revidieren und zurücknehmen wollten. Im Westfälischen Frieden von 1648 wurden keine neuen Freiheiten begründet, aber die rund achtzig Jahre zuvor in Augsburg vereinbarten weiter bekräftigt. Zugleich wurde dabei ein erstes Modell internationaler Konfliktbewältigung und Friedenssicherung versucht und ein erstes deutsches Grundgesetz geschaffen.

Der Friede von Münster und Osnabrück, genannt der Westfälische Friede, wurde am 24. Oktober 1648 gleichzeitig in Münster und Osnabrück unterzeichnet. Der Vertrag beendete nicht nur den Dreißigjährigen Krieg und die spanische Hegemonialstellung in Europa, sondern stellte auch einen ersten Versuch einer neuzeitlichen europäischen Friedensordnung dar.

Der Dreißigjährige Krieg von 1618 – 1648 setzte sich zusammen aus einer Vielzahl von verschiedenen, miteinander verschränkten konfessionellen, verfassungs- und mächtepolitischen Konflikten, in die fast alle europäischen Mächte verwickelt waren. Der Krieg begann 1618 mit dem Prager Fenstersturz, als die protestantischen böhmischen Stände die Kaiserlichen Statthalter aus den Fenstern der Prager Burg stürzten. In der Folge verheerten die Soldaten des Kaisers, Frankreichs und Schwedens das Reich, das in den dreißig Jahren des Krieges fast ein Drittel seiner Einwohnerzahl verlor. Die Auseinandersetzungen spielten sich unter dem

Vorwand der Konfessionen in einer Auseinandersetzung von katholischer Majestät gegen protestantische Fürsten, und andererseits im Gegensatz von Reich gegen Frankreich und Schweden ab. Nach 1640 führte der Krieg zu einer weitgehenden Erschöpfung der verfeindeten Parteien, sodass klar wurde, dass man den Krieg mit einer gewaltigen diplomatischen Kraftanstrengung, welche nicht nur territoriale, sondern auch religionspolitische Fragen lösen sollte, beenden musste.

Bei den Verhandlungen von 1643 bis 1648 im katholischen Münster und evangelischen Osnabrück – Katholiken und Protestanten wollten sich nicht Angesicht zu Angesicht gegenüberstehen – waren Gesandte fast aller europäischen Mächte, der einzelnen Reichsstände und des Papstes beteiligt. Die Friedensverträge von Münster und Osnabrück waren völkerrechtliche Verträge und wirkten zugleich als ein erstes Reichsgrundgesetz.

Die beiden Vertragswerke beendeten den Dreißigjährigen Krieg und schufen die Grundlage für die weitere politische und religiöse Entwicklung in Deutschland. Neben der Vielzahl der Einzelregelungen ist eines der wichtigsten Ergebnisse die Lösung der Konfessionsfrage im Reich durch gegenseitige Toleranz. Mit dem Vertrag wurde die Gleichberechtigung der protestantischen und katholischen Gebiete festgelegt. Dies stellte die Grundlage für die weitere politische Entwicklung im Reich dar und bedeutete eine beginnende Trennung von Politik und Kirche in den protestantischen Territorien. Die protestantischen Fürsten wurden damit unabhängig vom Kirchenrecht, weshalb der Papst die Anerkennung des Westfälischen Friedens verweigerte.

Friede von Münster und Osnabrück – Westfälischer Friede 1648 (Auswahl)

Art. V, 1 Bestätigung des Augsburger Religionsfriedens

Der im Jahre 1552 zu Passau geschlossene Vertrag sowie der wenig später im Jahre 1555 geschlossene Religionsfriede, der 1566 zu Augsburg und hernach auf verschiedenen Reichstagen des Hl. Römischen Reichs bestätigt wurde, soll mit allen seinen Artikeln in der Form, in der diese mit einmütiger Zustimmung des Kaisers, der Kurfürsten, Fürsten und Stände beider Konfessionen angenommen und beschlossen wurden, als gültig anerkannt und als heilig und unverletzlich eingehalten werden. Was aber hinsichtlich einiger streitiger Artikel im gegenwärtigen Vertrag durch einstimmigen Beschluss der Parteien festgelegt worden ist, soll als eine für immer gültige Auslegung des besagten Friedens angesehen werden, die sowohl bei Gericht als auch anderen Orts zu beachten ist, bis man sich durch Gottes Gnade über die Religionsfragen verglichen haben wird, unbeschadet des von Geistlichen oder Laien innerhalb oder außerhalb des Reiches zu irgendeiner Zeit erhobenen Widerspruchs oder Protests, der kraft gegenwärtigen Vertrages insgesamt für unwirksam erklärt wird.

In allen übrigen Punkten aber soll zwischen sämtlichen Kurfürsten, Fürsten und Ständen beider Bekenntnisse vollständige und gegenseitige Gleichheit, wie sie der gesamten Verfassung des Reiches, den Reichsgesetzen und dem gegenwärtigen Vertrag gemäß ist, herrschen, und zwar in der Weise, dass das, was für den einen Teil Recht ist, auch für den anderen Teil Recht sein und alle Gewaltanwendung, wie überall so auch hier, zwischen beiden Parteien für immer untersagt sein soll.

Art. V, 2 Normaltag – Stichtag für Restitutionen

Der Stichtag für die Restitution in geistlichen Angelegenheiten sowie für das, was als deren Folge in den weltlichen Angelegenheiten verändert wurde, soll der 1. Januar 1624 sein. Es soll daher die Wiedereinsetzung aller Kurfürsten, Fürsten und Stände beider Konfessionen unter Einschluss der freien Reichsritterschaft sowie der reichsunmittelbaren Städte und Dörfer vollständig und ohne jeden Vorbehalt geschehen, wobei alle in der Zwischenzeit in diesen Angelegenheiten ergangenen, veröffentlichten und vollzogenen Urteile, Verfügungen, Vergleiche, Verträge, Zuwendungen und andere Rechtsgeschäfte sowie alle Vollstreckungen als unwirksam anzusehen sind und alles auf den Stand des vorerwähnten Jahres und Tages zurückzuführen ist.

Art. V, 7 Verwaltung von Kirchen und Schulen

Jedem Teil soll die Verwaltung seiner Kirchen und Schulen vorbehalten bleiben; diejenigen Katholiken aber, die zur Zeit dieses Friedensschlusses über die oben vereinbarte Anzahl hinaus in Behörden und Ämtern sind, sollen zwar in jeder Hinsicht ihre früheren Ränge und ihre früheren Vorteile behalten dürfen, jedoch so lange zu Hause bleiben oder, wenn sie einmal im Rat anwesend sein sollten, keine Stimme haben, bis ihre Stellen entweder durch Tod oder durch Verzicht frei geworden sind.

Art. V, 8 Verbot der Unterdrückung Andersgläubiger

Keine von beiden Parteien soll die Amtsgewalt der Angehörigen ihres Bekenntnisses zur Unterdrückung des anderen Teils missbrauchen oder sich herausnehmen, unmittelbar oder mittelbar eine größere Anzahl von Glaubensgenossen in die Ämter von Stadtpflegern, Ratsherrn oder anderen öffentlichen Funktionen einzusetzen; vielmehr soll alles, was zu irgendeiner Zeit oder auf irgendeine Art und Weise versucht worden ist, unwirksam sein.

Art. V, 14 Vorrang des Vertrages
über einzelne Streitigkeiten

Was die reichsunmittelbaren geistlichen Herrschaften betrifft, es mögen Erzbistümer, Bistümer, Prälaturen, Abteien, Balleien, Probsteien, Komtureien oder freie weltliche Stifter oder andere sein, so sollen diese einschließlich ihrer Einkünfte, Zinsen und sonstigen Rechte, welche Bezeichnung diese auch haben mögen, ob sie von katholischen Reichsständen oder solchen der Augsburgischen Konfession am 1. Januar 1624 besessen worden sind, samt und sonders und ohne jede Ausnahme von den Angehörigen jenes Bekenntnisses, die sie zum Stichtag rechtmäßig innegehabt haben, so lange ungestört und uneingeschränkt besessen werden, bis man sich wegen der Glaubensspaltung mit Gottes Gnade endgültig verglichen hat; und es soll keinem von beiden Teilen erlaubt sein, deswegen einen gerichtlichen oder außergerichtlichen Rechtsstreit zu führen oder den anderen in irgendeiner Weise zu stören oder ihm irgendein Hindernis in den Weg zu legen. Wenn aber, was Gott verhüten möge, wegen der Religionsstreitigkeiten ein gütlicher Vergleich nicht erzielt werden kann, so sollen dieser Vertrag und dieser Friede für immer und ewig Geltung haben.

Art. V, 30 Recht zur Auswanderung

Was ferner die Grafen, Freiherrn, Adeligen, Vasallen, Städte, Stiftungen, Klöster, Kommenden, Gemeinden und Untertanen der geistlichen und weltlichen Reichsstände betrifft, so ist, da diesen reichsunmittelbaren Ständen neben der Landesherrschaft nach allgemeinem Reichsherkommen auch das Reformationsrecht zusteht und den Untertanen dieser Reichsstände schon seit dem Religionsfrieden das Recht der Auswanderung für den Fall gewährt worden ist, dass sie anderen Bekenntnisses als der Landesherr sind, und überdies zum Zwecke der Aufrechterhaltung größerer Eintracht unter den Ständen Vorsorge getroffen wurde, dass keiner die Untertanen des anderen zu seinem Bekenntnis herüberziehen oder deswegen in Schutz und

Schirm nehmen oder ihnen auf andere Weise Hilfe leisten soll,
ist bestimmt worden, dass diese Vorschrift auch künftig von den
Ständen beider Bekenntnisse beachtet und keinem Reichsstand
das Recht, das ihm gemäß der Landeshoheit in Religionssachen
zusteht, geschmälert werden soll.

Art V, 34 Freiheit der Religionsausübung

Ferner ist man übereingekommen, dass die der Augsburgischen
Konfession angehörenden Untertanen katholischer Stände wie
umgekehrt katholische Untertanen von Ständen der Augsburgi-
schen Konfession, denen im Jahre 1624 zu keinem Zeitpunkt die
öffentliche oder private Religionsausübung zustand, wie auch
die, die nach der Verkündung des Friedens künftig ein anderes
Glaubensbekenntnis annehmen oder annehmen werden als ihr
Landesherr, mit Nachsicht geduldet und nicht daran gehindert
werden sollen, sich in vollständiger Gewissensfreiheit in ihren
Häusern ihrer Andacht ohne jede Nachforschung und ohne jede
Beeinträchtigung privat zu widmen, in der Nachbarschaft so oft
und wo immer sie wollen am öffentlichen Gottesdienst teilzu-
nehmen und ihre Kinder entweder in auswärtigen Schulen ihres
Bekenntnisses oder zu Hause von Privatlehrern unterweisen zu
lassen. Doch sollen Landsassen, Vasallen und Untertanen im
Übrigen ihre Pflicht in schuldigem Gehorsam und Unterord-
nung erfüllen und zu keinerlei Unruhen Anlass geben."

Art. VII, 1 Gleichstellung des reformierten Bekenntnisses

Mit einhelliger Zustimmung der Kaiserlichen Majestät und aller
Reichsstände ist außerdem bestimmt worden, dass alle Rechte
oder Vergünstigungen, die neben anderen Reichsgesetzen vor
allem der Religionsfriede und dieser öffentliche Vertrag sowie
in ihm die Regelung der Religionsbeschwerden den der ka-
tholischen und der Augsburgischen Konfession angehörenden
Stände und Untertanen gewähren, auch denen zukommen sol-
len, die als Reformierte bezeichnet werden; sämtlich jedoch mit
Vorbehalt der Verträge, Privilegien, Reversalien und anderen

Bestimmungen, die die sogenannten protestantischen Stände unter sich und mit ihren Untertanen abgeschlossen haben und in denen alles, was wegen der Religion und deren Ausübung sowie dessen, was damit zusammenhängt, für die Stände und Untertanen eines jeden Ortes unbeschadet der Gewissensfreiheit eines jeden bestimmt worden ist.

Art. VIII, 1 Bestätigung der Rechte der Untertanen

Damit aber Vorsorge getroffen sei, dass künftig keine Streitigkeiten in Bezug auf die Verfassung entstehen, sollen sämtliche Kurfürsten, Fürsten und Stände des Römischen Reiches in ihren alten Rechten, Vorrechten, Freiheiten, Privilegien, der ungehinderten Ausübung der Landeshoheit sowohl in geistlichen als auch in weltlichen Angelegenheiten, Herrschaften, Regalien sowie in deren Besitz Kraft dieses Vertrages derart bestätigt und bekräftig werden, dass sie von niemandem jemals unter irgendeinem Vorwand tatsächlich beeinträchtigt werden können oder dürfen.

Art. VIII, 2 Gewährung der Landes- und Vertragshoheit

Ohne jede Einschränkung sollen sie das Stimmrecht bei allen Beratungen über Reichsgeschäfte haben, namentlich, wenn Gesetze zu erlassen oder auszulegen, Kriege zu beschließen, Abgaben vorzuschreiben, Werbungen oder Einquartierungen von Soldaten zu veranlassen, neue Befestigungen innerhalb des Herrschaftsgebietes der Stände im Namen des Reiches zu errichten oder alte mit Besatzungen zu versehen, Frieden oder Bündnisse zu schließen oder andere derartige Geschäfte zu erledigen sind; nichts von diesen Angelegenheiten soll künftig jemals geschehen, ohne dass die auf dem Reichstag versammelten Reichsstände freiwillig zugestimmt und ihre Einwilligung gegeben haben.
Insbesondere aber soll den einzelnen Ständen das Recht zustehen, unter sich oder mit Auswärtigen zu ihrer Erhaltung und Sicherheit Bündnisse zu schließen, jedoch in der Weise, dass sich solche Bündnisse nicht gegen den Kaiser, gegen das Reich und dessen Landfrieden oder insbesondere gegen diesen Vertrag

richten, vielmehr so beschaffen sind, dass der Eid, durch den jeder von ihnen Kaiser und Reich verpflichtet ist, in allen Teilen unberührt bleibt."

Eines der wichtigsten Ergebnisse im Vertrag war in Bezug auf die Konfessionsfrage die Gewährung der Gleichberechtigung von drei Konfessionen. Der Augsburger Religionsfriede von 1555 wurde wiederhergestellt und auf die Calvinisten ausgedehnt. Die Restitution der geistlichen und weltlichen Rechtsverhältnisse wurde gemäß dem „Normaltag" des 1. Januar 1624 festgelegt, die Protestanten konnten alle geistlichen Besitzungen behalten, die vor 1624 säkularisiert worden waren. Es galt die Konfessionszugehörigkeit dieses Stichtages, spätere Wechsel waren zu tolerieren. Die Reichsstände behielten ihre Kirchenhoheit, durften aber andersgläubige Untertanen nicht diskriminieren, diese durften ihren Glauben privat ausüben. Der Landesherr legte, wie schon 1555 geregelt, die Religion seines Territoriums fest. Wer diese Religion nicht annehmen wollte, konnte oder musste auswandern.

Geistliche katholische Fürsten durften nicht zum Protestantismus wechseln. Der „geistliche Vorbehalt" sah vor, dass katholische Fürsten bei einem Konfessionswechsel ihr Amt als Landesherr verloren.

Die Reichsverfassung wurde so umgewandelt, dass keine Konfession die andere dominieren konnte. Auf Reichstagen galt in Religionssachen nicht mehr das Mehrheitsprinzip, das bislang den katholischen Reichsständen einen Vorteil verschafft hatte, sondern ein Zwang zur „freundschaftlichen Einigung" der beiden Religionsparteien.

Die Konfessionsproblematik verschwand allerdings auch mit dem Westfälischen Frieden nicht, aber insgesamt bildete das Verfassungssystem des Reiches in der Folgezeit den Rahmen für eine konfessionelle Koexistenz der Reichsstände und für eine juristische Austragung politisch-sozialer Konflikte.

Ein weiteres Ergebnis des Westfälischen Friedens war, dass sich in Europa erstmals zwei Demokratien auch vertragsmäßig etablieren konnten. Die Schweizer Eidgenossenschaft und im parallel ausgehandelten niederländisch-spanischen Frieden die Republik der Vereinigten Niederlande wurden als souveräne Staaten anerkannt. Sie erhielten innerhalb ihrer Territorien alle Hoheitsrechte, waren aber weiterhin Mitglieder des Reichs und an Reichsgesetze gebunden.

Art. XVII, 2 Der Friede als erstes Reichsgrundgesetz

Zur größeren Gewähr und Sicherheit sämtlicher Bestimmungen soll der gegenwärtige Vertrag als ein dauerndes Verfassungsgesetz des Reiches wie alle anderen Gesetze und Grundgesetze des Reiches ausdrücklich dem nächsten Reichsabschied und der nächsten kaiserlichen Wahlkapitulation einverleibt werden und für alle gegenwärtigen, geistlichen wie weltlichen Personen, sie seien Reichsstände oder nicht, gleichermaßen verbindlich sowie den kaiserlichen Räten und den Räten und Dienern der Städte, auch den Richtern und Beisitzern aller Gerichte als eine für immer zu beachtende Vorschrift vorgeschrieben sein.

Art. XVII, 5 Allgemeine Gewähr des Friedens

Der geschlossene Friede soll uneingeschränkt in Kraft bleiben, und die Vertragsparteien sollen verpflichtet sein, sämtliche Bestimmungen dieses Friedens gegen jedermann ohne Unterschied des Bekenntnisses zu schützen und zu verteidigen. Sollte aber eine Bestimmung verletzt werden, soll der Geschädigte den Schädiger zunächst abmahnen, danach jedoch die Sache einem gütlichen Vergleich oder einer rechtlichen Entscheidung zuführen.

Art. XVII, 6 Sicherung des Friedens

Sollte aber ein solcher Streit durch keines dieser Mittel innerhalb von drei Jahren zu Ende gebracht werden können, so sollen sämtliche Vertragspartner verpflichtet sein, sich mit dem Verletzten in Rat und Tat zu verbinden und auf den Hinweis des Verletzten, dass weder der Weg einer gütlichen Einigung noch der Rechtsweg zum Erfolg geführt habe, zur Unterdrückung des Unrechts zu den Waffen zu greifen, unbeschadet jedoch der einem jeden zustehenden Gerichtsbarkeit und aller für jeden Fürsten oder Stand geltenden Gesetze und Ordnungen.

Art. XVII, 7 Verbot von Gewaltanwendung

Keinem Reichsstand soll es erlaubt sein, sein Recht mit Gewalt und mit Waffen zu verfolgen, sondern jeder soll den Weg des Rechts beschreiten, wenn ein Streit entstanden ist oder künftig entstehen sollte. Wer dem zuwiderhandelt, soll des Friedensbruches angeklagt werden. Was durch Gerichtsurteil entschieden wurde, soll ohne Unterschied des Standes vollzogen werden, wie es die Reichsgesetze über den Vollzug eines Urteils bestimmen.

Die Bestimmungen des Artikels XVII bildeten ein erstes Grundgesetz des Reiches und stellten einen völkerrechtlichen Versuch dar, in Streitfällen zu friedlichen Verhandlungen zu greifen statt Kriege zu führen.

Obwohl der Vertrag in der Folgezeit keinen allgemeinen Frieden in Europa herbeiführte, wurde er zur Grundlage eines neuen völkerrechtlichen Systems. Von zentraler Bedeutung für das Reich waren die verfassungspolitischen Bestimmungen. Sie garantierten die „Teutsche Libertät", die Reichsstände wurden souverän und durften unabhängig von Kaiser und Reich Bündnisse mit dem Ausland und untereinander schließen, jedoch nicht gegen Kaiser und Reich. Der Kaiser war bei allen Entscheidungen, die das Reich betrafen, an ihre Zustimmung gebunden. Das Reich war damit in souveräne Einzelstaaten zerfallen und bildete bis zu seinem Ende 1806 ein Machtvakuum in Europa.

Der Westfälische Friede gab Europa eine neue Ordnung, wenngleich keinen dauerhaften Frieden. Immer neue Kriege überzogen den Kontinent, bis Kaiser Franz II. die Kaiserkrone niederlegte. Aber erstmals hatten in Münster und Osnabrück Unterhändler europäischer Mächte gemeinsam um einen europäischen Frieden gerungen und Kompromisse ausgehandelt.

4. Die Habeas-Corpus-Akte (1679)

Der Schutz vor ungerechter Verhaftung und Inhaftierung gehört zu den ältesten Anliegen der Menschen. Die Gefahr, der Willkür und der Macht eines entfernten Königs oder einer anderen anonymen Institution hilflos ausgeliefert zu sein, führte in England im 17. Jahrhundert zur Formulierung der Habeas-Corpus-Akte, die eines der wichtigsten Grundrechte des Menschen, nämlich die Feststellung von Schuld und Unschuld oder von Haft und Freiheit durch ein unabhängiges Gericht festschrieb. Die Habeas-Corpus-Akte beruhte teilweise auf älteren Bestimmungen und schuf klare Verfahrensregeln. Sie war ein Meilenstein in der Entwicklung der persönlichen Freiheitsrechte.

Habeas Corpus, aus dem Lateinischen übersetzt bedeutet das: „(Wir befehlen) den Körper zu haben", ist eine Rechtsvorschrift oder ein Erlass, mit dem eine Person ihre Befreiung von unrechtmäßiger Einkerkerung entweder für sich selbst oder für jemand anderen verlangen kann.

Der Erlass des Habeas Corpus war historisch gesehen ein wichtiges Instrument zum Schutz der persönlichen Freiheit gegen jede eigenmächtige und tyrannische staatliche Maßnahme, die sich gegen eine Einzelperson richtete.

Habeas Corpus kann sich in seiner Ausformung als *„Habeas Corpus ad subiciendum"* mit der Autorität einer Richters oder Gerichts an einen offiziellen Vertreter der Staatsmacht wenden, der eine Person in seiner Gewalt hat. Er kann damit verlangen, dass dieser Gefangene vor ein ordentliches Gericht gebracht wird, dass seine Identität festgestellt wird und dass Beweise erbracht werden, die es dem Gericht erlauben festzustellen, ob der Gefangene zu Recht an seiner Freiheit gehindert wird und ob derjenige, der diese Person in seiner Gewalt hat, auch dazu berechtigt ist. Wenn nicht, muss der Gefangene befreit werden, er kann auch bis zu einer Verhandlung gegen Gewährung einer Kaution auf freien Fuß gesetzt werden. Das Recht auf eine Habeas-Corpus-Feststellung hat aber nicht nur der Gefangene selbst, sondern jede andere Person in dessen Auftrag.

Weiters ist in der Habeas-Corpus-Akte festgeschrieben, dass niemand, der von einem Verbrechen freigesprochen wurde, nochmals für dasselbe Verbrechen angeklagt werden kann, außer bei der Vorlage neuer Tatsachen und vor einem anderen Gerichtshof.

Das Petitionsrecht für einen Habeas-Corpus-Erlass wurde lange als die wichtigste Maßnahme zur Erlangung persönlicher Freiheit, als Schutz vor ungerechter Einkerkerung und Verfolgung angesehen. Die meisten Gesetzgebungen der Welt kennen diese Rechte, auch wenn sie nicht überall als Habeas Corpus bezeichnet werden.

Dennoch gibt es in vielen Ländern auch juristische Möglichkeiten, in bestimmten Zeiten, in denen sich der Staat in seiner Existenz in Gefahr sieht, die Habeas-Corpus-Akte auf Zeit zu suspendieren.

Die Rechte des Habeas Corpus wurden erstmals in England niedergeschrieben. Seit den Zeiten der Magna Charta (1215) gab es immer wieder Auseinandersetzungen zwischen König und Parlament, in deren Verlauf das Parlament versuchte, sich durch die Anerkennung von Urkunden durch den König dieses Recht zu sichern.

Bereits im alten englischen Recht hatte es die *„Writs of Habeas Corpus"* gegeben, die bestimmten, dass ein Verhafteter seinem zuständigen Richter zugeführt werden müsse, damit er sich entsprechend der Gesetze verantworten könne. Das gelte auch, wenn die Verhaftung aufgrund eines königlichen Befehls erfolgt sei. Während des Kampfes zwischen Krone und Parlament unter den Stuarts war in der *„Petition of Rights"* 1628 bereits gefordert worden, dass niemandem ohne ein rechtliches Verfahren die Freiheit entzogen werden dürfe.

Die erste Erwähnung eines „*Habeas corpus ad subicien-dum*" stammt in England aus dem Jahre 1305. In diesen Feststellungen heißt es: „*...der König hat zu allen Zeiten das Recht zu erfragen, warum eine Person ihrer Freiheit beraubt ist und wodurch ein Haftbefehl ausgelöst wurde.*"

Im mittelalterlichen Europa galt es als Vorrecht der Könige, Personen festnehmen zu lassen. Die Haftbefehle begannen je nach Haftgrund mit den Worten: *Habeas corpus ad subiciendum* (man kann die Person festhalten, um sie zum Gegenstand einer Befragung oder einer Anklage) zu machen oder mit: *Habeas corpus ad testificandum* (man kann die Person festhalten, um ein Zeugnis zu erlangen).

In England missbrauchte König Karl I. (1600-1649) dieses Recht, indem er von wohlhabenden Bürgern Gelder mit der Androhung erpresste, sie bei Verweigerung der Zahlungen einkerkern zu lassen. 1641 musste Karl einem Erlass des Parlaments zustimmen, der Verhaftungen nur noch mit angemessener Begründung zuließ. Nach dem englischen Bürgerkrieg (1642–1649), der in der Hinrichtung Karls I. gipfelte, und dem Commonwealth-Regime unter Oliver Cromwell (1649–1660) kam Karl II. (1630-1685) an die Macht, der die Praxis der willkürlichen Festnahmen wieder aufnahm, wobei er seine Gegner in Gebiete außerhalb Englands bringen ließ.

1679, in der Zeit einer Schwächeperiode seiner Herrschaft, wurde Karl II. vom Parlament gezwungen, den „*Habeas Corpus Amendment Act*" zu unterzeichnen. Angeklagte mussten danach innerhalb von drei Tagen ihrem zuständigen Richter vorgeführt werden, unabhängig von einer Verlegung des Gefangenen in ein anderes Gefängnis. Hohe Strafen wurden für diejenigen festgelegt, die diese Bestimmungen verletzten. Kein Einwohner Englands durfte zur Einkerkerung außer Landes gebracht werden.

Habeas-Corpus-Akte 1679 (Auswahl)

... In Hinblick darauf, dass durch Sheriffs, Kerkermeister und andere Offiziere, in deren Gewahrsam sich Untertanen des Königs wegen verbrecherischer oder angeblich verbrecherischer Angelegenheiten befinden, große Verzögerungen verursacht wurden, indem sie an sie gerichtete amtliche Vorführungsbefehle zurückschickten und einen und auch manchmal mehrere, Alias und Pluries Habeas Corpus ausstellten und durch andere Ausflüchte den willfährigen Gehorsam gegenüber solchen amtlichen Vorführungsbefehlen vermieden, was im Gegensatz zu ihrer Pflicht und den anerkannten Gesetzen des Landes steht, wodurch viele Untertanen des Königs in Fällen, wo sie auf Grund des Gesetzes gegen Bürgschaft freizulassen gewesen wären, zu ihrem großen Schaden und Verdruss im Gefängnis festgehalten wurden und fürderhin lange festgehalten werden könnten.

Zur Vermeidung dieser Umstände und zum Zweck der schnellen Entlassung aller Personen, die wegen derartiger verbrecherischer oder angeblich verbrecherischer Angelegenheiten verhaftet wurden, wird von des Königs erhabenster Majestät, auf den Rat und mit der Zustimmung der geistlichen und weltlichen Lords und des Unterhauses in dem hier versammelten Parlament und durch dessen rechtmäßige Autorität verfügt, dass, wann immer eine oder mehrere Personen einen an einen Sheriff, Kerkermeister, Beamten oder an eine sonstige Person, in deren Gewahrsam sie sich befinden, gerichteten Habeas-Corpus-Erlass vorweisen und der besagte Erlass dem besagten Beamten überreicht oder im Kerker oder Gefängnis bei irgendeinem Unterbeamten oder Unterkerkermeister oder bei den Stellvertretern der besagten Beamten oder Kerkermeister hinterlassen wird, so müssen der besagte Beamte oder die besagten Beamten oder seine oder ihre Unter-Beamten, Unter-Kerkermeister und Stellvertreter innerhalb von drei Tagen nach der vorerwähnten Überreichung des Erlasses (sofern es sich bei der besagten Verhaftung nicht um Verrat oder Treubruch handelt und dies im Haftbefehl klar und besonders zum Ausdruck kommt) den Erlass sowie den so Verhafteten oder Eingesperrten leibhaftig zu dem oder vor den derzeitigen Lordkanzler oder Lordsiegelbewahrer von England oder die Richter oder Barone des besagten Gerichtshofes, von dem der besagte Erlass ergangen war, oder vor eine solche andere Person oder vor solche andere Personen, denen der Erlass gemäß den darin enthaltenen Vorschriften wieder zugestellt werden muss, bringen oder bringen lassen – und zwar gegen Zahlung oder Angebot der Zahlung der Unkosten der Überführung des Gefangenen (welche durch den Richter oder Gerichtshof, die sie zuerkannten, festgestellt und auf dem Erlass vermerkt werden müssen und 12 Pence pro Meile nicht übersteigen dürfen) und gegen Sicherheitsleistung durch einen von dem Gefangenen selbst in Höhe der Kosten für seine Rückführung ausgestellten Schuldschein (falls er von dem Gerichtshof oder Richter, vor den er gemäß der wahren Absicht dieses Gesetzes gebracht wird, in die Haft zurückgesandt wird) sowie gegen die Versicherung, dass er auf dem Wege keinen Fluchtversuch unternehmen werde; und sie müssen dann auch die wahren Gründe seiner Haft oder Einkerkerung bescheinigen, es sei denn, die Verhaftung der besagten Person sei an einem Orte erfolgt, der mehr als 20 Meilen von dem Ort oder den Orten entfernt ist, an dem ein solches Gericht oder eine solche Person wohnt oder wohnen wird; und wenn die Entfernung größer als 20 Meilen ist, jedoch 100 Meilen nicht überschreitet, muss dies innerhalb von spätestens 10 Tagen, wenn sie größer ist als 100 Meilen, innerhalb von spätestens 20 Tagen, nach der oben erwähnten Überreichung [des Erlasses] geschehen.

… und wenn irgendein Beamter oder mehrere Beamte und die ihm oder ihnen unterstellten Beamten oder Kerkermeister oder ihre Stellvertreter es unterlassen oder sich weigern sollten, die vorerwähnten Wiederzustellungen zu veranlassen oder den oder die Gefangenen gemäß dem Befehl des besagten Erlasses innerhalb der für den jeweiligen Fall vorerwähnten Frist leibhaftig vorzuführen, oder wenn sie sich auf Verlangen des Gefangenen oder einer in seinem Namen handelnden Person

weigern sollten, der dies verlangenden Person innerhalb von 6 Stunden eine wahrheitsgetreue Abschrift des Haftbefehls oder der Haftbefehle gegen den oder die betreffenden Gefangenen, die zu übergeben hiermit von ihnen verlangt wird, zu übergeben, so müssen alle Ober-Kerkermeister und Kerkermeister solcher Gefängnisse sowie solche anderen Personen, in deren Gewahrsam der Gefangene zurückgehalten wird, bei dem ersten solchen Verstoß 100 Pfund und bei dem zweiten 200 Pfund an den Gefangenen oder an die beschwerte Person bewirken; es muss ihnen zudem unmöglich sein, ihr besagtes Amt weiterhin innezuhaben und auszuüben; die besagten Geldstrafen werden von dem Gefangenen oder der beschwerten Person bzw. ihren Bevollmächtigten oder Verwaltern in beliebiger Form an einem königlichen Gericht in Westminster eingeklagt...

....Durch die vorerwähnte Autorität wird zur Verhütung von ungerechter Schikane durch wiederholte Verhaftung wegen desselben Vergehens weiterhin verordnet, dass niemand, der auf Grund eines Habeas-Corpus-Erlasses freigegeben und auf freien Fuß gesetzt wird, zu irgendwelcher Zeit danach von irgendjemandem wegen desselben Vergehens erneut eingekerkert oder in Haft genommen werden darf, es sei denn auf Grund eines gesetzmäßigen „Gerichts-“ Befehles und eines Verfahrens vor dem Gerichtshof, vor dem zu erscheinen er auf Grund schriftlicher Verpflichtung gebunden ist, oder vor einem anderen zuständigen Gerichtshof, wenn irgendjemand diesem Gesetz zuwider jemanden, der auf die vorerwähnte Weise freigegeben und auf freien Fuß gesetzt wurde, wissentlich wegen desselben Vergehens oder angeblichen Vergehens erneut verhaftet oder einkerkert oder dafür sorgt oder veranlasst, dass er wieder verhaftet oder eingekerkert wird oder Hilfe oder Beistand dazu leistet, so verwirkt er – ungeachtet irgendwelcher Vorspiegelungen oder Veränderungen des oder der Haftbefehle – an den Gefangenen oder die beschwerte Person die Summe von 500 Pfund, die auf die vorerwähnte Weise einzuklagen ist.)

Weder Karl II. noch sein Nachfolger König Jakob I. (1633-1701) schätzten die ihre Macht beschränkenden Bestimmungen des Habeas Corpus, an die sie gebunden waren. Unter Jakobs Nachfolger Wilhelm III. von Oranien (1650-1702) und seiner Frau Maria II. wurden im Zuge der Glorreichen Revolution von 1688/89 neben der allgemeinen Regelung der englischen Verfassungsverhältnisse im Sinne des künftigen Zusammenwirkens von Königtum und Parlament auch die Habeas-Corpus-Akte bestätigt. 1816 wurde sie auf Minderjährige und Geisteskranke ausgedehnt. Allerdings war man sich darüber einig, dass die Habeas-Corpus-Akte in Krisenzeiten durch einen Parlamentsbeschluss ausgesetzt werden könne.

Die Habeas-Corpus-Akte gehört zu den Vorläufern der *Virginia Bill of Rights* (1776) und der französischen *Deklaration der Menschen- und Bürgerrechte* (1789). Obwohl der niedergeschriebene Schutz zunächst weder für alle Einwohner Englands noch lückenlos galt, markierte die Habeas-Corpus-Akte eine wesentliche Stufe in der Entwicklung der Menschenrechte. Rechte im Sinn der Habeas-Corpus-Akte enthält übrigens auch das Deutsche Grundgesetz im Art. 104 Grundrechte, Absatz 2 und 3, in denen es heißt: *„Über die Zulässigkeit und Fortdauer einer Freiheitsentziehung hat nur der Richter zu entscheiden ... Jeder wegen des Verdachts einer strafbaren Handlung Festgenommene ist spätestens am Tage nach der Festnahme dem Richter vorzuführen, der ihm die Gründe der Festnahme mitzuteilen, ihn zu vernehmen und ihm Gelegenheit zu Einwendungen zu geben hat. Der Richter hat unverzüglich einen mit Gründen versehenen schriftlichen Haftbefehl zu erlassen oder die Freilassung anzuordnen."*

In Kriegszeiten wurden die Habeas-Corpus-Rechte in verschiedenen Ländern außer Kraft gesetzt. Die bekanntesten Beispiele stammen aus der Zeit des Amerikanischen Bürgerkrieges, als sowohl der Präsident der Nordstaaten, Abraham Lincoln, wie der Präsident der Südstaaten, Jefferson Davis, diese Rechte aufhoben. Ulysses S. Grant (1869-1877) ließ in den 1870er-Jahren als amerikanischer Präsident die Habeas-Corpus-Akte in seinem Kampf gegen den Ku-Klux-Klan aufheben. Während beider Weltkriege wurden diese Rechte in England zeitweise außer Kraft gesetzt.

Die mit der Habeas-Corpus-Akte verbundenen Grundrechtsideen haben seit dem späten 18. Jahrhundert Eingang in das Verfassungsleben gefunden, so in die französische Menschenrechtserklärung von 1789, in die amerikanische Bill of Rights von 1791, in die Verfassung Belgiens von 1831, in die deutschen Reichsverfassungen von 1849 und 1919 sowie in das Grundgesetz der Bundesrepublik Deutschland von 1949.

Habeas Corpus gilt als ein grundrechtsgleiches Recht. Die Europäische Menschenrechtskonvention stuft das Recht auf Schutz vor willkürlicher Inhaftierung als Menschenrecht ein.

5. Die Bill of Rights Englands (1689)

1689 nutzte das englische Parlament die Gunst der Stunde, um sich bei einem Thronwechsel die wichtigsten Rechte für den Bürger und das Parlament bestätigen zu lassen. Diese Bill of Rights wurde zum Vorbild zahlreicher ähnlicher Dokumente im gesamten britischen Weltreich und wirkt bis heute in den Grundrechtekatalogen der Vereinten Nationen und Europas nach.

Der formale Name der *Bill of Rights* von England ist *„Gesetz zur Erklärung der Rechte und Freiheiten der Untertanen und zur Festlegung der Thronfolge".* Sie ist eine Feststellung der Rechte der Bürger und dauernden Einwohner des Vereinigten Königreiches Großbritannien in einer konstitutionellen Monarchie.

Die wichtigsten Etappen zur Ausgestaltung der Erklärung dieser Rechte waren die *Magna Charta Libertatum* von 1215 (Bindung des englischen Herrschers an Rechte, die dem Adel und den Freien zustehen: Rechts- und Eigentumsschutz, keine Steuern ohne Zustimmung), die *Petition of Rights* von 1628 (Schutz vor willkürlicher Verhaftung, Garantie auf ordentliches Gerichtsverfahren, keine Steuern ohne Zustimmung des englischen Parlaments), das *Agreement of the People*, (der Versuch, 1647 in England eine demokratische Verfassung durchzusetzen) und der Schutz persönlicher Freiheiten in England durch die *Habeas-Corpus-Akte* von 1679 (kein Untertan darf ohne richterlichen Befehl verhaftet oder ohne gerichtliche Untersuchung inhaftiert werden). Die *Bill of Rights* gilt bis heute als Staatsgrundgesetz und als die Grundlage der parlamentarischen Demokratie in England. Ohne Zustimmung des Parlaments waren seitdem Steuereinhebungen, der Erlass oder die Aufhebung von Gesetzen sowie der Unterhalt eines Heeres in Friedenszeiten verboten.

Die Rechte der *Habeas-Corpus-Akte* wurden in der *Bill of Rights* ebenso bestätigt wie das Recht des Parlaments, seine Angelegenheiten wie Rede-, Diskussions- und Verfahrensfreiheit selbst zu regeln.

Die *Bill of Rights* von 1689 war die Antwort des Parlaments auf die Regierungszeit des katholischen Königs Jakob II. Als er seinem Bruder Karl II. 1685 auf den englischen Thron folgte, gelang es ihm in kürzester Zeit, sich als katholischer König mit seinen protestantischen Untertanen zu überwerfen. Er versuchte Armee und Regierung zu rekatholisieren und seine Anhänger in das Parlament zu drängen. Jakob II. wollte auch per Gesetz verschiedene Rechte des Parlamentes beschränken und versuchte die Katholiken in England zu stärken und zu bevorzugen.

Als ihm im Juni 1688 ein Sohn und Thronfolger geboren wurde, hatte das Parlament die Sorge, dass sich damit am englischen Thron eine katholische Dynastie etablieren könnte, und man lud den protestantischen Fürsten Wilhelm von Oranien, den Schwiegersohn Jakobs, zur Thronübernahme ein. Wilhelm landete im November 1688 mit einer Armee in Torbay, versprach die Freiheiten der englischen Bürger und des Parlamentes zu achten und marschierte, ohne auf Widerstand zu stoßen, nach London. Jakob II. floh nach Frankreich und gab den englischen Thron auf. Das Parlament erklärte Jakob daraufhin für abgesetzt und bot Wilhelm und seiner Frau Maria den Thron von England unter der Bedingung an, dass diese verschiedene neue Bestimmungen und Gesetze des Parlamentes, welche hinkünftig die Königsmacht beschränkten, achten würden.

Das Parlament verfasste daraufhin die *„Declaration of Rights"* und präsentierte sie am 13. Februar 1689 Wilhelm und Maria. Erst nachdem diese die Artikel bestätigt hatten, wurden sie vom Parlament als König und Königin von England ausgerufen. Danach wurde diese Deklaration noch durch weitere Artikel ergänzt und am 16. Dezember 1689 formell vom Parlament als *„Bill of Rights"* angenommen.

Die *Bill of Rights* kombinierte Anschuldigungen gegen den geflohenen König Jakob mit einer allgemein gehaltenen Feststellung der grundlegenden Freiheiten der Bürger. Sie galt nicht nur in England, sondern in allen Teilen des britischen Commonwealth. Dem Volk, vertreten durch das Parlament, wurde eine Anzahl von Rechten zugestanden.

Eines der Wichtigsten war die Verhinderung des Einflusses des Königs auf die Rechtsprechung. Zwar blieb der König oberster Gerichtsherr, aber er konnte nicht einseitig neue Gerichte einrichten oder als Richter agieren. Er brauchte zur Einführung neuer Steuern die Erlaubnis des Parlamentes. Jeder Bürger hatte das Recht, sich mit einer Petition an den Monarchen zu wenden. In Friedenszeiten durfte keine Armee ohne die Genehmigung des Parlamentes aufgestellt oder unterhalten werden. Die Mitglieder des Parlamentes sowie all ihre Aussagen im Parlament konnten nicht vor ein öffentliches Gericht gebracht, und mussten im Falle von Rechtsstreitigkeiten direkt vom Parlament verhandelt werden, die Basis der späteren Immunität von Parlamentariern. Inbegriffen waren auch der Schutz vor grausamer und unüblicher Bestrafung, die Festsetzung zu hoher Bürgschaften und der Schutz vor Strafe und Einkerkerung ohne Gerichtsbeschluss. Protestanten wurde gestattet, zu ihrer und zur Verteidigung ihres Glaubens Waffen zu tragen, Katholiken wurden in Hinkunft von der Thronfolge ausgeschlossen. Bei seiner Thronbesteigung musste ein englischer Monarch hinkünftig einen Krönungseid leisten. Die Sitzungen des Parlamentes waren regelmäßig einzuberufen.

Bill of Rights (Gesetz zur Erklärung der Rechte und Freiheiten der Untertanen und zur Festlegung der Thronfolge) 1689

Die geistlichen und weltlichen Lords und Gemeinen, zu West-minster in rechtmäßiger, vollzähliger und freier Vertretung aller Stände des Volkes dieses Reiches versammelt, haben am 13. Februar des Jahres unseres Herrn 1689 Ihren Majestäten, genannt und bekannt unter den Namen und Titeln Wilhelm und Maria, Prinz und Prinzessin von Oranien, in deren Gegenwart eine bestimmte schriftliche Erklärung der besagten Lords und Gemeinen persönlich übergeben. Sie lautet:

I. Der ehemalige König Jakob II. hat mit Hilfe verschiedener von ihm bestellter schlechter Ratgeber, Richter und Diener versucht, die protestantische Religion und die Gesetze und Freiheiten dieses Königreiches zu untergraben und auszurotten,

1. indem er sich ohne Zustimmung des Parlaments die Befug-nisse anmaßte und sie ausübte, von der Befolgung und Vollstreckung von Gesetzen zu entbinden und sie vorübergehend außer Kraft zu setzen;

2. indem er verschiedene würdige Prälaten verhaften und gerichtlich verfolgen ließ, weil sie untertänigst darum gebeten hatten, hierbei nicht mitwirken zu müssen;

3. indem er unter dem großen Staatssiegel die Weisung zur Errichtung eines Gerichtshofes (Unter dem Namen Gericht der Kommissare für kirchliche Angelegenheiten) erließ und ausführen ließ;

4. indem er unter dem Vorwand der Prärogative für und zum Nutzen der Krone Gelder erhob, und zwar zu anderer Zeit und in anderer Form, als dies vom Parlament bewilligt war;

5. indem er ohne Zustimmung des Parlaments innerhalb die-ses Königreiches zu Friedenszeiten ein stehendes Heer aushob und unterhielt und ungesetzlicherweise Soldaten einquartierte;

6. indem er mehrere gute Untertanen protestantischen Glau-bens entwaffnen ließ, während zur selben Zeit Anhänger des Papstes ungesetzlicherweise bewaffnet und verwendet wurden;

7. indem er die Freiheit der Wahl von Parlamentsmitgliedern verletzte;

8. indem die gerichtliche Abwicklung von Rechtssachen und Prozessen, für die nur das Parlament zuständig gewesen wäre, vor dem königlichen Hofgericht stattgefunden, sowie durch verschiedene andere willkürliche und ungesetzliche Verfahren;

9. und indem in den letzten Jahren parteiische, korrupte und unqualifizierte Personen wiedereingesetzt wurden und in Geschworenengerichten an Verhandlungen teilnahmen, insbesondere auch verschiedene Geschworene, die nicht freie Grundeigentümer waren, in Hochverratsprozessen;

10. und indem übermäßig hohe Bürgschaften von Personen, die wegen einer Strafsache verhaftet worden waren, gefordert wurden, um die im Interesse der Freiheit der Untertanen geschaffenen gesetzlichen Erleichterungen zu umgehen;

11. indem übermäßige Geldstrafen auferlegt wurden;

12. indem ungesetzliche und grausame Strafen verhängt wurden,

13. und indem mehrere Zusagen und Versprechungen aus Geld und Verfallstrafen gegeben wurden, ehe noch irgendeine Schuldigerklärung oder ein Urteil gegen die Personen vorlag, denen sie auferlegt werden sollten.

All dies steht in äußerstem und direktem Widerspruch zu den bekannten Gesetzen und Statuten und der Freiheit dieses Reiches. Nachdem der besagte ehemalige König Jakob II. der Regierung entsagt hat und der Thron dadurch frei geworden ist, hat seine Hoheit der Prinz von Oranien (den zum ruhmreichen Werkzeug der Befreiung dieses Königreiches von Papismus und Willkür zu machen dem allmächtigen Gotte gefiel) auf den Rat der geistlichen und weltlichen Lords und verschiedener führender Persönlichkeiten unter den Gemeinen hin veranlasst, dass an die geistlichen und weltlichen Lords protestantischen Glaubens sowie auch an die einzelnen Grafschaften, Städte, Universitäten, Wahlflecken und die 5 Häfen Briefe gerichtet wurden mit der Aufforderung, Persönlichkeiten auszuwählen, die zu ihrer Vertretung von Rechts wegen ins Parlament entsandt werden und sich am 22. Januar dieses Jahres 1689 in Westminster versammeln und dort tagen sollten, um dafür Sorge zu tragen, dass ihre Religion, ihre Gesetze und ihre Freiheiten nicht aufs Neue in Gefahr geraten möchten, untergraben zu werden. Auf diese Briefe hin wurden entsprechende Wahlen abgehalten.

Und daraufhin haben sich jetzt die geistlichen und weltlichen Lords und die Gemeinen gemäß den entsprechenden Briefen und Wahlen in vollzähliger und freier Vertretung dieser Nation versammelt und erklären nach ernsthafter Erwägung der besten Mittel zur Erreichung der vorerwähnten Ziele (wie es ihre Vorfahren in solchen Fällen zu tun pflegten) zur Verteidigung und Behauptung ihrer alten Rechte und Freiheiten vor allem das Folgende:

1. dass die angemaßte Befugnis, kraft königlicher Autorität und ohne die Zustimmung des Parlamentes Gesetze vorübergehend außer Kraft zu setzen oder ihre Vollstreckung auszusetzen, ungesetzlich ist;

2. dass die in der letzten Zeit angemaßte und ausgeübte Befugnis, kraft königlicher Autorität von der Befolgung oder Vollstreckung von Gesetzen zu entbinden, ungesetzlich ist;

3. dass die Weisung zur Errichtung des ehemaligen Gerichtshofes der Kommissare für kirchliche Angelegenheiten sowie alle Weisungen und Gerichtshöfe ähnlicher Art ungesetzlich und verderblich sind;

4. dass die Erhebung von Geldern für und zum Nutzen der Krone unter dem Vorwand der Prärogative und ohne Zustimmung des Parlamentes insoweit ungesetzlich ist, als sie nur für kürzere Zeit oder in anderer Form bewilligt wurde oder bewilligt werden wird;

5. dass die Untertanen das Recht haben, Petitionen an den König zu richten, und dass eine jede Verhaftung oder gerichtliche Verfolgung wegen der Einreichung solcher Petitionen ungesetzlich ist;

*6. dass die ohne die Zustimmung des Parlamentes in Frie-
denszeiten erfolgende Aushebung oder Unterhaltung eines
stehenden Heeres innerhalb des Königreiches unrechtmäßig ist;
7. dass die Untertanen protestantischen Glaubens ihrer Stellung gemäß, und soweit das Gesetz es erlaubt, Waffen zu ihrer
Verteidigung besitzen dürfen;
8. dass die Wahl der Parlamentsmitglieder frei sein sollte;
9. dass die Freiheit der Rede sowie der Inhalt von Debatten
oder Verhandlungen im Parlament an keinem anderen Gerichtshof oder Orte außerhalb des Parlamentes unter Anklage
oder in Frage gestellt werden sollte;
10. dass weder übermäßige Bürgschaftsleistungen gefordert
noch übermäßige Geldstrafen noch grausame und ungewöhnliche Strafen auferlegt werden sollten;
11. dass die Geschworenen ordnungsgemäß in Geschwore-
nenlisten aufgenommen und ausgewechselt werden sollten und
dass Geschworene, die in Hochverratsprozessen über Menschen
urteilen, Grundeigentümer sein sollten;
12. dass alle Zusagen und Versprechungen aus Geld- und Verfallstrafen bestimmter Personen vor deren Schuldigerklärung
ungesetzlich und nichtig sind;
13. und dass zur Abhilfe aller Missstände und zur Änderung,
Bestätigung und Aufrechterhaltung der Gesetze häufig Parla-
mentssitzungen abgehalten werden sollten.*

*Und sie beanspruchen, fordern und bestehen auf allen und
jedem einzelnen der vorgenannten Punkte als ihren unzweifel-
baren Rechten und Freiheiten; keinerlei Erklärungen, Urteile,
Handlungen oder Verfahren, die dem Volke in einem dieser
Punkte zum Schaden gereichen, sollten künftig in irgendeiner Weise als Präzedenzfälle oder Beispiele dienen. Zu dieser
Forderung ihrer Rechte als dem einzigen Mittel zur Erlangung
vollständiger Abhilfe und Wiedergutmachung sind sie insbesondere durch die Erklärungen Seiner Hoheit des Prinzen von
Oranien ermutigt worden. Sie vertrauen daher voll darauf,
dass seine Hoheit, der Prinz von Oranien, die von ihm so weit
geförderte Befreiung vollenden und sie vor der Verletzung ihrer*

hier von ihnen bekräftigten Rechte sowie vor allen sonstigen Angriffen auf ihre Religion, ihre Rechte und ihre Freiheiten bewahren werden.

II. Die besagten in Westminster versammelten geistlichen und weltlichen Lords und Gemeinen beschließen, dass Wilhelm und Maria, Prinz und Prinzessin von Oranien, König und Königin von England, Frankreich und Irland sowie der dazugehörigen Herrschaften werden und als solche erklärt werden und dass sie die Krone und die königliche Würde der besagten Königreiche und Herrschaften zu ihren Lebzeiten und den Lebzeiten ihrer Nachfolger innehaben werden. Die königliche Gewalt wird zu ihrer beiden Lebzeiten einzig und uneingeschränkt von dem besagten Prinzen von Oranien im Namen des besagten Prinzen und der besagten Prinzessin ausgeübt; nach ihrem Tode wird die besagte Krone und königliche Würde der besagten Königreiche und Herrschaften den Leibeserben der besagten Prinzessin und in Ermangelung solcher Erben den Leibeserben der Prinzessin Anna von Dänemark und in Ermangelung solcher den Leibeserben des Prinzen von Oranien zugehören. Und die geistlichen und weltlichen Lords und Gemeinen bitten den besagten Prinzen und die besagte Prinzessin, solches dementsprechend anzunehmen.

III. Auch sollen von allen Personen, die das Gesetz zum Huldigungseid und Suprematieeid verpflichtet, die nachgenannten Eide, anstatt jener, geleistet werden; und es sollen der Huldigungseid und Suprematieeid abgeschafft werden.

„Ich, A. B. gelobe feierlich und schwöre, dass ich getreu sein will und gehorsam untertan Ihren Majestäten, dem König Wilhelm und der Königin Marie. So wahr mir Gott helfe."

„Ich, A. B. schwöre, dass ich von ganzem Herzen hasse, und verabscheue und abschwöre, als gottlos und ketzerisch: die fluchwürdige Lehre und Satzung, dass Fürsten, die vom Papst oder irgendeiner Behörde des römischen Stuhls exkommuniziert oder entsetzt worden sind, von ihren Untertanen oder von wem es sonst sei, abgesetzt oder ermordet werden dürfen. Und ich erkläre, dass kein auswärtiger Fürst, Person, Prälat, Staat oder Machthaber irgendeine Gerichtsbarkeit, Gewalt, Oberherr-

schaft, Vorrang oder Macht, kirchliche oder geistliche, in diesem Reich besitze oder besitzen solle. So wahr mir Gott helfe!"

IV.   Und dieses nahmen Ihre besagten Majestäten die Krone und Königswürde der Reiche England, Frankreich und Irland und der dazu gehörigen Besitzungen an, nach dem in besagter Erklärung enthaltenen Entschluss und Wunsch der besagten Lords und Gemeinen.

V.   Und darauf hat es Ihren Majestäten gefallen, dass die geistlichen und weltlichen Lords und die Gemeinen, die die beiden Häuser des Parlaments bilden, ihre Tagung fortsetzen und mit Ihrer Königlichen Majestät Hilfe wirksame Vorsorge treffen für die Ordnung der Religion, der Gesetze und Freiheiten dieses Königreiches, damit diese in Zukunft nicht wieder in die Gefahr kommen, umgestürzt zu werden. Deswegen haben die geistlichen und weltlichen Lords und die Gemeinen ihr Einverständnis und ihren Willen bekundet, entsprechend zu handeln.

VI.   Als Folge des Vorangegangenen bitten die im Parlament versammelten geistlichen und weltlichen Lords und die Gemeinen diese Deklaration und die in ihr enthaltenen Artikel, Klauseln, Punkte und Sachen kraft eines in ordnungsgemäßer Form durch Autorität des Parlaments gemachten Gesetze zu bestätigen, zu bekräftigen und festzustellen, dass erklärt und verfügt werden möchte: Dass alle und jede in dieser Erklärung geforderten und beanspruchten Rechte und Freiheiten wahre, alte und zweifellose Rechte und Freiheiten des Volkes dieses Königreiches sind, und als solche hochgehalten, gebilligt, zuerkannt, geachtet und begriffen werden sollen, und dass alle und jede Einzelpunkte fest und genau gehalten und bewahrt werden sollen, wie sie in dieser Erklärung ausgedrückt sind. Und alle Beamten und Minister sollen Ihren Majestäten und deren Nachfolgern zu allen Zeiten in Übereinstimmung mit dieser Erklärung dienen.

VII.   Und wenn die besagten geistlichen und weltlichen Lords und Gemeinen ernstlich bedenken, wie es dem allmächtigen Gott gefallen hat, in seiner wunderbaren Weisheit und gnadenreichen Güte für diese Nation die königlichen Personen ihrer

*besagten Majestäten so glücklich zu schützen und zu bewahren,
dass sie über uns auf dem Throne ihrer Vorfahren herrschen, so
bringen sie ihm aus dem Grund ihres Herzens ihren demütigen
Dank und Preis dar, und sie glauben und gestehen, erkennen
und erklären hierdurch in Wahrheit, fest, aus Überzeugung und
in der Aufrichtigkeit ihres Herzens, dass, da König Jakob der
Zweite der Regierung entsagt hat und Ihre Majestäten die Krone
und Würde, wie oben gesagt, angenommen haben, Ihre besagten
Majestäten wurden, waren, sind und von Rechtswegen nach
den Gesetzen des Landes sein sollen: unser oberster Lehnsherr
und Herrin, König und Königin von England, Frankreich und
Irland und der dazu gehörigen Besitzungen; und es sind ihren
prinzlichen Personen der königliche Thron, Krone und Würde
der besagten Reiche, mit allen dazu gehörigen Ehren, Namen,
Titeln, Hoheitsrechten, Vorrechten, Vollmachten, Gerichtsbar-
keiten und Gewalten vollständig, mit allem Recht und gänzlich
übergeben und einverleibt, hinzugefügt und beigegeben.*

*VIII.   Zur Verhinderung aller Streite und Uneinigkeit in die-
sem Reich von wegen irgend für die Krone angemaßter Titel
und zur Erhaltung einer Bestimmtheit in deren Nachfolge,
worin und wovon die Eintracht, Friede, Ruhe und Sicherheit
dieser Nation zunächst Gott vollständig besteht und abhängt,
so ersuchen die besagten geistlichen und weltlichen Lords und
Gemeinen, Ihre Majestäten, dass verordnet, angenommen und
erklärt werde, dass die Krone und die königliche Regierung
der besagten Reiche und Besitzungen mit allen dazu gehörigen
Gütern jetzt und immer Ihren besagten Majestäten und deren
überlebendem Teil während ihres Lebens und des Lebens ihres
überlebenden Teils gehöre: und dass die ganze, vollständige, und
volle Ausübung der königlichen Macht und Regierung nur bei
Ihrer Majestät stehe und von ihr geschehe im Doppelnamen
ihrer beiden Majestäten während ihres gemeinschaftlichen
Lebens; und nach ihrem Ableben soll die besagte Krone und
Güter den Leibeserben Ihrer Majestät stehen und dort bleiben;
bei Ermangelung einer solchen Nachkommenschaft, bei Ihrer
königlichen Hoheit, der Prinzessin Anna von Dänemark und*

ihren Leibeserben; und bei Ermangelung einer solchen Nach-
kommenschaft, bei den Leibeserben seiner besagten Majestät;
und diesem unterwerfen sich, ihre Erben und Nachkommen
für alle Zeiten, die besagten geistlichen und weltlichen Lords
und Gemeinen demütig und treu im Namen des ganzen oben
genannten Volks; und sie versprechen treulich, dass sie Ihre
besagten Majestäten, so wie auch die hierin auseinanderge-
setzte und enthaltene Beschränkung und Folge des Throns
beschützen, aufrecht erhalten und verteidigen wollen mit all
ihrer Macht, ihrem Leben und Eigentum gegen all und jede
Person, die irgendetwas gegen dieselben unternehmen sollte.

IX.   Und da durch Erfahrung erfunden wurde, dass es mit der
Sicherheit und Wohlfahrt dieses protestantischen Reichs durch-
aus unvereinbar ist, dass dasselbe durch einen papistischen
Fürsten oder durch einen König oder eine Königin, welche
einen Papisten heiratet, beherrscht werden, so bitten die besag-
ten geistlichen und weltlichen Lords und Gemeinen ferner, dass
man verordnen möge, dass alle und jede Person und Personen,
welche in den römischen Stuhl oder Kirche eingeweiht ist, sind
oder sein werden, oder welche mit derselben in Gemeinschaft
stehen, oder einen Papisten heiraten, ausgeschlossen und für im-
mer unfähig sein sollen, die Krone und Regierung dieses Reichs
und Irlands und der dazu gehörigen Besitzungen oder eines
Teils derselben, zu erben, zu besitzen oder zu genießen, oder
irgendeine königliche Macht, Vorrecht oder Gerichtsbarkeit in-
nerhalb derselben zu haben, zu benützen oder auszuüben; und
in allem und jedem solchem Falle oder Fällen, soll sein und ist
hierdurch das Volk besagter Reiche des Gehorsams entbunden,
und die besagte Krone und Regierung soll von Zeit zu Zeit
an diejenige protestantische Person oder Personen kommen
und von ihnen genossen werden, welche dieselbe geerbt und
genossen hätten, im Fall die genannte Person oder Personen,
welche auf oben genannte Art eingeweiht sind, Gemeinschaft
halten, sich bekennen oder heiraten, faktisch tot wären.

X.   Und dass jeder König und Königin dieses Reiches, wel-
che zu irgendeiner späteren Zeit die Herrscherkrone dieses

Reichs erhalten und erben, am ersten Tage der Versammlung des ersten Parlament nach seiner Thronbesteigung, auf seinem oder ihrem Throne im Hause der Peers sitzend, in Gegenwart der dort versammelten Lords und Gemeinen, oder bei seiner oder ihrer Krönung vor derjenigen Person oder Personen, welche ihm oder ihr den Eid abnehmen, zur Zeit wo er oder sie den besagten Eid leistet, (was zuerst geschehen soll) geben, unterschreiben und vernehmbar wiederholen sollen: die in der im dreißigsten Jahre der Regierung König Karl des Zweiten gemachten Statute erwähnte Erklärung, genannt „Ein Akt zur wirksameren Erhaltung der Person des Königs und der Regierung durch Unfähigkeitserklärung der Papisten, in einem Hause des Parlaments zu sitzen." Sollte es jedoch geschehen, dass ein solcher König oder Königin bei seiner oder ihrer Beerbung der Krone dieses Reichs das zwölfte Jahr noch nicht erreicht hätte, so soll ein jeder solcher König oder Königin die besagte Erklärung geben, unterschreiben und vernehmlich wiederholen bei seiner oder ihrer Krönung, oder am ersten Tage der Versammlung des ersten Parlaments, wie oben gesagt, welches zuerst zusammentritt, nachdem ein solcher König oder Königin das besagte Alter von zwölf Jahren erreicht hat.

XI.   All dies ist Ihren Majestäten genehm und gefällig und wird durch die Autorität dieses gegenwärtigen Parlamentes erklärt, verordnet und festgesetzt und soll als Gesetz dieses Reiches für immer bestehen und verbleiben; und dasselbe wird durch ihre Majestäten durch und mit dem Rat und der Zustimmung der im Parlament versammelten geistlichen und weltlichen Lords und Gemeinen und durch die Autorität derselben entsprechend erklärt, verordnet und festgesetzt.

XII.   Und weiterhin wird durch die vorerwähnte Autorität erklärt und verordnet, dass von dieser gegenwärtigen Parlamentssitzung an keine völlige oder teilweise Befreiung von einem Statut durch ein „non obstante" mehr zulässig ist, dass eine solche vielmehr nichtig und ohne Rechtswirkung ist, sofern nicht eine Befreiung nach einem solchen Statut erlaubt ist, und mit Ausnahme auch solcher Fälle, die durch ein oder

*mehrere in dieser Sitzungsperiode zu erlassende Gesetze fest-
gelegt werden.*

*XIII. Es wird bestimmt, dass vor dem 23. Oktober 1689 bewil-
ligte Urkunden, Verleihungen und Gnaden durch dies Gesetz in
keiner Weise bestritten oder außer Kraft gesetzt werden sollen,
sie sollen vielmehr von Rechts wegen in gleicher Kraft und
Wirksamkeit bleiben, nicht anders als wenn dies Gesetz nicht
gemacht worden wäre.*

Die *Bill of Rights* Englands wurde 1701 durch den „*Act of
Settlement*" ergänzt, der wesentlich zur Souveränität des
englischen Parlamentes beitrug, die Rechte des Monarchen
weiter beschnitt und damit zur Ausformung der konstitutionellen Monarchie Englands führte.

Die englische *Bill of Rights* wurde zum Vorbild der *Virginia
Bill of Rights* sowie der *Bill of Rights der Vereinigten Staaten
von Amerika*, der kanadischen *Charter of Rights and Free-
doms* bis hin zur *Allgemeinen Deklaration der Menschenrechte
der Vereinten Nationen* und der *Europäischen Deklaration der
Menschenrechte*.

Die englische *Bill of Rights* wurde zur Grundlage der un-
geschriebenen englischen Verfassung. Als Wilhelm von Oranien und seine Frau Maria die *Bill of Rights* unterzeichneten,
bestätigten sie damit, dass ihre Macht vom Volke ausgehe,
und zwar im Gegensatz zum bisher üblichen Konzept des
„Gottesgnadentums".

In späterer Zeit wurde die Geltung der *Bill of Rights* auf
alle Mitgliedsstaaten des britischen Commonwealth ausge-
dehnt. Seit dem *Statut von Westminster* 1931 kann sie nicht
mehr durch den Beschluss des englischen Parlamentes mit
Wirkung für alle Mitgliedstaaten geändert werden, sondern
nur mehr durch die Parlamente der einzelnen Mitglieder.
Treffen diese neue Bestimmungen, so können diese bei einem
Konvent des Commonwealth, weil die *Bill of Rights* auch die
Nachfolgeregelung des englischen Thrones betrifft, auf alle
Mitgliedstaaten ausgedehnt werden.

6. Die Virginia Bill of Rights (1776)

1775 forderte der amerikanische Nationalkongress in Philadelphia die an Revolution und Unabhängigkeit denken-
den englischen Kolonien Nordamerikas dazu auf, neue
Regierungen und souveräne Staaten zu bilden. Innerhalb
weniger Monate wurden in und für diese Staaten neue
Verfassungen geschrieben, denen als Vorbild die englische
Bill of Rights diente. Zum Unterschied von dieser wurde
aber bewusst darauf verzichtet, gesetzliche Unterschiede
für verschiedene Klassen zu machen oder einen König
anzuerkennen.

Die *„Virginia Bill of Rights"*, die Grundrechte der Menschen
des Staates Virginia, oft auch als *„Virginia Declaration of
Rights"* bezeichnet, wurde von George Mason (1725–1792)
geschrieben, den Thomas Jefferson als den „weisesten Mann
seiner Generation" bezeichnet hatte. Mason stammte aus
Virginia, der ältesten und bevölkerungsreichsten Kolonie
des Britischen Reiches in Nordamerika, und diente von 1775
– 1781 in der gesetzgebenden Versammlung Virginias. Die
Deklaration mit ihren 16 Artikeln wurde vom Verfassungskonvent Virginias am 12. Juni 1776 angenommen und später
von fünf weiteren Gründungsstaaten der USA kopiert. Sie
bildete nach der Erlassung einer Verfassung der Vereinigten
Staaten die Grundlage für die ersten zehn Verfassungszusätze (Amendments), für die sich George Mason besonders
eingesetzt hatte, nachdem die Verfassung der Vereinigten
Staaten von Amerika zunächst keine *Bill of Rights* vorgesehen hatte. Die *Virginia Bill of Rights* wurde auch von Thomas
Jefferson für die Formulierung der Eröffnungsparagraphen
der Amerikanischen Unabhängigkeitserklärung verwendet.
George Mason, der Hauptverfasser der Deklaration, gilt
als eines der führenden Mitglieder der amerikanischen Un-

abhängigkeitsbewegung. Er wirkte an der Formulierung der Unabhängigkeitserklärung, der Verfassung der Vereinigten Staaten und an der Ausarbeitung des gesamtamerikanischen *Bill of Rights* mit.

Mason befürwortete bereits 1787 die Wahl der größeren Kammer der Legislative durch das Volk als Basis des demokratischen Prinzips. Seiner Auffassung nach sollten die Rechte jeder Klasse des Volkes berücksichtigt werden. Eigenen Worten zufolge wunderte er sich *„über die Indifferenz der oberen Klassen der Gesellschaft gegenüber diesem Gebot der Menschlichkeit und der politischen Klugheit."* Obwohl selbst Sklavenhalter, votierte er gegen die Beibehaltung des Sklavenhandels. Aber nicht aus humanitären Gründen, sondern weil dies den Handel, das Gewerbe und die Künste *„entmutige"*: *„Die Armen verachten eine Arbeit, solange diese von Sklaven verrichtet wird. Sklaven verhindern die Einwanderung von Weißen, die das Land wirklich bereichern und stärken würden. (...) Jeder Herr über Sklaven wird als ein kleiner Tyrann geboren."*

Die *Virginia Bill of Rights* sollte die natürlichen Rechte des Menschen festschreiben und bewahren, darunter das Recht, gegen eine ungenügende und ungerechte Regierung zu rebellieren. Damit schuf sie die Grundlage zur Unabhängigkeitserklärung der Vereinigten Staaten und zum amerikanischen Unabhängigkeitskrieg von 1776 – 1783. Ihre Vorbilder fand Mason in verschiedenen Dokumenten, darunter in der englischen *Bill of Rights* von 1689. Der Unterschied dazu ist, dass Masons Schöpfung die Erwähnung privilegierter Klassen oder vererbter Ämter, wie sie England in Monarchie, Parlament oder Oberhaus kennt, zurückweist.

Die *Virginia Bill of Rights* besteht aus 16 Artikeln über die Rechte, die dem Volk von Virginia als Grundlage des Staates zustehen. Sie beschreibt die natürlichen Rechte des Einzelnen auf Leben, Freiheit und Besitz und die Rolle einer Regierung als den Diener des Volkes und nennt zahlreiche Beschränkungen, die einer Regierung auferlegt werden sollten. Mason nennt auch erstmals das Erstreben und Erlangen von Glück und Sicherheit als Menschenrecht.

Die Virginia Bill of Rights 1776

„Eine Erklärung der Rechte, von den Vertretern der guten Bevölkerung von Virginia, in vollständiger und freier Versammlung zusammengetreten, abgegeben über die Rechte, die ihnen und ihrer Nachkommenschaft als Grundlage und Fundament der Regierung zustehen."

Artikel 1

Alle Menschen sind von Natur aus in gleicher Weise frei und unabhängig und besitzen bestimmte angeborene Rechte, welche sie ihrer Nachkommenschaft durch keinen Vertrag rauben oder entziehen können, wenn sie eine staatliche Verbindung eingehen, und zwar den Genuss des Lebens und der Freiheit, die Mittel zum Erwerb und Besitz von Eigentum und das Erstreben und Erlangen von Glück und Sicherheit.

Artikel 2

Alle Macht ruht im Volke und leitet sich folglich von ihm her; die Beamten sind nur seine Bevollmächtigten und Diener und ihm jederzeit verantwortlich.

Artikel 3

Eine Regierung ist oder sollte zum allgemeinen Wohle, zum Schutze und zur Sicherheit des Volkes, der Nation oder Allgemeinheit eingesetzt sein; von all den verschiedenen Arten und Formen der Regierung ist diejenige die beste, die imstande ist, den höchsten Grad von Glück und Sicherheit hervorzubringen, und die am wirksamsten gegen die Gefahr schlechter Verwaltung gesichert ist; die Mehrheit eines Gemeinwesens hat ein unzweifelhaftes, unveräußerliches und unverletzliches Recht, eine Regierung zu verändern oder abzuschaffen, wenn sie die-

sen Zwecken unangemessen oder entgegengesetzt befunden wird, und zwar so, wie es dem Allgemeinwohl am dienlichsten erscheint.

Artikel 4

Kein Mensch oder keine Gruppe von Menschen ist zu ausschließlichen und besonderen Vorteilen und Vorrechten seitens des Staates berechtigt, außer in Anbetracht öffentlicher Dienstleistungen; da diese nicht vererbt werden können, sollen auch die Stellen der Beamten, Gesetzgeber oder Richter nicht erblich sein.

Artikel 5

Die gesetzgebende und die ausführende Gewalt des Staates sollen von der richterlichen getrennt und unterschieden sein; die Mitglieder der beiden ersteren sollen dadurch, dass sie die Lasten des Volkes mitfühlen und mittragen, von einer Unterdrückung abgehalten werden und deshalb in bestimmten Zeitabschnitten in ihre bürgerliche Stellung entlassen werden und so in jene Umwelt zurückkehren, aus der sie ursprünglich berufen wurden; die freigewordenen Stellen sollen durch häufige, bestimmte und regelmäßige Wahlen wieder besetzt werden, bei denen alle oder ein gewisser Teil der früheren Mitglieder wiederwählbar oder nicht sind, je nachdem es die Gesetze bestimmen.

Artikel 6

Die Wahlen der Abgeordneten, die als Volksvertreter in der Versammlung dienen, sollen frei sein; alle Männer, die ihr dauerndes Interesse und ihre Anhänglichkeit an die Allgemeinheit erwiesen haben, besitzen das Stimmrecht. Ihnen kann ihr Eigentum nicht zu öffentlichen Zwecken besteuert oder genommen werden ohne ihre eigene Einwilligung oder die ihrer so gewählten Abgeordneten, noch können sie durch irgendein Gesetz gebunden werden, dem sie nicht in gleicher Weise um des öffentlichen Wohles willen zugestimmt haben.

Artikel 7

Jede Gewalt, Gesetze oder die Ausführung von Gesetzen durch irgendeine Autorität ohne Einwilligung der Volksvertreter aufzuschieben, ist ihren Rechten abträglich und soll nicht durchgeführt werden.

Artikel 8

Bei allen schweren oder kriminellen Anklagen hat jedermann ein Recht, Grund und Art seiner Anklage zu erfahren, den Anklägern und Zeugen gegenübergestellt zu werden, Entlastungszeugen herbeizurufen und eine rasche Untersuchung durch einen unparteiischen Gerichtshof von zwölf Männern seiner Nachbarschaft zu verlangen, ohne deren einmütige Zustimmung er nicht als schuldig befunden werden kann; auch kann er nicht gezwungen werden, gegen sich selbst auszusagen; niemand kann seiner Freiheit beraubt werden außer durch Landesgesetz oder das Urteil von Seinesgleichen.

Artikel 9

Es sollen keine übermäßigen Bürgschaften verlangt, keine übermäßigen Geldbußen auferlegt, noch grausame und ungewöhnliche Strafen verhängt werden.

Artikel 10

Allgemeine Vollmachten, durch die ein Beamter oder ein Beauftragter ermächtigt wird, verdächtige Plätze zu durchsuchen, ohne dass eine begangene Tat erwiesen ist, oder eine oder mehrere Personen, die nicht benannt sind, oder solche, deren Vergehen nicht durch Beweisstücke genau beschrieben ist oder offensichtlich zutage liegt, festzunehmen, sind kränkend und bedrückend und sollen nicht genehmigt werden.

Artikel 11

Bei Streitigkeiten bezüglich des Eigentums und bei Händeln persönlicher Art ist die altherkömmliche Verhandlung vor einem Geschworenengericht jeder anderen vorzuziehen und soll heilig gehalten werden.

Artikel 12

Die Freiheit der Presse ist eines der starken Bollwerke der Freiheit und kann nur durch despotische Regierungen beschränkt werden.

Artikel 13

Eine wohlgeordnete Miliz, aus der Masse des Volkes gebildet und im Waffendienst geübt, ist der geeignete, natürliche und sichere Schutz eines freien Staates; stehende Heere sollen in Friedenszeiten als der Freiheit gefährlich vermieden werden; auf alle Fälle soll das Militär der Zivilgewalt streng untergeordnet und von dieser beherrscht werden.

Artikel 14

Das Volk hat ein Recht auf eine einheitliche Regierung; daher soll keine Regierung gesondert oder unabhängig von der Regierung Virginias innerhalb dessen Grenzen errichtet oder eingesetzt werden.

Artikel 15

Eine freie Regierung und die Segnungen der Freiheit können einem Volke nur erhalten werden durch strenges Festhalten an der Gerechtigkeit, Mäßigung, Enthaltsamkeit, Sparsamkeit und Tugend und durch häufiges Zurückgreifen auf die Grundprinzipien.

Artikel 16

Die Religion oder die Ehrfurcht, die wir unserem Schöpfer schulden, und die Art, wie wir sie erfüllen, können nur durch Vernunft und Überzeugung bestimmt sein und nicht durch Zwang oder Gewalt; daher sind alle Menschen gleicherweise zur freien Religionsausübung berechtigt, entsprechend der Stimme ihres Gewissens; es ist die gemeinsame Pflicht aller, christliche Nachsicht, Liebe und Barmherzigkeit aneinander zu üben."

Die *Virginia Bill of Rights* hat zahlreiche spätere Dokumente beeinflusst; so nahm sie Thomas Jefferson als Vorbild, als er einen Monat später die Amerikanische Unabhängigkeitserklärung verfasste. James Madison hatte sie im Blick, als er die gesamtamerikanische *Bill of Rights* niederschrieb. Des Weiteren basierte auch die französische *Deklaration der Menschen- und Bürgerrechte* von Marquis Marie Joseph de Lafayette 1789 auf ihren Grundsätzen.

Die Bedeutung der *Virginia Bill of Rights* liegt darin, dass sie als erste den konstitutionellen Schutz der individuellen Rechte für alle Menschen ausspricht, denn zuvor genossen nur einzelne Klassen oder Personengruppen diesen Schutz. Sie stellte sich damit über das Recht einzelner Gesetze, die stets geändert oder angepasst werden konnten. Neu in ihr sind nicht nur die Grundsätze der Gewaltentrennung sowie das Recht gegen willkürliche Verhaftung und Verurteilung, sondern auch die besonders zukunftsweisende Erklärung der Pressefreiheit als stärkstes Bollwerk der Freiheit.

7. Die Verfassung der Vereinigten Staaten von Amerika (1787)

Die Verfassung der Vereinigten Staaten von Amerika ist das zentrale Instrument der amerikanischen Regierung und das oberste Gesetz des Landes („supreme law of the land"). Für über 200 Jahre hat es die Entwicklung der amerikanischen Regierungsinstitutionen begleitet und hat sich als solide Basis für die politische Stabilität, die persönlichen Freiheiten, wirtschaftliches Wachstum und sozialen Fortschritt in den Vereinigten Staaten von Amerika erwiesen.

Die Verfassung der Vereinigten Staaten von Amerika ist die älteste noch in Gebrauch befindliche niedergeschriebene Verfassung. Sie diente als Modell für Verfassungen anderer Staaten. Ursprünglich dazu gedacht, politische und gesellschaftliche Rahmenbedingungen für vier Millionen Menschen in 13 kleinen Kolonien entlang der Atlantikküste zu schaffen, ist sie mit 4.543 Worten nur kurz, aber dennoch so gründlich konstruiert, dass sie mit nur 27 Zusätzen auch heute noch den Notwendigkeiten von 240 Millionen Menschen in 50 Staaten, die sich vom Atlantik bis zum Pazifik erstrecken, genügt.

Am 12. April 1776 beschlossen die Delegierten des Staates North Carolina, nicht mehr länger Teil des Britischen Reiches sein zu wollen, sondern für sich die Unabhängigkeit zu suchen. Unterstützt wurde dieses Ansinnen bald von den anderen Kolonien mit dem Beschluss, dass "… *diese vereinigten Kolonien freie und unabhängige Staaten sind und rechtlich sein sollten.*" In der Folge wurde unter dem Vorsitz von Thomas Jefferson eine Unabhängigkeitserklärung erarbeitet und 1776 ein Aufstand gegen das Britische Reich begonnen, der 1783 in der Schlacht von Yorktown siegreich für die amerikanischen Staaten beendet werden konnte.

Nach dem Sieg der Revolutionäre über England waren die amerikanischen Staaten misstrauisch auf ihre neuen Staatenrechte bedacht und fürchteten, statt der abgeschüttelten Königsherrschaft nun eine zu starke zentrale Regierung zu installieren. Als Antwort darauf schrieb die erste Verfassung der USA, die *„Artikel der Konföderation"* von 1777, ratifiziert 1781, eine stark dezentralisierte Regierung vor. Sie schufen die USA als Zusammenschluss von einzelnen unabhängigen Staaten unter der Führung eines schwachen Nationalkongresses.

Die *„Artikel der Konföderation"* erwiesen sich schon bald als nutzlos, da sie dem Kongress nur eine geringe Macht gegenüber den Staaten einräumten. Es bestand keine Möglichkeit, Entscheidungen des Kongresses durchzusetzen oder Steuern zu erheben. Das Resultat war, dass die Regierung der USA finanziell auf die Gnade der einzelnen Staaten angewiesen war, die es oft vorzogen, die Steuern nicht abzuführen.

Im September 1786 trafen sich Abgesandte aus fünf Staaten in Annapolis, um Verbesserungen in den *„Artikeln der Konföderation"* zu diskutieren. Dieser *„Annapolis-Konvent"* lud Repräsentanten aller Staaten nach Philadelphia ein. Nach langen Diskussionen beschloss am 21. Mai 1787 dieser *„Kongress der Konföderation"*, die *„Artikel der Konföderation"* zu revidieren. Schon bald stellte sich heraus, dass die *„Artikel der Konföderation"* durch Zusätze nicht zu verbessern waren, sodass es den Delegierten notwendig schien, eine neue Verfassung zu schreiben und auch eine Neuorganisation der Regierung anzustreben.

Der erste Vorschlag, der *„Virginia Plan"* von James Madison, sah in der Legislative ein Zweikammernsystem mit einem Kongress, einem Senat und einen vom Senat gewählten Präsidenten als Exekutive, einen Gerichtshof mit unabhängigen Richtern, die auf Lebenszeit gewählt wurden, und ein Vetorecht der Nation über die Interessen der Staaten vor.

Der *„New Jersey Plan"* gewährte hingegen mehr Staatenrechte. Es gelang, die beiden Pläne in einem Kompromiss zu vereinigen: Der Kongress würde die Bevölkerung und der Senat die Staaten repräsentieren, der Präsident würde von Wahlmännern, deren Anzahl von der Größe und Einwohnerzahl der Staaten bestimmt wurde, gewählt werden.

Als zu kontrovers erwies sich die Frage der Sklaverei. Das Resultat war, dass die Verfassung in Artikel 9 vier Bestimmungen enthielt, welche die Sklaverei zunächst bis 1808 erlauben würden. Geregelt wurde der Import von Sklaven, das Verbot der Unterstützung entlaufener Sklaven, die Zählung des Sklaven als eine Drei-Fünftel-Person und das Verbot innerhalb der nächsten 20 Jahre durch Zusätze zur Verfassung diese Artikel zu ändern. Der Fehlschlag einer Vereinbarung zu einer endgültigen Lösung des Sklavenproblems sollte später zum Amerikanischen Bürgerkrieg von 1861-1865 führen.

Die erste Version der Verfassung schuf eine Regierung, die in drei Zweige aufgeteilt war. Der Kongress war die Legislative, der Präsident die Exekutive und die Gerichte, angeführt vom Obersten Bundesgericht, die Judikatur. Nach langen Diskussionen änderte man diesen Vorschlag ab und schuf für die Legislative einen Kongress in einem Zweikammersystem. Dieser sollte sich aus einem Oberhaus oder Senat mit gleicher Repräsentation für jeden Staat und einem Unterhaus, das Repräsentantenhaus, das proportional zur Einwohnerzahl der Staaten zu besetzen war, zusammensetzen. Dem Kongress wurden auch Rechte zur Schaffung nationaler Steuern und zur Kontrolle des innerstaatlichen Handels gegeben.

Skeptiker befürchteten, dass eine so starke Regierung den einzelnen Staaten wieder jene Freiheiten nehmen würden, die sie sich so bitter in der Amerikanischen Revolution erkämpft hatten. Als Kompromiss wurde den Staaten eine Reihe von Zusatzartikeln zur Verfassung versprochen, die *„Bill of Rights"*, welche die persönlichen Freiheiten der Staatsbürger festlegen sollten.

Gegen Vorbehalte einzelner Staaten, denen die Eigenstaatlichkeit in der Verfassung nicht weit genug ging, publizierten

Alexander Hamilton, James Madison und John Jay die *„Federalist Papers"*, 85 Zeitungsartikel, in denen der amerikanischen Bevölkerung die Schwächen eines Staatenbündnisses und gleichzeitig die positiven Grundsätze einer föderalen Bundesrepublik mit ihren Zentralorganen vor Augen geführt wurden. Die neuartige Verfassung mit einer stärkeren und handlungsfähigeren Bundesregierung trat am 4. März 1789 unter Hinzufügung eines Grundrechtskataloges in Kraft.

Ebenfalls wurde in die Verfassung die Klausel zur Vormachtstellung des Bundes (*„Supremacy clause"*) aufgenommen, in der es sinngemäß heißt, dass bei gesetzlichen Entscheidungen das Bundesrecht vor das Recht der einzelnen Staaten geht.

Der Zweck der Verfassung findet sich in der Präambel, die nach dem Vorbild der *Virginia Bill of Rights* das Ziel des Glücks des Menschen (*„pursuit of happiness"*) in die Verfassung einführt. Dazu werden drei Prinzipien als Basis der Regierung etabliert. Das sind angeborene Rechte, also Rechte, die jeder in den USA lebender Bürger hat, die Prinzipien der Selbstverwaltung des Staates durch das Volk und die Aufteilung der Macht im Staate auf verschiedene Institutionen. Die amerikanische Verfassung wurde als „lebendes Dokument" geschaffen und kann jederzeit durch Verfassungszusätze (*„Amendments"*) ergänzt werden. Derzeit besteht die Verfassung der USA aus der Präambel, sieben Artikeln und 27 Verfassungszusätzen.

Die Präambel beschreibt den Sinn des Dokumentes und der Regierung, die Artikel stellen fest, wie die Regierung aufzubauen ist und wie die Verfassung geändert werden kann. Die Verfassungszusätze sind Änderungen der Verfassung, wobei die ersten zehn Zusätze als Grundrechtekatalog (*„Bill of Rights"*) bezeichnet werden. Ein Gottesbezug findet sich bewusst nicht, da die Verfassung ein rein säkulares Dokument ist. Die Präambel, insbesondere die ersten drei Worte *„We the people"* (Wir, das Volk), ist einer der am häufigsten zitierten Abschnitte der Verfassung.

Die Verfassung der Vereinigten Staaten von Amerika 1787 (Auswahl)

Präambel

Wir, das Volk der Vereinigten Staaten, von der Absicht geleitet, unseren Bund zu vervollkommnen, die Gerechtigkeit zu verwirklichen, die Ruhe im Innern zu sichern, für die Landesverteidigung zu sorgen, das allgemeine Wohl zu fördern und das Glück der Freiheit uns selbst und unseren Nachkommen zu bewahren, setzen und begründen diese Verfassung für die Vereinigten Staaten von Amerika.

Artikel I, Abschnitt 1

Alle in dieser Verfassung verliehene gesetzgebende Gewalt ruht im Kongress der Vereinigten Staaten, der aus einem Senat und einem Repräsentantenhaus besteht.

Abschnitt 2

Das Repräsentantenhaus besteht aus Abgeordneten, die alle zwei Jahre in den Einzelstaaten vom Volke gewählt werden. Die Wähler in jedem Staate müssen den gleichen Bedingungen genügen, die für die Wähler der zahlenmäßig stärksten Kammer der gesetzgebenden Körperschaft des Einzelstaats vorgeschrieben sind.

Abschnitt 3

Der Vizepräsident der Vereinigten Staaten ist Präsident des Senats. Er hat jedoch kein Stimmrecht, ausgenommen im Falle der Stimmengleichheit.

Der Senat hat das alleinige Recht, über alle Amtsanklagen zu befinden. Wenn er zu diesem Zwecke zusammentritt, stehen die Senatoren unter Eid oder eidesstattlicher Verantwortlichkeit. Bei Verfahren gegen den Präsidenten der Vereinigten Staaten führt der Oberste Bundesrichter den Vorsitz. Niemand darf ohne Zustimmung von zwei Dritteln der anwesenden Mitglieder schuldig gesprochen werden.

In Fällen von Amtsanklagen lautet der Spruch höchstens auf Entfernung aus dem Amte und Aberkennung der Befähigung, ein Ehrenamt, eine Vertrauensstellung oder ein besoldetes Amt im Dienste der Vereinigten Staaten zu bekleiden oder auszuüben. Der für schuldig Befundene ist des ungeachtet der Anklageerhebung, dem Strafverfahren, der Verurteilung und Strafverbüßung nach Maßgabe der Gesetze ausgesetzt und unterworfen.

Abschnitt 7

Alle Gesetzesvorlagen zur Aufbringung von Haushaltsmitteln gehen vom Repräsentantenhaus aus; der Senat kann jedoch wie bei anderen Gesetzesvorlagen Abänderungs- und Ergänzungsvorschläge einbringen.

Jede Gesetzesvorlage wird nach ihrer Verabschiedung durch das Repräsentantenhaus und den Senat, ehe sie Gesetzeskraft erlangt, dem Präsidenten der Vereinigten Staaten vorgelegt. Wenn er sie billigt, so soll er sie unterzeichnen, andernfalls jedoch mit seinen Einwendungen an jenes Haus zurückverweisen, von dem sie ausgegangen ist; dieses nimmt die Einwendungen ausführlich zu Protokoll und tritt erneut in die Beratung ein. Wenn nach dieser erneuten Lesung zwei Drittel des betreffenden Hauses für die Verabschiedung der Vorlage stimmen, so wird sie zusammen mit den Einwendungen dem anderen Hause zugesandt, um dort gleichfalls erneut beraten zu werden; wenn sie die Zustimmung von zwei Dritteln auch dieses Hauses findet, wird sie Gesetz.

Abschnitt 8

Der Kongress hat das Recht:

Steuern, Zölle, Abgaben und Akzisen aufzuerlegen und einzuziehen, um für die Erfüllung der Zahlungsverpflichtungen, für die Landesverteidigung und das allgemeine Wohl der Vereinigten Staaten zu sorgen; alle Zölle, Abgaben und Akzisen sind aber für das gesamte Gebiet der Vereinigten Staaten einheitlich festzusetzen;

auf Rechnung der Vereinigten Staaten Kredit aufzunehmen;

den Handel mit fremden Ländern, zwischen den Einzelstaaten und mit den Indianerstämmen zu regeln;

für das gesamte Gebiet der Vereinigten Staaten eine einheitliche Einbürgerungsordnung und ein einheitliches Konkursrecht zu schaffen;

Münzen zu prägen, ihren Wert und den fremder Währungen zu bestimmen und Maße und Gewichte zu normen;

Strafbestimmungen für die Fälschung von Staatsobligationen und gültigen Zahlungsmitteln der Vereinigten Staaten zu erlassen;

Postämter und Poststraßen einzurichten;

den Fortschritt von Kunst und Wissenschaft dadurch zu fördern, dass Autoren und Erfindern für beschränkte Zeit das ausschließliche Recht an ihren Publikationen und Entdeckungen gesichert wird;

dem Obersten Bundesgericht nachgeordnete Gerichte zu bilden;

Seeräuberei und andere Kapitalverbrechen auf hoher See sowie Verletzungen des Völkerrechts begrifflich zu bestimmen und zu ahnden;

Krieg zu erklären, Kaperbriefe auszustellen und Vorschriften über das Prisen- und Beuterecht zu Wasser und zu Lande zu erlassen;

Armeen aufzustellen und zu unterhalten; die Bewilligung von Geldmitteln hierfür soll jedoch nicht für länger als auf zwei Jahre erteilt werden; eine Flotte zu bauen und zu unterhalten;

Reglements für Führung und Dienst der Land- und Seestreitkräfte zu erlassen; Vorkehrungen für das Aufgebot der Miliz zu treffen, um den Bundesgesetzen Geltung zu verschaffen, Aufstände zu unterdrücken und Invasionen abzuwehren; Vorkehrungen zu treffen für Aufbau, Bewaffnung und Ausbildung der Miliz und die Führung derjenigen ihrer Teile, die im Dienst der Vereinigten Staaten Verwendung finden, wobei jedoch den Einzelstaaten die Ernennung der Offiziere und die Aufsicht über die Ausbildung der Miliz nach den Vorschriften

des Kongresses vorbehalten bleiben; die ausschließliche und uneingeschränkte Gesetzgebung für jenes Gebiet (das nicht größer als zehn Quadratmeilen sein soll) auszuüben, das durch Abtretung seitens einzelner Staaten und Annahme seitens des Kongresses zum Sitz der Regierung der Vereinigten Staaten ausersehen wird, und gleiche Hoheitsrechte in allen Gebieten auszuüben, die zwecks Errichtung von Befestigungen, Magazinen, Arsenalen, Werften und anderen notwendigen Bauwerken mit Zustimmung der gesetzgebenden Körperschaft desjenigen Staates, in dem diese angelegt werden sollen, angekauft werden;
— und

alle zur Ausübung der vorstehenden Befugnisse und aller anderen Rechte, die der Regierung der Vereinigten Staaten, einem ihrer Zweige oder einem einzelnen Beamten auf Grund dieser Verfassung übertragen sind, notwendigen und zweckdienlichen Gesetze zu erlassen.

Abschnitt 9

Die Einwanderung oder Hereinholung solcher Personen, deren Zulassung einer der derzeit bestehenden Staaten für angebracht hält, darf vom Kongress vor dem Jahre 1808 nicht verboten werden, doch kann eine solche Hereinholung mit Steuer oder Zoll von nicht mehr als zehn Dollar für jede Person belegt werden.

Der Anspruch eines Verhafteten auf Ausstellung eines richterlichen Vorführungsbefehls darf nicht suspendiert werden, es sei denn, dass die öffentliche Sicherheit dies im Falle eines Aufstandes oder einer Invasion erforderlich macht.

Kein Ausnahmegesetz, das eine Verurteilung ohne Gerichtsverfahren zum Inhalt hat, oder Strafgesetz mit rückwirkender Kraft soll verabschiedet werden.

Artikel II, Abschnitt 1

Die vollziehende Gewalt liegt beim Präsidenten der Vereinigten Staaten von Amerika. Seine Amtszeit beträgt vier Jahre, und er wird zugleich mit dem für dieselbe Amtsperiode zu wählenden Vizepräsidenten … gewählt.

Er hat das Recht, auf Anraten und mit Zustimmung des Senats Verträge zu schließen, vorausgesetzt, dass zwei Drittel der anwesenden Senatoren zustimmen

Jeder Einzelstaat bestimmt in der von seiner gesetzgebenden Körperschaft vorgeschriebenen Weise eine Anzahl von Wahlmännern, die der Gesamtzahl der dem Staat im Kongress zustehenden Senatoren und Abgeordneten gleich ist; jedoch darf kein Senator oder Abgeordneter oder eine Person, die ein besoldetes oder Ehrenamt im Dienste der Vereinigten Staaten bekleidet, zum Wahlmann bestellt werden.

Der Kongress kann den Zeitpunkt für die Wahl der Wahlmänner und den Tag ihrer Stimmenabgabe festsetzen; dieser Tag soll im ganzen Bereich der Vereinigten Staaten derselbe sein.

Im Falle der Amtsenthebung des Präsidenten oder seines Todes, Rücktritts oder der Unfähigkeit zur Wahrnehmung der Befugnisse und Obliegenheiten seines Amtes geht es auf den Vizepräsidenten über.

Abschnitt 2

Der Präsident ist Oberbefehlshaber der Armee und der Flotte der Vereinigten Staaten und der Miliz der Einzelstaaten, wenn diese zur aktiven Dienstleistung für die Vereinigten Staaten aufgerufen wird;

Abschnitt 3

Er hat von Zeit zu Zeit dem Kongress über die Lage der Union Bericht zu erstatten und Maßnahmen zur Beratung zu empfehlen, die er für notwendig und nützlich erachtet. Er kann bei außerordentlichen Anlässen beide oder eines der Häuser einberufen, und er kann sie, falls sie sich über die Zeit der Vertagung nicht einigen können, bis zu einem ihm geeignet erscheinenden Zeitpunkt vertagen. Er empfängt Botschafter und Gesandte. Er hat Sorge zu tragen, dass die Gesetze gewissenhaft vollzogen werden, und er erteilt allen Beamten der Vereinigten Staaten die Ernennungsurkunden.

Abschnitt 4

Der Präsident, der Vizepräsident und alle Zivilbeamten der Vereinigten Staaten werden ihres Amtes enthoben, wenn sie wegen Verrats, Bestechung oder anderer Verbrechen und Vergehen unter Anklage gestellt und für schuldig befunden worden sind.

Art. III, Abschnitt 1

Die richterliche Gewalt der Vereinigten Staaten liegt bei einem Obersten Bundesgericht und bei solchen unteren Gerichten, deren Einrichtung der Kongress von Fall zu Fall anordnen wird. Die Richter sowohl des Obersten Bundesgerichts als auch der unteren Gerichte sollen im Amte bleiben, solange ihre Amtsführung einwandfrei ist, und zu bestimmten Zeiten für ihre Dienste eine Vergütung erhalten, die während ihrer Amtsdauer nicht herabgesetzt werden darf.

Abschnitt 2

Die Bürger eines jeden Einzelstaates genießen alle Vorrechte und Freiheiten der Bürger anderer Einzelstaaten.

Abschnitt 4

Die Vereinigten Staaten gewährleisten jedem Staat innerhalb dieses Bundes eine republikanische Regierungsform; sie schützen jeden von ihnen gegen feindliche Einfälle und auf Antrag seiner gesetzgebenden Körperschaft oder Regierung (wenn die gesetzgebende Körperschaft nicht einberufen werden kann) auch gegen innere Gewaltakte.

Artikel IV, Abschnitt 1

Gesetze, Urkunden und richterliche Entscheidungen jedes Einzelstaates genießen in jedem anderen Staat volle Würdigung und Anerkennung. Der Kongress kann durch allgemeine Gesetzgebung bestimmen, in welcher Form der Nachweis derartiger Gesetze, Urkunden und richterlicher Entscheidungen zu führen ist und welche Geltung ihnen zukommt.

Abschnitt 2

Die Bürger eines jeden Einzelstaates genießen alle Vorrechte und Freiheiten der Bürger anderer Einzelstaaten.

Wer in irgendeinem Einzelstaate des Verrats oder eines Verbrechens oder Vergehens angeklagt wird, sich der Strafverfolgung durch Flucht entzieht und in einem anderen Staat aufgegriffen wird, muss auf Verlangen der Regierung des Staates, aus dem er entflohen ist, ausgeliefert und nach dem Staat geschafft werden, unter dessen Gerichtsbarkeit dieses Verbrechen fällt.

Niemand, der in einem Einzelstaate nach dessen Gesetzen zu Dienst oder Arbeit verpflichtet ist und in einen anderen Staat entflieht, darf auf Grund dort geltender Gesetze oder Bestimmungen von dieser Dienst- oder Arbeitspflicht befreit werden. Er ist vielmehr auf Verlangen desjenigen, dem er zu Dienst oder Arbeit verpflichtet ist, auszuliefern.

Abschnitt 3

Neue Staaten können vom Kongress in diesen Bund aufgenommen werden. Jedoch darf kein neuer Staat innerhalb des Hoheitsbereichs eines anderen Staates gebildet oder errichtet werden. Auch darf kein neuer Staat durch die Vereinbarung von zwei oder mehr Einzelstaaten oder Teilen von Einzelstaaten ohne die Zustimmung sowohl der gesetzgebenden Körperschaften der betreffenden Einzelstaaten als auch des Kongresses gebildet werden.

Der Kongress hat das Recht, über die Ländereien und sonstiges Eigentum der Vereinigten Staaten zu verfügen und alle erforderlichen Anordnungen und Vorschriften hierüber zu erlassen; und keine Bestimmung dieser Verfassung soll so ausgelegt werden, dass durch sie Ansprüche der Vereinigten Staaten oder irgendeines Einzelstaates präjudiziert würden.

Abschnitt 4

Die Vereinigten Staaten gewährleisten jedem Staat innerhalb dieses Bundes eine republikanische Regierungsform; sie schützen jeden von ihnen gegen feindliche Einfälle und auf Antrag seiner gesetzgebenden Körperschaft oder Regierung (wenn die gesetzgebende Körperschaft nicht einberufen werden kann) auch gegen innere Gewaltakte.

Artikel V

Der Kongress schlägt, wenn beide Häuser es mit Zweidrittelmehrheit für notwendig halten, Verfassungsänderungen vor oder beruft auf Ansuchen der gesetzgebenden Körperschaften von zwei Dritteln der Einzelstaaten einen Konvent zur Ausarbeitung von Abänderungsvorschlägen ein, die in beiden Fällen nach Sinn und Absicht als Teile dieser Verfassung Rechtskraft erlangen, wenn sie in drei Vierteln der Einzelstaaten von den gesetzgebenden Körperschaften oder den Konventen ratifiziert werden, je nachdem, welche Form der Ratifikation vom Kongress vorgeschlagen wird. Jedoch darf keine Abänderung vor dem Jahre 1808 in irgendeiner Weise den 1. und 4. Absatz des 9. Abschnittes des I. Artikels berühren, und keinem Staat darf ohne seine Zustimmung das gleiche Stimmrecht im Senat entzogen werden.

Artikel VI

Diese Verfassung, die in ihrem Verfolg zu erlassenden Gesetze der Vereinigten Staaten sowie alle im Namen der Vereinigten Staaten abgeschlossenen oder künftig abzuschließenden Verträge sind das oberste Gesetz des Landes; und die Richter in jedem Einzelstaat sind ungeachtet entgegenstehender Bestimmungen in der Verfassung oder den Gesetzen eines Einzelstaates daran gebunden.

Die vorerwähnten Senatoren und Abgeordneten, die Mitglieder der gesetzgebenden Körperschaften der Einzelstaaten und alle Verwaltungs- und Justizbeamten sowohl der Vereinigten

*Staaten als auch der Einzelstaaten haben sich durch Eid oder
Gelöbnis zur Wahrung dieser Verfassung zu verpflichten. Doch
darf niemals ein religiöser Bekenntnisakt zur Bedingung für
den Antritt eines Amtes oder einer öffentlichen Vertrauensstellung im Dienst der Vereinigten Staaten gemacht werden.*

Im Herbst 1789 wurden der Verfassung die ersten zehn
Verfassungszusätze (*„Bill of Rights“*) hinzugefügt, bis heute
wurde sie durch weitere 17 Zusätze ergänzt, das letzte Mal
am 2. Mai 1992. Zu den wichtigsten Zusätzen gehören Zusatz
13 vom 6. Dezember 1865 mit dem Verbot der Sklaverei,
Zusatz 15 vom 3. Februar 1870 mit der Gleichstellung aller
Bürger in den USA (*... das Recht der Bürger ... zu wählen soll
nicht verweigert oder behindert werden wegen Rasse, Hautfarbe oder vorheriger Bedingungen oder Sklaverei“*) sowie der
Zusatz 19 vom 8. August 1920, der den Frauen das Wahlrecht bestätigt. Nur ein Verfassungszusatz, Zusatz 18 vom
6. Januar 1920, wurde wieder zurückgenommen. Er stellte
*„... die Herstellung, Verkauf und Transport von alkoholischen
Getränken...“* unter Verbot und wurde durch Zusatz 21 vom
5. Dezember 1933 wieder aufgehoben.

Dass man die Frage der Sklaverei für 20 Jahre aus der
Verfassung ausgeklammert hatte, sollte im Bürgerkrieg von
1861-1865 zur nationalen Katastrophe mit einer Million Ge-
fallener und Verwundeter führen. Die Nordstaaten bestritten
das Recht des Südens auf Sklaven, worauf diese versuchten,
aus der Union auszutreten, was aber in der Verfassung nicht
vorgesehen war. Es blieb dem damaligen Präsidenten Abraham Lincoln vorbehalten, die Sezession nicht anzuerkennen
und den Süden mit Waffengewalt wieder in die Union zu
zwingen, wobei er für mehrere Jahre Bestimmungen der
Verfassung eigenmächtig außer Kraft setzte.

Nach der Errichtung der USA dachten viele europäische
Mächte, dass sich das amerikanische Experiment der Demokratie bald wieder auflösen würde. Da sich aber die
amerikanische Demokratie als stabil und dauerhaft erwies,

dienten die USA, welche den englischen König besiegt und eine Demokratie errichtet hatten, , auch als Vorbild für die französische Revolution von 1789. Die Verfassung der USA galt auch im 19. und 20. Jahrhundert als vorbildliches Dokument, das in wenigen Worten die Rechte eines Staates und seiner Bürger beschreibt. Sie ist nach den Worten des englischen Staatsmannes William E. Gladstone „... *das wundervollste Werk, das jemals zur richtigen Zeit und zum Dienste am Menschen geschaffen wurde.*"

8. Erklärung der Menschen- und Bürgerrechte (1789) und die Verfassung der französischen Republik (1793)

Die Erklärung der Menschen- und Bürgerrechte von 1789 ist das fundamentale Dokument der französischen Revolution. Sie definiert die Rechte des Einzelnen und die Gesellschaftsrechte als Universalrechte. Sie wurde von der philosophischen Sichtweise der Natürlichen Rechte beeinflusst und sagt aus, dass die Menschenrechte universell sind, sie gelten zu allen Zeiten und an allen Orten und stammen aus der menschlichen Natur selbst. Obwohl sie „Gleiche Rechte für alle französischen Bürger und Männer ohne Ausnahme" postulierte, aber Frauen und Sklaven nicht erwähnte, wurde sie zu einem der bestimmendsten Vorläufer der Menschenrechtsdeklarationen des 20. Jahrhunderts.

Das Ancièn Regime, die absolutistische Königsherrschaft der Bourbonen in Frankreich, war am Ende des 18. Jahrhunderts wirtschaftlich wie auch moralisch am Ende. Um Hilfe beim Bürgertum zu finden, rief König Ludwig XVI. im Frühjahr 1789 die Generalstände zur ersten Versammlung seit 175 Jahren zusammen, um mit ihrer Hilfe die zerrütteten Staatsfinanzen zu sanieren. Dagegen stand das besitzende Bürgertum als Dritter Stand, das nicht gesonnen war, die Hauptlast der Entschuldung zu tragen, ohne weitreichende Reformen und eine Aufwertung seines Standes durchzusetzen.

Am 9. Juli 1789 erklärte sich die französische Nationalversammlung einseitig als Organ zur Verfassungsgebung. Die Versammlung einigte sich darauf, eine neue Verfassung zu erarbeiten und dieser eine *„Allgemeine Erklärung der*

Menschen- und Bürgerrechte" voranzustellen, auf der die Verfassung aufbauen sollte.

Am 11. Juli 1789, drei Tage vor dem Sturm auf die Bastille, welche die Französische Revolution auslöste, legte der Marquis de Lafayette den Entwurf einer Menschenrechtserklärung vor, welche er mit Unterstützung von Thomas Jefferson, einem der Verfasser der Amerikanischen Unabhängigkeitserklärung und zu dieser Zeit amerikanischer Botschafter in Paris, erarbeitet hatte. Lafayette, der an der Seite Washingtons im amerikanischen Unabhängigkeitskrieg gekämpft hatte, kannte die *Virginia Bill of Rights* und die *Amerikanische Unabhängigkeitserklärung* und nahm sich Teile davon zum Vorbild. Der Entwurf wurde von den gemäßigten Reformern kritisiert, da sie der Ansicht waren, dass derart abstrakte Prinzipien zur Abschaffung der Monarchie und damit den Staat ohne die lenkende Hand eines Monarchen ins soziale Chaos führen würden. Diese Befürchtungen verstärkten sich in den folgenden Wochen, als die Unruhen der Französischen Revolution immer mehr außer Kontrolle gerieten.

Anfang August 1789 wurde die Debatte über eine Verfassung in der Nationalversammlung erneut aufgenommen, wobei man sich im Wesentlichen mit der Frage befasste, ob die Verfassung aus der Zeit vor der Revolution nur geändert oder ob sie durch eine völlig neue ersetzt werden sollte.

Die geistigen Grundlagen der *„Allgemeinen Erklärung der Menschen- und Bürgerrechte"* beruhten auf dem „Naturrecht" der Philosophen der Aufklärung, allen voran der Lehre vom allgemeinen Willen Jean Jacques Rousseaus, welcher jedem Menschen verschiedene angeborene und unveräußerliche Rechte gewährte, wie das Recht auf freie Rede und Schrift sowie Sicherheit und Widerstand gegen Unterdrückung und der Zugang zu allen Berufen, wobei soziale Unterschiede nur bestehen dürften, sofern dies zur „gesellschaftlichen Nützlichkeit" beiträgt. Rousseaus Gedanken entgegengesetzt waren allerdings das geplante Repräsentativsystem sowie eine Gewaltenteilung im Staat. Weitere Einflüsse kamen von

John Lockes Eigentumsvorstellungen, die sich auch in der amerikanischen Verfassung finden lassen, sowie Montesquieus Ansichten der persönlichen Freiheit und Sicherheit.

Über den Inhalt der Erklärung gab es Auseinandersetzungen zwischen den gemäßigten und den radikalen Fraktionen in der Nationalversammlung. Beeinflusst von der britischen Verfassung meinten die Gemäßigten, dass die Menschenrechtserklärung nur eine Ergänzung der alten Verfassung sein sollte und neben den Rechten auch die Pflichten des Staatsbürgers benennen müsse. Die Radikalen, sich beziehend auf die Ideen Rousseaus und das amerikanische Vorbild der *„Bill of Rights"*, bestanden aber darauf, dass eine allgemeine Erklärung grundsätzlicher Prinzipien notwendig sei, an der die neue Verfassung gemessen und bewertet werden müsse.

Die Auseinandersetzung wurde im Sinn der Radikalen entschieden. Sie zog aber eine Reihe weiterer Debatten über die verfassungsmäßige Form der Erklärung nach sich, mit dem Grundsatz, dass *„die Nation (...) den hauptsächlichen Ursprung jeder Souveränität bildet"*, und dass die Macht von der Mehrheit des Volkes ausgehe. Dies wollten sie in die Praxis umgesetzt sehen.

Am 26. 8. 1789 verabschiedete die Volksversammlung die *„Erklärung der Menschen- und Bürgerrechte"*, die zum Großteil vom Abbé, später Graf Emmanuel Sieyès, geschrieben war. Sie sollte die Freiheit und Gleichheit aller Menschen, mit Ausnahme der Frauen und der Sklaven in den Kolonien, garantieren, wobei die Stände aufgehoben wurden.

Die französische Menschenrechtserklärung geht vom Naturrecht und der Überzeitlichkeit der Menschenrechte aus, die nicht erst geschaffen und gewährt werden müssen, sondern jedem Menschen innewohnen. Im ersten Artikel der Erklärung stehen Freiheit und Gleichheit gleichrangig nebeneinander. In den folgenden Artikeln werden sie näher umschrieben. Vor dem Gesetz besteht Gleichheit aller (männlichen)

Bürger, sie haben freien Zugang zu allen Tätigkeiten und öffentlichen Ämtern und sind gleich bei der Besteuerung. Daneben haben alle Bürger das Recht, an der Gesetzgebung mitzuwirken. Offen blieb, ob alle Bürger auch ein gleiches Wahlrecht besitzen sollten. Von wirtschaftlicher Gleichheit dagegen ist ebenso wenig die Rede wie von gleichen Rechten für Frauen.

Ausführlicher ist die Erklärung, in der es um die Freiheit geht. Die Grenzen der Freiheit werden soweit wie möglich hinausgeschoben, die Freiheit des Individuums wird erst dort begrenzt, wo die Freiheit des anderen beginnt.

Diese Erklärung, die später auch Eingang in die erste französische Verfassung fand, hebt sich von ihren Vorbildern insofern ab, als sie sich schon in der Präambel auf alle Menschen (alle Männer) in sämtlichen Ländern und Staatsformen bezieht.

Erklärung der Menschen- und Bürgerrechte 1789

Präambel

Die Repräsentanten des französischen Volkes, als National-versammlung konstituiert, haben unter der Berücksichtigung, dass die Unkenntnis, die Achtlosigkeit oder die Verachtung der Menschenrechte die einzigen Ursachen der öffentlichen Miss-stände und der Verderbtheit der Regierungen sind, beschlossen, die natürlichen, unveräußerlichen und heiligen Rechte der Menschen in einer feierlichen Erklärung darzulegen, damit diese Erklärung allen Mitgliedern der Gesellschaft beständig vor Augen ist und sie unablässig an ihre Rechte und Pflichten erinnert; damit die Handlungen von der Legislative und die der Exekutive in jedem Augenblick mit dem Ziel jeder politischen Einrichtung verglichen werden können und dadurch mehr respektiert werden; damit die Ansprüche der Bürger, fortan auf einfache und unbestreitbare Grundsätze begründet, sich immer auf die Erhaltung der Verfassung und das Allgemeinwohl richten mögen.

Dementsprechend anerkennt und erklärt die Nationalversammlung in Gegenwart und unter dem Schutze des höchsten Wesens folgende Menschen- und Bürgerrechte.

Artikel 1

Die Menschen werden frei und gleich an Rechten geboren und bleiben es. Soziale Unterschiede dürfen nur im allgemeinen Nutzen begründet sein.

Artikel 2

Der Zweck jeder politischen Vereinigung ist die Erhaltung der natürlichen und unantastbaren Menschenrechte. Diese sind das Recht auf Freiheit, das Recht auf Eigentum, das Recht auf Sicherheit und das Recht auf Widerstand gegen Unterdrückung.

Artikel 3

Der Ursprung jeder Souveränität liegt ihrem Wesen nach beim Volke. Keine Körperschaft und kein einzelner kann eine Gewalt ausüben, die nicht ausdrücklich von ihm ausgeht.

Artikel 4

Die Freiheit besteht darin, alles tun zu dürfen, was einem anderen nicht schadet: Die Ausübung der natürlichen Rechte eines jeden Menschen hat also nur die Grenzen, die den anderen Mitgliedern der Gesellschaft den Genuss eben dieser Rechte sichern. Diese Grenzen können nur durch das Gesetz bestimmt werden.

Artikel 5

Das Gesetz darf nur solche Handlungen verbieten, die der Gesellschaft schaden. Alles, was durch das Gesetz nicht verboten ist, darf nicht verhindert werden, und niemand kann genötigt werden zu tun, was es nicht befiehlt.

Artikel 6

Das Gesetz ist der Ausdruck des allgemeinen Willens. Alle Bürger haben das Recht, persönlich oder durch ihre Vertreter an seiner Gestaltung mitzuwirken. Es muss für alle gleich sein, mag es beschützen oder bestrafen. Da alle Bürger vor ihm gleich sind, sind sie alle gleichermaßen, ihren Fähigkeiten entsprechend und ohne einen anderen Unterschied als den ihrer Eigenschaften und Begabungen, zu allen öffentlichen Würden, Ämtern und Stellungen zugelassen.

Artikel 7

Niemand darf angeklagt, verhaftet oder gefangen gehalten werden, es sei denn in den durch das Gesetz bestimmten Fällen und nur in den von ihm vorgeschriebenen Formen. Wer willkürliche Anordnungen verlangt, erlässt, ausführt oder ausführen lässt, muss bestraft werden; aber jeder Bürger, der kraft Gesetzes vorgeladen oder festgenommen wird, muss sofort gehorchen; durch Widerstand macht er sich strafbar.

Artikel 8

Das Gesetz soll nur Strafen festsetzen, die unbedingt und offenbar notwendig sind, und niemand darf anders als aufgrund eines Gesetzes bestraft werden, das vor Begehung der Straftat beschlossen, verkündet und rechtmäßig angewandt wurde.

Artikel 9

Da jeder solange als unschuldig anzusehen ist, bis er für schuldig befunden wurde, muss, sollte seine Verhaftung für unumgänglich gehalten werden, jede Härte, die nicht für die Sicherstellung seiner Person notwendig ist, vom Gesetz streng unterbunden werden.

Artikel 10

Niemand soll wegen seiner Anschauungen, selbst religiöser Art, belangt werden, solange deren Äußerung nicht die durch das Gesetz begründete öffentliche Ordnung stört.

Artikel 11

Die freie Äußerung von Meinungen und Gedanken ist eines der kostbarsten Menschenrechte; jeder Bürger kann also frei reden, schreiben und drucken, vorbehaltlich seiner Verantwortlichkeit für den Missbrauch dieser Freiheit in den durch das Gesetz bestimmten Fällen.

Artikel 12

Die Gewährleistung der Menschen- und Bürgerrechte erfordert eine öffentliche Gewalt; diese Gewalt ist also zum Vorteil aller eingesetzt und nicht zum besonderen Nutzen derer, denen sie anvertraut ist.

Artikel 13

Für die Unterhaltung der öffentlichen Gewalt und für die Verwaltungsausgaben ist eine allgemeine Abgabe unerlässlich; sie muss auf alle Bürger, nach Maßgabe ihrer Möglichkeiten, gleichmäßig verteilt werden.

Artikel 14

Alle Bürger haben das Recht, selbst oder durch ihre Vertreter die Notwendigkeit der öffentlichen Abgabe festzustellen, diese frei zu bewilligen, ihre Verwendung zu überwachen und ihre Höhe, Veranlagung, Eintreibung und Dauer zu bestimmen.

Artikel 15

Die Gesellschaft hat das Recht, von jedem Staatsbeamten Rechenschaft über seine Amtsführung zu verlangen.

Artikel 16

Eine Gesellschaft, in der die Gewährleistung der Rechte nicht gesichert und die Gewaltenteilung nicht festgelegt ist, hat keine Verfassung.

Artikel 17

Da das Eigentum ein unverletzliches und geheiligtes Recht ist, kann es niemandem genommen werden, es sei denn, dass die gesetzlich festgestellte öffentliche Notwendigkeit dies eindeutig erfordert und vorher eine gerechte Entschädigung festgelegt wird.

So wie sich die Erklärung ausdrückt, bezieht sie sich allein auf die männlichen Bürger, eine Anzahl von Rechten wird nicht mit den Frauen geteilt. Auch die Frage der Sklaverei wird nicht angeschnitten. Nach dem Marsch auf Versailles am 5. Oktober 1789 reichten die Frauen vergeblich eine Petition in der Nationalversammlung mit dem Hintergrund ein, auch ihnen die gleichen Rechte zuzugestehen. 1792 brachte die Schriftstellerin Olympe de Gouges einen Frauenrechtekatalog heraus, musste aber diese „weibliche Revolution" mit ihrem Leben am Schafott bezahlen. Gleiche Rechte wie den Männern wurden den französischen Frauen erst 1946 in der Verfassung der Vierten Republik gewährt. Auch Sklaven wurden von der Deklaration inspiriert; dies führte 1791 zur Sklavenrevolte der „Schwarzen Jakobiner" von Sainte-Domingue auf Haiti, die 1804 mit der Ausrufung der ersten Republik für ehemalige schwarzafrikanische Sklaven und Mulatten endete.

Die *Erklärung der Menschen- und Bürgerrechte* von 1789 beschleunigte den Machtantritt des Bürgertums in den Zeiten der Revolution. Nachdem sie sich des Königs entledigt hatten, wollten die bürgerlichen Unterschichten Frankreichs auch die wirtschaftliche Gleichheit erreichen und fanden ihren Vertreter in Maximilien de Robespierre. Die radikale

Verfassung von 1793 vermehrte nicht nur die Zahl der Menschenrechte von 17 auf 35, sondern verkündete erstmals auch die Gleichheit von Freiheit und Eigentum.

Die Verfassung der Französischen Republik (1793)

Erklärung der Menschen- und Bürgerrechte

Das französische Volk hat in der Überzeugung, dass Vergessen und Verachtung der natürlichen Menschenrechte die einzigen Ursachen des Unglücks in der Welt sind, sich entschlossen, in einer feierlichen Erklärung diese heiligen und unveräußerlichen Rechte darzulegen, damit alle Bürger ständig die Handlungen der Regierung mit dem Ziel jeder gesellschaftlichen Einrichtung vergleichen können und sich daher niemals durch die Tyrannei unterdrücken und entehren lassen; damit das Volk immer die Grundlagen seiner Freiheit und seines Glückes, die Obrigkeit den Maßstab ihrer Pflichten, der Gesetzgeber den Gegenstand seiner Aufgaben vor Augen haben.

Infolgedessen verkündet sie in Gegenwart des Allerhöchsten folgende Erklärung der Menschen- und Bürgerrechte:

Artikel 1

Das Ziel der Gesellschaft ist das allgemeine Glück.

Die Regierung ist eingesetzt, um dem Menschen den Genuss seiner natürlichen und unveräußerlichen Rechte zu verbürgen.

Artikel 2

Diese Rechte sind Gleichheit, Freiheit, Sicherheit, Eigentum.

Artikel 3

Alle Menschen sind von Natur und vor dem Gesetz gleich.

Artikel 4

Das Gesetz ist der freie und feierliche Ausdruck des allgemeinen Willens; es ist für alle das gleiche, sei es, dass es schützt, sei es, dass es bestraft; es kann nur das befehlen, was gerecht und der Gesellschaft nützlich ist; es kann nur das verbieten, was ihr schädlich ist.

Artikel 5

Alle Bürger sind zu den öffentlichen Ämtern in gleicher Weise zugelassen. Freie Völker kennen bei ihren Wahlen keine anderen Gründe der Bevorrechtung als Tugend und Talent.

Artikel 6

Die Freiheit ist die Macht, die dem Menschen erlaubt, das zu tun, was den Rechten eines anderen nicht schadet; sie hat als Grundlage die Natur, als Maßstab die Gerechtigkeit, als Schutzwehr das Gesetz.

Artikel 7

Das Recht, seinen Gedanken und Meinungen durch die Presse oder auf jede andere Art Ausdruck zu geben, das Recht sich friedlich zu versammeln, die freie Ausübung von Gottesdiensten können nicht untersagt werden.

Artikel 8

Die Sicherheit beruht in dem Schutz, den die Gesellschaft jedem ihrer Glieder für die Erhaltung seiner Person, seiner Rechte und seines Eigentums zusichert.

Artikel 9

Das Gesetz soll die allgemeine und persönliche Freiheit gegen die Unterdrückung durch die, die regieren, sichern.

Artikel 10

Jeder kann nur in den durch das Gesetz bestimmten Fällen und in den Formen, die es vorschreibt, angeklagt, verhaftet und gefangen gehalten werden. Jeder Bürger, der auf Grund des Gesetzes geladen oder ergriffen wird, muss sofort gehorchen; er macht sich auch durch Widerstand strafbar.

Artikel 11

Jede Handlung, die gegen einen Menschen außer den im Gesetz bestimmten Fällen und Formen begangen wird, ist willkürlich und tyrannisch; derjenige, gegen den man sie mit Gewalt durchführen will, hat das Recht, sie mit Gewalt abzuwehren.

Artikel 12

Diejenigen, die willkürliche Akte veranlassen, fördern, unterzeichnen, ausführen oder ausführen lassen, sind schuldig und müssen bestraft werden.

Artikel 13

Da jeder Mensch für unschuldig zu halten ist, solange er nicht für schuldig erklärt worden ist, soll, wenn es als unumgänglich erachtet wird, ihn zu verhaften, jede Härte, die nicht notwendig ist, um sich seiner Person zu versichern, durch das Gesetz ernstlich verboten sein.

Artikel 14

Gerichtet und bestraft werden darf nur, wer gehört oder gesetzlich vorgeladen worden ist und nur auf Grund eines vor Begehen der Tat verkündeten Gesetzes. Das Gesetz, das Vergehen, die vor seiner Schaffung begangen wurden, bestrafen wollte, wäre Tyrannei; einem Gesetz rückwirkende Kraft zu geben, wäre ein Verbrechen.

Artikel 15

Das Gesetz soll nur die durchaus und unumgänglich notwendigen Strafen festlegen; die Strafen sollen der Tat angemessen und der Gesellschaft nützlich sein.

Artikel 16

Das Recht auf Eigentum ist das, das jedem Bürger erlaubt, seine Güter, seine Einkünfte, den Ertrag seiner Arbeit und seines Fleißes zu genießen und über sie nach seinem Gutdünken zu verfügen.

Artikel 17

Keine Art der Arbeit, des Erwerbes und des Handels kann dem Fleiße der Bürger verwehrt werden.

Artikel 18

Jeder Mensch kann über seine Dienste und seine Zeit verfügen; aber er kann sich nicht verkaufen noch verkauft werden; seine Person ist kein veräußerliches Eigentum. Das Gesetz erkennt keine Dienstbarkeit an; nur über die Dienstleistungen und die Entschädigung dafür kann zwischen dem Menschen, der arbeitet, und dem, der ihn anstellt, eine Vereinbarung stattfinden.

Artikel 19

Ohne seine Einwilligung darf niemand des geringsten Teiles seines Eigentumes beraubt werden, wenn es nicht die gesetzlich festgestellte öffentliche Notwendigkeit erfordert, und unter der Bedingung einer gerechten und vorher festgesetzten Entschädigung.

Artikel 20

Eine Steuer darf nur für den allgemeinen Nutzen auferlegt werden. Alle Bürger haben das Recht, bei der Festsetzung der Steuern mitzuwirken, über ihre Anwendung zu wachen und sich davon Rechenschaft geben zu lassen.

Artikel 21

Die öffentliche Unterstützung ist eine heilige Schuld. Die Gesellschaft schuldet ihren unglücklichen Mitbürgern den Unterhalt, indem sie ihnen entweder Arbeit verschafft oder denen, die außerstande sind, zu arbeiten, die Mittel für ihr Dasein sichert.

Artikel 22

Der Unterricht ist für alle ein Bedürfnis. Die Gesellschaft soll mit aller Macht die Fortschritte der öffentlichen Aufklärung fördern und den Unterricht allen Bürgern zugänglich machen.

Artikel 23

Die gesellschaftliche Bürgschaft besteht in der Tätigkeit aller, um einem jeden den Genuss und die Erhaltung seiner Rechte zu sichern: diese Bürgschaft beruht auf der Volkssouveränität.

Artikel 24

Sie kann nicht bestehen, wenn die Grenzen der öffentlichen Verwaltung durch das Gesetz nicht deutlich bestimmt sind, und wenn die Verantwortlichkeit aller Beamten nicht gesichert ist.

Artikel 25

Die Souveränität ruht im Volk; sie ist einheitlich und unteilbar, unverjährbar und unveräußerlich.

Artikel 26

Kein Teil des Volkes kann die Macht des gesamten Volkes ausüben; aber jeder Teil des souveränen Volkes, der sich versammelt, genießt das Recht, seinen Willen mit voller Freiheit auszudrücken.

Artikel 27

Jedes Individuum, das die Souveränität sich anmaßen will, soll sogleich durch die freien Männer zum Tode verurteilt werden.

Artikel 28

Ein Volk hat stets das Recht, seine Verfassung zu revidieren, zu verbessern und zu ändern. Eine Generation kann ihren Gesetzen nicht die künftigen Generationen unterwerfen.

Artikel 29

Jeder Bürger hat das gleiche Recht, an der Gesetzgebung und der Ernennung seiner Beauftragten oder seiner Vertreter mitzuwirken.

Artikel 30

Öffentliche Dienste sind ihrem Wesen nach zeitlich begrenzt; sie können nicht als Auszeichnungen noch als Belohnungen, sondern nur als Verpflichtungen betrachtet werden.

Artikel 31

Vergehen der Beauftragten des Volkes oder seiner Vertreter sollen niemals straflos bleiben. Niemand hat das Recht, sich für unverletzlicher als die übrigen Bürger zu halten.

Artikel 32

Das Recht, den öffentlichen Behörden Gesuche einzureichen, kann in keinem Falle untersagt, aufgehoben oder eingeschränkt werden.

Artikel 33

Der Widerstand gegen Unterdrückung ist die Folge der übrigen Menschenrechte.

Artikel 34

Unterdrückung der Gesamtheit der Gesellschaft ist es, wenn auch nur eines ihrer Glieder unterdrückt wird; Unterdrückung jedes einzelnen Gliedes ist es, wenn die Gesamtheit der Gesellschaft unterdrückt wird.

Artikel 35

Wenn die Regierung die Rechte des Volkes verletzt, sind für das Volk und jeden Teil des Volkes der Aufstand das heiligste seiner Rechte und die unerlässlichste seiner Pflichten.

Allerdings trat diese Verfassung nie in Kraft. Stattdessen verkehrte die Schreckensherrschaft der späteren Revolutionsjahre alle liberalen Menschenrechte ins Gegenteil. Dennoch löste die französische Revolution ein politisches Erdbeben in Europa aus. Dazu trugen auch die Revolutionsarmeen und die Truppen Napoleons bei, welche die Ideen der Menschenrechte über die Grenzen Frankreichs verbreiteten. Napoleons bleibende historische Leistung liegt in dem heute noch in seinen Grundzügen gültigen Bürgerlichen Gesetzbuch Frankreichs (Code Civil), das die Gleichheit vor dem Gesetz und die Freiheit des Individuums über die Revolution hinaus bewahrte und zahlreichen Gesetzesschöpfungen in anderen Staaten als Vorbild diente. So wurden zwischen 1795 und 1830 in Europa über 70 Verfassungen geschrieben, die sich alle mehr oder weniger auf die französische Menschenrechtserklärung von 1789 bezogen.

9. Die Bill of Rights der Vereinigten Staaten von Amerika (1789)

Nach der Unabhängigkeit der Vereinigten Staaten von Amerika und der Schaffung einer Verfassung wurden dieser noch zehn Artikel hinzugefügt, um die grundlegenden Rechte der Menschen auf Rede-und Religionsfreiheit, auf das Recht eines anständigen Strafverfahrens und das Recht auf Besitz festzuschreiben. Obwohl diese „Bill of Rights" keine Gesetzeskraft hat, ist sie das Fundament der Rechtsprechung in den USA geworden.

Während der Debatten zur Annahme der Verfassung der Vereinigten Staaten von Amerika führten ihre Gegner wiederholt ins Feld, dass diese Verfassung, so wie sie vorgelegt wurde, die Türe zu einer Tyrannei der Bundesregierung öffnen würde. Die Staaten hatten noch die Suspendierung der bürgerlichen Rechte durch die Briten im Unabhängigkeitskrieg vor Augen und verlangten eine eigene *Bill of Rights*, welche die persönlichen Rechte der Bürger regeln sollte. Bei der Ratifizierung der Verfassung verlangten einige Staaten ausdrücklich eine solche *Bill of Rights*, andere unterzeichneten die Verfassung in der Annahme, dass eine solche nachgereicht werden würde.

Der Verfasser dieser *Bill of Rights* sollte James Madison (1751 – 1836) aus Virginia werden. Er hatte in Princeton studiert und dabei geschichtswissenschaftliche und staatsrechtliche Kenntnisse erworben. 1787 nahm er als Delegierter seines Heimatstaats Virginia an der verfassunggebenden Versammlung teil. Zusammen mit Alexander Hamilton und John Jay verteidigte er in den „Federalist Papers" die neue Verfassung. Dass Virginia die Verfassung trotz erheblicher Widerstände in der Bevölkerung ratifizierte, geht wesentlich auf seinen Einfluss zurück. Unter Präsident Thomas Jefferson diente er als Außenminister, wo er unter anderem für die „Louisiana Purchase", die Erwerbung der französischen Kolonien in Nordamerika durch die USA, verantwortlich war.

Madison nahm sich drei Schriften und Gesetze zum Vorbild. Zum Ersten einen Traktat von John Locke, der in seinem 1689 erschienenen Werk *„Zwei Abhandlungen zur Frage der Regierungen"* dargelegt hatte, dass der Zweck einer Zivilgesellschaft darin bestehe, das Recht auf Leben, Freiheit und Besitz des Einzelnen zu verteidigen. Locke ging davon aus, dass jede Person von Natur aus frei und gleich allen anderen Menschen sei. Besonders seine Verteidigung von Individualbesitz, dass der Staat nicht in den Besitz des Bürgers eingreifen oder diesen beschränken dürfe, deckte sich mit den politischen Ansichten der Gründerväter der amerikanischen Verfassung.

Die zweite Vorlage Madisons war die *Bill of Rights von England*, wenngleich sie sich im Inhalt unterschied, da sie als Rechtshilfe eines Parlamentes gegen einen König gerichtet war. Die dritte Vorlage war die *Bill of Rights* seines Heimatstaates Virginia.

Madison übermittelte seine Ausarbeitung der *Bill of Rights* am 8. Juni 1789 an den Kongress. In seiner dabei gehaltenen Rede sagte er: *„Obwohl wir es alle für notwendig halten, dass dies der Verfassung hinzugefügt wird, ist es dennoch unsere Aufgabe darauf zu achten, dass die Verbesserungen moderat gehalten werden. Ich möchte nicht sehen, dass damit eine Türe geöffnet wird, um die gesamte Struktur der Regierung neu zu überdenken, auch nicht eine Neubewertung der Prinzipien und der Macht, die ihr gegeben ist; wenn man eine solche Türe öffnet, muss man rechtzeitig an einem Punkt die Diskussion beenden, nämlich dann, wenn es um die Rechtssicherheit der Regierung geht. Aber ich möchte eine Türe öffnen, um diese Punkte für die Sicherung der Rechte der Bürger zu überdenken, gegen die, wie ich glaube, niemand Bedenken haben muss."*

Madison nannte einen weiteren guten Grund, warum die zwölf Zusätze der *Bill of Rights* der Verfassung hinzugefügt werden sollten: *„Ich glaube, dass diejenigen des Volkes, welche an der Verfassung zweifeln, sie deshalb ablehnen, weil sie keine speziellen Vorkehrungen gegen eine Verminderung der persönlichen Rechte trifft und wir nun sichere Vereinbarungen zwischen den Menschen und der Verwaltung des Staates einrichten müssen."*

Madisons *Bill of Rights der Vereinigten Staaten* bestand aus zwölf Zusätzen (Amendments) zur Verfassung. Am Schluss der Debatte wurden nur zehn Artikel von der Mehrheit der Staaten angenommen. Der erste Artikel, welcher sich mit der Anzahl und der Aufschlüsselung der Abgeordneten zum Repräsentantenhaus beschäftigt, trat niemals in Kraft, der zweite Artikel, betreffend die Möglichkeit des Kongresses, die Gelder für seine Mitglieder selbst anzuheben, wurde erst zwei Jahrhunderte später 1992 als 27. Zusatz zur Verfassung verabschiedet.

Die *Bill of Rights* deckt die Rechte von drei Grundfreiheiten des Menschen ab: Das Recht des eigenen Gewissens mit der Freiheit von Rede und Religion, das Recht, bei Anschuldigungen ein faires Gerichtsverfahren zu bekommen, und das Recht auf Besitz, nach dem niemand ohne gerichtliche Verfügung enteignet werden kann.

Obwohl das Dokument *Bill of Rights* genannt wird, ist keiner seiner Artikel ein Recht im Sinne der Justiz. Daher meint der Ausdruck *Bill of Rights* in den USA kein Gesetzeswerk, sondern er wird allein auf die ersten zehn Zusätze zur Verfassung, die 1791 ratifiziert wurden, angewendet.

Bill of Rights der Vereinigten Staaten von Amerika (1789)

Artikel 1

Der Kongress soll kein Gesetz erlassen, das eine Einrichtung einer Religion zum Gegenstand hat oder deren freie Ausübung beschränkt, oder eines, das Rede- und Pressefreiheit oder das Recht des Volkes, sich friedlich zu versammeln und an die

Regierung eine Petition zur Abstellung von Missständen zu richten, einschränkt.

Artikel 2

Da eine wohlgeordnete Miliz für die Sicherheit eines freien Staates notwendig ist, soll das Recht des Volkes, Waffen zu besitzen und zu tragen, nicht eingeschränkt werden.

Artikel 3

Kein Soldat soll in Friedenszeiten ohne Zustimmung des Eigentümers in einem Hause einquartiert werden, auch in Kriegszeiten soll dies nur in der vom Gesetz vorgeschriebenen Weise geschehen.

Artikel 4

Das Recht des Volkes auf Sicherheit der Person, des Hauses, der Papiere und der Habe vor ungerechtfertigter Nachsuchung und Beschlagnahme soll nicht verletzt werden, und Durchsuchungs- und Haftbefehle sollen nur aus zureichendem Grunde erteilt werden, gestützt auf Eid oder Gelöbnis, und sollen die zu durchsuchende Örtlichkeit und die in Gewahrsam zu nehmenden Personen oder Gegenstände genau bezeichnen.

Artikel 5

Niemand soll wegen eines todeswürdigen oder sonstigen schimpflichen Verbrechens zur Verantwortung gezogen werden, es sei denn auf Grund der Anschuldigung oder Anklage seitens eines großen Geschworenengerichts, außer in Fällen, die bei den Land- oder Seestreitkräften oder bei der Miliz im aktiven Dienst in Zeiten des Krieges oder öffentlicher Gefahr sich ereignen, und niemand soll wegen derselben Straftat zweimal der Gefahr eines Verfahrens um Leib und Leben ausgesetzt werden, noch gezwungen werden, in einem Strafverfahren gegen sich selbst als Zeuge auszusagen, noch soll jemandem Leben, Freiheit oder Eigentum genommen werden, außer im ordentlichen Gerichtsverfahren und nach Recht und Gesetz, noch soll Privateigentum ohne gerechte Entschädigung für öffentliche Zwecke eingezogen werden.

Artikel 6

In allen Verfolgungen wegen eines Verbrechens soll der Angeklagte Anspruch haben auf ein schleuniges und öffentliches Verfahren vor einem unparteiischen Geschworenengericht des Staates und Bezirks, in dem das Verbrechen begangen wurde, der Bezirk soll vorher durch Gesetz festgestellt sein, der Angeklagte hat das Recht, über die Art und Gründe der Anlage unterrichtet und den Belastungszeugen gegenübergestellt zu werden und Entlastungszeugen unter Zwangsandrohung vorladen zu lassen und sich eines Rechtsbeistandes zu seiner Verteidigung zu bedienen.

Artikel 7

In Rechtssachen nach gemeinem Recht, in denen der Wert des Streitgegenstandes zwanzig Dollar übersteigt, soll das Recht auf ein Verfahren vor Geschworenen gewahrt bleiben, und keine Tatsache, über die ein Geschworenengericht befunden hat, soll von irgendeinem Gerichtshof der Vereinigten Staaten nach anderen Regeln als denen des gemeinen Rechts einer erneuten Prüfung unterzogen werden.

Artikel 8

Übermäßige gerichtliche Sicherheitsleistung soll nicht verlangt noch sollen übermäßige Geldstrafen auferlegt noch grausame oder ungewöhnliche Strafen verhängt werden.

Artikel 9

Die Aufzählung bestimmter Rechte in der Verfassung soll nicht so ausgelegt werden, dass andere Rechte, die dem Volke geblieben sind, dadurch verneint oder geschmälert werden.

Artikel 10

Die Befugnisse, die von der Verfassung weder den Vereinigten Staaten übertragen noch den Einzelstaaten versagt sind, bleiben jeweils den Einzelstaaten oder dem Volke vorbehalten.

Die Ratifizierung der *Bill of Rights* begann 1789 und wurde bis 1791 abgeschlossen, drei Staaten ratifizierten sie nicht, obwohl sie das Recht annahmen. Diese Staaten, Connecticut, Georgia und Massachusetts, ratifizierten die *Bill of Rights* erst 1939 zum Anlass ihrer 150-Jahrfeier.

Ursprünglich sollte die *Bill of Rights* sich nur auf Bundesgesetze, nicht aber auf die Rechte und Verfassungen der einzelnen Bundesstaaten beziehen, da einzelne Passagen daraus die Rechte der Staaten beschränkt hätten.

Eine der großen Änderungen in der Interpretation der *Bill of Rights* kam mit der Annahme des 13. Verfassungszusatzes nach dem Ende des Amerikanischen Bürgerkrieges 1865. Er sollte den Sklaven zur Freiheit und zur Anerkennung als gleichwertige Bürger verhelfen, ein Recht, das den aus der Sklaverei befreiten Menschen von den ehemaligen Südstaaten nicht gewährt wurde. Der Verfassungszusatz erwies sich hier zwar als rechtlich durchsetzbar, nicht aber in der Realität des täglichen Lebens. Weitere Artikel der *Bill of Rights* wurden im Laufe von 200 Jahren immer wieder von einzelnen Staaten den jeweiligen Staatenverfassungen hinzugefügt, bis heute haben fast alle Staaten der USA den Großteil der Texte in ihre Staatsverfassungen inkorporiert.

Die *Bill of Rights* spielt bis heute in der Gesetzesinterpretation der USA eine herausragende Rolle, sie ist deren fundamentales Symbol für die Freiheiten und die Rechtskultur.

10. Die Erklärung der Rechte der Frau und Bürgerin (1792)

Die Ungleichbehandlung von Männern und Frauen hat eine lange Geschichte. Erst in der bürgerlichen Gesellschaft gegen Ende des 18. Jahrhunderts wurde der Ruf nach gleichen Rechten für Frauen laut. Die Erklärung allgemeiner Menschenrechte auf der Grundlage des Naturrechts in Frankreich und den Vereinigten Staaten führte dazu, dass auch Forderungen nach gleichen Rechten für Frauen gestellt wurden. Einen ersten Versuch dazu unternahm die französische Schriftstellerin Olympe de Gouges, deren Versuch einer Deklaration der Rechte der Frau am Schafott der Französischen Revolution endete.

Die französische *Erklärung der Rechte der Menschen und Bürger* von 1789 sowie die Vorstellungen vom Menschen als politisch mündigem Subjekt, wie sie in der Aufklärung formuliert wurden, schlossen Frauen systematisch aus. Menschenrechte galten nur für Männer.

In der frühkapitalistischen Arbeitswelt der Manufakturen begannen sich Produktions- und Wohnorte immer stärker voneinander zu trennen. Dadurch musste die Arbeitsteilung in den Familien verändert werden, was eine Neubewertung der Rollen von Mann und Frau notwendig machte. Man definierte die Frau als Gattin und Mutter, deren Arbeit in der Familie den Erfolg des Mannes im Erwerbsleben ermöglichte und absicherte. Die Familie wurde als ein Ort außerhalb der Erwerbssphäre betrachtet, der ausschließlich den Ehegatten und deren Kindern vorbehalten war. Frauen wurden von der Erwerbsarbeit ausgeschlossen, dafür sollte die Frau in der Familie einen privaten und intimen Rückzugsraum herstellen, der die Berufswelt des Mannes harmonisch ergänzte. Frauen wurden damit von vielen ökonomischen, politischen und

privaten Entscheidungen ausgeschlossen, sie hatten einge-
schränkte Bildungsmöglichkeiten, keine Verfügungsgewalt
über ihr Eigentum, konnten keine Verträge unterzeichnen
und keine Arbeit ohne Einverständnis des Mannes aufnehmen. Im Scheidungs- und Sorgerecht für die Kinder wurden
sie benachteiligt. Gleichzeitig wurde damit die Grundlage
gelegt, dass Frauen als Arbeiterinnen für niedrigste Löhne
eingesetzt und ausgebeutet werden konnten. Diese Situation
führte zu den ersten öffentlichen Forderungen nach gleichen
Rechten und Möglichkeiten für Frauen.

Während der Französischen Revolution spielten Frauen
eine entscheidende Rolle. Sie waren beim Sturm auf die
Bastille dabei und führten den Zug der Aufständischen nach
Versailles an. In der französischen Erklärung der Menschen-
und Bürgerrechte blieben sie aber von den hier erwähnten
Rechten ausdrücklich ausgeschlossen. Die Schriftstellerin
Olympe de Gouges formulierte in dieser Situation eine *„Erklärung der Rechte der Frau und Bürgerin"*. Das Dokument ist
inhaltlich eng an die *„Erklärung der Menschen- und Bürgerrechte"* von 1789 angelehnt. Revolutionär ist der konsequente
Einbezug der Frau in die Formulierungen und Rechtsarti-
kel, die den Frauen gleiche Rechte und Pflichten wie den
Männern auferlegt: *„Die Frau hat das Recht, das Schafott
zu besteigen. Sie muss gleichermaßen das Recht besitzen, die
Rednertribüne zu besteigen."*

Olympe de Gouges wurde am 7. Mai 1748 in Montauban
nahe Toulouse in Südfrankreich als Marie Gouze geboren,
sie war kleinbürgerlicher Herkunft. Marie wurde im Alter
von 17 Jahren verheiratet, ihr Mann starb aber bald nach der
Hochzeit und hinterließ ihr ein wenig Geld. Danach ging
sie mit ihrem Sohn Pierre nach Paris. Marie Gouze konnte
schlecht lesen und schreiben, als Südfranzösin beherrschte
sie französisch nur mangelhaft und diktierte später ihre
Werke Sekretären.

In Paris gab sie sich den aristokratisch klingenden Namen
„Olympe de Gouges" und suchte Kontakt zu den gebildeten

Kreisen, den kulturellen Zirkeln und Salons. Sie lebte von Unterhaltszahlungen ihrer Liebhaber, versuchte aber auch ihren Lebensunterhalt als Theaterautorin zu bestreiten. Jahrelang kämpfte sie um die Aufführung ihrer Stücke in der Comédie Francaise. Bereits eines ihrer ersten Stücke wurde in Paris zu einem Politikum. In „L'Esclavage des Nègres" (Die Versklavung der Neger) prangerte sie die Sklaverei in den Kolonien an. Bereits nach drei Vorstellungen ließ der Bürgermeister von Paris das Stück wieder absetzen.

Erbittert schrieb de Gouges: *„Warum diese unerschütterliche Voreingenommenheit gegen mein Geschlecht? Und warum sagt man, wie ich es habe laut sagen hören, dass die Comédie Francaise keine Stücke von Frauen spielen sollte? Ich bin eine Frau, wenig reich ... Wird es den Frauen denn niemals erlaubt sein, den Schrecken der Armut anders zu entkommen als mit niederträchtigen Mitteln?"*

Angeregt durch die Ereignisse der Französischen Revolution ab 1789 wandte sich Olympe de Gouges der Politik zu und besuchte regelmäßig die Sitzungen der Nationalversammlung. Ihre Ideen verwandelte sie in Vorschläge zu sozialpolitischen Maßnahmen, die sie auf eigene Kosten drucken und als Plakate anschlagen ließ.

Mit ihrer *„Erklärung der Rechte der Frau und Bürgerin"* war Olympe de Gouges die erste Person, die wirklich umfassende Menschen- und Bürgerrechte für Männer und Frauen formuliert hatte. Die Deklaration erregte in ganz Frankreich und sogar im Ausland Aufsehen. Der Deklaration angeschlossen ist ein *„Entwurf eines Gesellschaftsvertrages zwischen Mann und Frau"*, ein Ehevertrag, in dem die Eheleute zu gleichberechtigten Partnern er klärt werden.

Erklärung der Rechte der Frau und Bürgerin (1792)

Mann, bist du fähig, gerecht zu sein? Eine Frau stellt dir diese Frage. Dieses Recht wirst du ihr zumindest nicht nehmen können. Sag mir, wer hat dir die selbstherrliche Macht verliehen, mein Geschlecht zu unterdrücken? Deine Kraft? Deine Talente? Betrachte den Schöpfer in seiner Weisheit. Durchlaufe die Natur in all ihrer Majestät, die Natur, der du dich nähern zu wollen scheinst, und leite daraus, wenn du es wagst, ein Beispiel für diese tyrannische Herrschaft ab. Geh zu den Tieren, befrage die Elemente, studiere die Pflanzen, ja wirf einen Blick auf den Kreislauf der Natur und füge dich dem Beweis, wenn ich dir die Mittel dazu in die Hand gebe. Suche, untersuche und unterscheide, wenn du es kannst, die Geschlechter in der Ordnung der Natur. Überall findest du sie ohne Unterschied zusammen, überall arbeiten sie in einer harmonischen Gemeinschaft an diesem unsterblichen Meisterwerk. Nur der Mann hat sich aus der Ausnahme ein Prinzip zurechtgeschneidert. Extravagant, blind, von den Wissenschaften aufgeblasen und degeneriert, will er in diesem Jahrhundert der Aufklärung und des Scharfsinns, doch in krassester Unwissenheit, despotisch über ein Geschlecht befehlen, das alle intellektuellen Fähigkeiten besitzt. Er behauptet, von der Revolution zu profitieren, er verlangt sein Anrecht auf Gleichheit, um nicht noch mehr zu sagen.

Von der Nationalversammlung am Ende dieser oder bei der nächsten Legislaturperiode zu verabschieden.

Präambel

Wir, Mütter, Töchter, Schwestern, Vertreterinnen der Nation, verlangen, in die Nationalversammlung aufgenommen zu werden. In Anbetracht dessen, dass Unkenntnis, Vergessen oder Missachtung der Rechte der Frauen die alleinigen Ursachen öffentlichen Elends und der Korruptheit der Regierungen sind, haben wir uns entschlossen, in einer feierlichen Erklärung die natürlichen, unveräußerlichen und heiligen Rechte der Frau darzulegen, damit diese Erklärung allen Mitgliedern der

Gesellschaft ständig vor Augen ist und sie unablässig an ihre Rechte und Pflichten erinnert: damit die Machtausübung von Frauen ebenso wie jene von Männern jederzeit am Zweck der politischen Einrichtung gemessen und somit auch mehr geachtet werden kann; damit die Beschwerden von Bürgerinnen, nunmehr gestützt auf einfache und unangreifbare Grundsätze, sich immer zur Erhaltung der Verfassung, der guten Sitten und zum Wohl aller auswirken mögen.

Das an Schönheit wie Mut im Ertragen der Mutterschaft überlegene Geschlecht anerkennt und erklärt somit, in Gegenwart und mit dem Beistand des Allmächtigen, die folgenden Rechte der Frau und Bürgerin.

Artikel I

Die Frau ist frei geboren und bleibt dem Manne gleich in allen Rechten. Die sozialen Unterschiede können nur im allgemeinen Nutzen begründet sein.

Artikel II

Ziel und Zweck jedes politischen Zusammenschlusses ist der Schutz der natürlichen und unveräußerlichen Rechte sowohl der Frau als auch des Mannes. Diese Rechte sind: Freiheit, Sicherheit, das Recht auf Eigentum und besonders das Recht auf Widerstand gegen Unterdrückung.

Artikel III

Das Prinzip jeder Herrschaft ruht wesentlich in der Nation, die nichts anderes darstellt als eine Vereinigung von Frauen und Männern. Keine Körperschaft und keine einzelne Person kann Macht ausüben, die nicht ausdrücklich daraus hervorgeht.

Artikel IV

Freiheit und Gerechtigkeit bestehen darin, den anderen zurück-zugeben, was ihnen zusteht. So wird die Frau in der Ausübung ihrer natürlichen Rechte nur durch die fortdauernde Tyrannei, die der Mann ihr entgegensetzt, gehindert. Diese Schranken müssen durch Gesetze der Natur und Vernunft revidiert werden.

Artikel V

Die Gesetze der Natur und Vernunft wehren alle Handlungen von der Gesellschaft ab, die ihr schaden könnten. Alles, was durch diese weisen und göttlichen Gesetze nicht verboten ist, darf nicht behindert werden, und niemand darf gezwungen werden, etwas zu tun, was diese Gesetze nicht ausdrücklich vorschreiben.

Artikel VI

Das Gesetz sollte Ausdruck des allgemeinen Willens sein. Alle Bürgerinnen und Bürger sollen persönlich oder durch ihre Vertreter in seiner Gestaltung einwirken. Es muss für alle das gleiche sein. Alle Bürgerinnen und Bürger, die gleich sind vor den Augen des Gesetzes, müssen gleichermaßen nach ihren Fähigkeiten, ohne andere Unterschiede als die ihrer Tugenden und Talente, zu allen Würden, Ämtern und Stellungen im öffent-lichen Leben zugelassen werden.

Artikel VII

Für Frauen gibt es keine Sonderrechte, sie werden verklagt, in Haft genommen und gefangen gehalten, in den durch das Gesetz bestimmten Fällen. Frauen unterstehen wie Männer den gleichen Strafgesetzen.

Artikel VIII

Das Gesetz soll nur Strafen verhängen, die unumgänglich und offensichtlich notwendig sind, und niemand darf bestraft werden, es sei denn kraft eines rechtsgültigen Gesetzes, das bereits vor der Tat in Kraft war, und das legal auf Frauen angewandt wird.

Artikel IX

Gegenüber jeder Frau, die für schuldig befunden wurde, muss das Gesetz mit großer Strenge angewendet werden.

Artikel X

Niemand darf wegen seiner Meinung, auch wenn sie grundsätzlicher Art ist, verfolgt werden. Die Frau hat das Recht, das Schafott zu besteigen. Sie muss gleichermaßen das Recht haben, die Tribüne zu besteigen, vorausgesetzt, dass ihre Handlungen und Äußerungen die vom Gesetz gewahrte öffentliche Ordnung nicht stören.

Artikel XI

Die freie Gedanken- und Meinungsäußerung ist eines der kostbarsten Rechte der Frau, denn diese Freiheit garantiert die Vaterschaft der Väter an ihren Kindern. Jede Bürgerin kann folglich in aller Freiheit sagen: „Ich bin die Mutter eines Kindes, das du gezeugt hast", ohne dass ein barbarisches Vorurteil sie zwingt, die Wahrheit zu verschleiern. Dadurch soll ihr nicht die Verantwortung für den Missbrauch dieser Freiheit in den durch Gesetz bestimmten Fällen abgenommen werden.

Artikel XII

Ein höherer Nutzen erfordert die Garantie der Rechte der Frau und Bürgerin. Diese Garantie soll zum Vorteil aller und nicht zum persönlichen Vorteil derjenigen dienen, denen diese Rechte anvertraut sind.

Artikel XIII

Für den Unterhalt der Polizei und für die Verwaltungskosten werden von der Frau wie vom Manne gleiche Beträge gefordert. Hat die Frau teil an allen Pflichten und Lasten, dann muss sie ebenso teilhaben an der Verteilung der Posten und Arbeiten, in niederen und hohen Ämtern, und im Gewerbe.

Artikel XIV

Die Bürgerinnen und Bürger haben das Recht, selbst oder durch ihre Repräsentanten über die jeweilige Notwendigkeit der öffentlichen Beiträge zu befinden. Die Bürgerinnen können dem Prinzip, Steuern in gleicher Höhe aus ihrem Vermögen zu zahlen, nur dann beipflichten, wenn sie an der öffentlichen Verwaltung teilhaben und die Steuern, ihre Verwendung, Einbeziehung und Zeitdauer mit festsetzen.

Artikel XV

Die weibliche Bevölkerung, die gleich der männlichen Beiträge leistet, hat das Recht, von jeder öffentlichen Instanz einen Rechenschaftsbericht zu verlangen.

Artikel XVI

Eine Gesellschaft, in der die Garantie der Rechte nicht versichert und die Trennung der Gewalten nicht festgelegt ist, hat keine Verfassung. Die Verfassung ist null und nichtig, wenn die Mehrheit der Individuen, die die Nation darstellen, an ihrem Zustandekommen nicht mitgewirkt hat.

Artikel XVII

Das Eigentum gehört beiden Geschlechtern vereint oder einzeln. Jede Person hat darauf ein unverletzliches und heiliges Anrecht. Niemandem darf es als wahres Erbteil der Nation vorenthalten werden, es sei denn, eine öffentliche Notwendigkeit, die gesetzlich festgelegt ist, machte es augenscheinlich erforderlich, jedoch unter der Voraussetzung einer gerechten und vorher festgesetzten Entschädigung.

Contrat Social zwischen Mann und Frau

Wir, N. und N., gehen aus eigenem Willen eine Verbindung auf Dauer unseres Lebens und auf Dauer unserer gegenseitigen Zuneigung unter den folgenden Bedingungen ein: Wir wollen unser Vermögen zusammenfügen und gemeinschaftlich verwalten, wobei wir uns das Recht vorbehalten, es zu Gunsten unserer gemeinsamen Kinder zu verteilen, und zu Gunsten von Kindern, die einer besonderen Neigung entspringen; wir anerkennen gegenseitig, dass unser Besitz direkt unseren Kindern zukommt, aus welcher Verbindung auch immer sie hervorgehen, und dass sie alle ohne Unterschied das Recht haben, den Namen der Väter und Mütter zu tragen, die sie als ihre Kinder anerkannt haben; und wir unterschreiben das Gesetz, das das Verleugnen des eigenen Bluts bestraft. Wir verpflichten uns gleichermaßen, im Falle von Scheidung, unser Vermögen zu teilen, nachdem daraus erst die Anteile der Kinder, wie vom Gesetz bestimmt, sichergestellt sind. In einer perfekten Verbindung wird im Todesfalle jeder die Hälfte seines Besitzes den Kindern vererben. Wer kinderlos stirbt, vererbt dem Überlebenden von Rechtswegen alles, es sei denn, der Verstorbene hat testamentarisch bestimmt, dass die Hälfte des gemeinsamen Besitzes einer dritten Person zukommt.

In ihrer Verteidigung der „*Erklärung der Rechte der Frau und Bürgerin*" fragte Olympe de Gouges: „*Warum sollte eine Gruppe von Menschen, nur weil sie schwanger werden können und sich gelegentlich unpässlich fühlen, nicht die Rechte ausüben dürfen, die man niemals denen vorenthalten würde, die jeden Winter die Gicht plagt und die sich leicht erkälten?*" Dem hielt der Revolutionär Louis-Marie Prudhomme entgegen: „*Eine Frau ist nur in ihrer Familie und im Haushalt am rechten Platz. Von allem, was außerhalb ihres Heimes passiert, braucht sie nur das zu wissen, was ihre El-*

tern oder ihr Ehemann für richtig halten, ihr mitzuteilen." Im April 1793 erklärte der französische revolutionäre Konvent als Antwort auf de Gouges, dass *„Kinder, Irre, Minderjährige, Frauen und Kriminelle kein Bürgerrecht genießen".* De Gouges trat in der Folge gegen die Todesstrafe und gegen die Hinrichtung des Königs ein. Sie attackierte Robespierre als „Ehrgeizling" und „Despoten" und widmete ihre Erklärung der Menschenrechte für die Frauen der später hingerichteten Königin Marie-Antoinette.

Als de Gouges den Text „Die drei Urnen" veröffentlichte, in dem sie eine Volksabstimmung über die künftige Staatsform (Republik, Monarchie oder Girondismus) forderte, wurde sie wegen Hochverrats verhaftet, die Anklage lautete auf „Anschlag auf die Volkssouveränität". Nach mehrmonatiger Gefangenschaft wurde Olympe de Gouges in ein Irrenhaus verlegt, aus dem sie hätte fliehen können. Sie weigerte sich in der Überzeugung, *„...dass es bei aller zu meinem Verderben vereinten Böswilligkeit nicht gelänge, mir auch nur eine einzige gegen die Revolution gerichtete Handlung vorzuwerfen".* Im Prozess wurde ihr ein Verteidiger verweigert, sie verteidigte sich selbst. Ihrem Sohn schrieb sie in ihrem Abschiedsbrief: *„An die zwanzig Mal habe ich meine Henker erbleichen sehen. Da sie nicht wussten, was sie auf jeden meiner Sätze, die meine Unschuld und ihre Böswilligkeit zum Ausdruck brachten, entgegnen sollten, so haben sie das Todesurteil verhängt, aus Angst, das Volk könnte das beispiellose, nie dagewesene Unrecht entdecken."* Am 3. November 1793 wurde Olympe de Gouges durch die Guillotine hingerichtet.

Zwei Wochen nach ihrem Tod veröffentlicht der Courier Républicain eine Warnung an alle Frauen: *„Erinnert euch dieses Mannweibs, der schamlosen Olympe de Gouges, die als erste Frauenvereinigungen einrichtete, die aufhörte, ihr Hauswesen zu besorgen, die politisieren wollte und Verbrechen beging. Alle solche unmoralischen Wesen wurden vom Rachefeuer der Gesetze vernichtet. Ihr wollt ihr nacheifern? Nein, ihr spürt wohl, dass ihr nur dann interessant und wahrhaft der*

Wertschätzung würdig seid, wenn ihr seid, was die Natur wollte, das ihr seid."

Nach der Französischen Revolution bis zu den europäischen Revolutionen 1830 und 1848 fand die Frauenbewegung vor allem in den Salons des gebildeten Bürgertums in den USA und in Europa ihre weitere Verbreitung. In den USA schärfte die Anti-Sklaverei-Bewegung das Bewusstsein der Frauen dafür, dass sie selbst als soziale Gruppe diskriminiert wurden. 1848 wurde in Seneca Falls im Staat New York durch Elizabeth Cady Stanton und Lucretia Mott eine Tagung einberufen, auf der über die Diskriminierung der Frau gesprochen wurde. Die Frauenrechtlerinnen forderten in ihrer *„Seneca Falls Deklaration"* unter anderem die bessere rechtliche und wirtschaftliche Absicherung geschiedener Frauen, einen verbesserten Zugang zu Bildung und Beruf sowie das Wahlrecht.

Diese Grundsatzerklärung richtete sich gegen die Dominanz der Männer in allen Lebensbereichen. Dem Text lag die Vorstellung zu Grunde, dass Männer und Frauen mit den gleichen Rechten auf Leben, Freiheit und dem Streben nach Glück geboren werden und dass die Sicherung dieser unveräußerlichen Rechte einzig legitimer Staatszweck sei. Alles was Frauen in untergeordnete Positionen drängte, wurde für ungesetzlich erklärt. Es schlossen sich zwölf Resolutionen an, welche die Gleichbehandlung von Frauen auf privatem, religiösem, wirtschaftlichem und politischem Gebiet forderten.

Obwohl die Deklaration und deren Verfasserinnen in der Folge verhöhnt und die Inhalte verdreht wurden, bildete sie doch den Anfang der Frauenbewegung, die von hier aus auf Europa übergriff und bis 1918 in den meisten Staaten zur rechtlichen und politischen Gleichstellung von Männern und Frauen führte.

11. Das Kommunistische Manifest (1848)

Das Kommunistische Manifest ist die wahrscheinlich einflussreichste politische Einzelschrift der Welt und der meistgelesene Text von Karl Marx und Friedrich Engels. Seine Verbreitung entspricht dem der Bibel. Als Gründungstext der sozialistischen Bewegung ist er auch heute noch, im Zeitalter der Globalisierung, von sensationeller Aktualität, und seine wesentlichen Forderungen warten immer noch auf Verwirklichung. Gefordert wird darin als höchste Form der Freiheit die Gleichheit des Menschen unter der Diktatur des Proletariates.

Karl Marx (1818 – 1883) wurde in Deutschland geboren. Seine Eltern gehörten dem jüdischen Glauben an, konvertierten aber, als Karl Marx sechs Jahre alt war, zum Protestantismus. Marx studierte an den besten Universitäten Deutschlands in Bonn, Berlin und Jena und war stark von Georg Wilhelm Friedrich Hegel, dem bedeutendsten Philosophen seiner Zeit, beeinflusst. Anfangs politisch eher gemäßigt, wurde Marx im Laufe der Zeit in seinen Ansichten immer radikaler. In Deutschland gab er die „Rheinische Zeitung" heraus, deren Verbreitung aber durch die Zensur immer weiter eingeschränkt wurde, so dass Marx 1843 nach Paris und 1845 nach Brüssel übersiedelte.

Als Schreiber von politischen Schriften erlangte Marx Bekanntheit in europäischen radikalen Kreisen. Am Vorabend der Revolution von 1848 entstand als Auftragswerk des „Bundes der Kommunisten", einem revolutionären Geheimbund deutscher Handwerksleute, das „Manifest der Kommunistischen Partei" durch die eben erst beigetretenen Genossen Karl Marx und Friedrich Engels.

Friedrich Engels (1820 – 1895) war der engste Mitarbeiter von Karl Marx und selbst ein wichtiger Denker und Schreiber von politischen Schriften. Er überlebte Marx um viele Jahre und schrieb eine Anzahl von Werken wie *„Der Ursprung der Familie, des Privateigentums und des Staats"*, die noch immer die politischen Diskurse beeinflussen. Marx war der bessere Denker und Theoretiker der beiden, aber Engels war verantwortlich für den ergreifenden Stil und die Schärfe der Formulierungen im Kommunistischen Manifest. Nach Marx' Tod gab Engels den zweiten und dritten Band von *„Das Kapital. Kritik der politischen Ökonomie"* heraus.

Das Manifest der Kommunistischen Partei erschien im Februar 1848 in London in einer 23 Seiten umfassenden Ausgabe. Von März bis Juli 1848 erfolgte sein Abdruck in der Deutschen Londoner Zeitung, der Zeitung der deutschen Emigranten in England. Noch im gleichen Jahr wurde es in London als 30-seitige Broschüre gedruckt. Diese Ausgabe legten Marx und Engels den späteren autorisierten Ausgaben zugrunde. Noch 1848 wurde das Manifest ins Französische, Polnische, Italienische, Dänische, Flämische und Schwedische übersetzt.

Doch erst im Zuge der Arbeit der Ersten Internationale, in der sich Marx und Engels ab 1864 engagierten, wurde das Manifest wieder bekannt gemacht. Die Internationale brachte sich durch die Verteidigung der Pariser Kommune 1871 in der europäischen Presse den Ruf als Hort der Subversion ein, Marx wurde zu ihrem Anführer stilisiert. In den Jahren nach 1871 erlebte das Manifest zahlreiche Neuauflagen in vielen Sprachen und verbreitete sich mit dem Aufstieg sozialistischer Arbeiterparteien, Bildungsvereine und Gewerkschaften. Als „Kommunistische Partei" bezeichneten sich erst wieder die russischen Bolschewiken nach der Oktoberrevolution von 1917.

Im Manifest formulierten Marx und Engels die Grundthesen ihrer Gesellschaftstheorie. Es wurde angenommen, dass „*...an die Stelle der alten bürgerlichen Gesellschaft mit ihren Klassen und Klassengegensätzen eine Assoziation tritt, worin die freie Entwicklung eines jeden die Bedingung für die freie Entwicklung aller ist.*" Die Autoren gehen davon aus, dass der Kapitalismus „*...die Klassengegensätze vereinfacht hat. Die ganze Gesellschaft spaltet sich ... in zwei große, einander direkt gegenüberstehende Klassen: Bourgeoisie und Proletariat.*" Zwischen diesen werde der Klassenkampf ausgetragen, der dazu führe, dass das Proletariat den Sturz der Bourgeoisie als herrschende Klasse herbeiführen und selbst die politische Herrschaft antreten werde. Dazu wird im ersten Abschnitt auf den Warencharakter der Arbeitskraft hingewiesen und so die Ausbeutung des Arbeiters durch den Bourgeois begründet.

Karl Marx wollte naturwissenschaftliche Gesetze auf die Gesellschaft übertragen. Das Kommunistische Manifest sollte das auf wenige programmatische Aussagen reduzierte Dogma der neuen Bewegung werden. Dabei waren die Verfasser vom französischen Philosophen Proudhon, den sie um Beiträge für die Veröffentlichungen ihrer Gruppe gebeten hatten, in deutlichen Worten gewarnt worden: „*In Gottes Namen: Nachdem wir erst allen Dogmatismus abgeschafft haben, sollten wir uns nicht darauf einlassen, nun unsererseits die Leute zu indoktrinieren. Begehen wir nicht den Fehler ihres Mitbürgers Martin Luther, der nach der Überwindung der katholischen Theologie flugs eine protestantische mit Exkommunikationen und Ketzerverfolgungen begründete.*" Das Kommunistische Manifest ist in vier Teile gegliedert: Der erste Teil beschreibt die Gesellschaftsgeschichte als fortlaufenden Klassenkampf, der nun, unter den Bedingungen des Kapitalismus, zwischen Bourgeoisie und Proletariat ausgetragen wird. Der zweite Teil analysiert das Verhältnis zwischen Proletariat und Kommunisten, der dritte beschäftigt sich mit verschiedenen anderen sozialistischen Gesellschaftsentwürfen. Der letzte Teil schließlich stellt die Kommunisten als die Vorkämpfer derjenigen revolutionären

Bewegung heraus, die sich den Umsturz der bestehenden Gesellschaftsordnung zum Ziel gesetzt hat, und mündet in der Aufforderung:

„Proletarier aller Länder vereinigt euch!"

Das Kommunistische Manifest 1848 (Auszüge)

Ein Gespenst geht um in Europa – das Gespenst des Kommunismus. Alle Mächte des alten Europa haben sich zu einer heiligen Hetzjagd gegen dies Gespenst verbündet, der Papst und der Zar, Metternich und Guizot, französische Radikale und deutsche Polizisten.

Wo ist die Oppositionspartei, die nicht von ihren regierenden Gegnern als kommunistisch verschrien worden wäre, wo die Oppositionspartei, die den fortgeschritteneren Oppositionsleuten sowohl wie ihren reaktionären Gegnern den brandmarkenden Vorwurf des Kommunismus nicht zurückgeschleudert hätte?

Zweierlei geht aus dieser Tatsache hervor: Der Kommunismus wird bereits von allen europäischen Mächten als eine Macht anerkannt. Es ist hohe Zeit, dass die Kommunisten ihre Anschauungsweise, ihre Zwecke, ihre Tendenzen vor der ganzen Welt offen darlegen und dem Märchen vom Gespenst des Kommunismus ein Manifest der Partei selbst entgegenstellen.

Zu diesem Zweck haben sich Kommunisten der verschiedensten Nationalität in London versammelt und das folgende Manifest entworfen, das in englischer, französischer, deutscher, italienischer, flämischer und dänischer Sprache veröffentlicht wird.

Die Geschichte aller bisherigen Gesellschaft ist die Geschichte von Klassenkämpfen. Freier und Sklave, Patrizier und Plebejer, Baron und Leibeigener, Zunftbürger und Gesell, kurz, Unterdrücker und Unterdrückte standen im steten Gegensatz zueinander, führten einen ununterbrochenen, bald versteckten, bald offenen Kampf, einen Kampf, der jedesmal mit einer

*revolutionären Umgestaltung der ganzen Gesellschaft endete
oder mit dem gemeinsamen Untergang der kämpfenden Klasse.*

*Die aus dem Untergang der feudalen Gesellschaft hervor-
gegangene moderne bürgerliche Gesellschaft hat die Klassengegensätze nicht aufgehoben. Sie hat nur neue Klassen,
neue Bedingungen der Unterdrückung, neue Gestaltungen des
Kampfes an Stelle der alten gesetzt. Unsere Epoche, die Epoche
der Bourgeoisie, zeichnet sich jedoch dadurch aus, dass sie die
Klassengegensätze vereinfacht hat. Die ganze Gesellschaft spaltet sich mehr und mehr in zwei große feindliche Lager, in zwei
große, einander direkt gegenüberliegende Klassen: Bourgeoisie
und Proletariat ...*

*Die Bourgeoisie hat in ihrer kaum hundertjährigen Klassen-
herrschaft massenhaftere und kolossalere Produktionskräfte
geschaffen, als alle vergangenen Generationen zusammen.*

*Unterjochung der Naturkräfte, Maschinerie, Anwendung
der Chemie auf Industrie und Ackerbau, Dampfschifffahrt,
Eisenbahnen, elektrische Telegrafen, Urbarmachung ganzer
Weltteile, Schiffbarmachung der Flüsse, ganze aus dem Boden
gestampfte Bevölkerungen – welch früheres Jahrhundert ahnte,
dass solche Produktionskräfte im Schoße der gesellschaftlichen
Arbeit schlummerten ... "*

*Aber die Bourgeoisie hat auch die modernen Arbeiter, ihre
eigenen Totengräber, gezeugt. Deren nächstes Ziel wird sein:
„Bildung des Proletariats zur Klasse, Sturz der Bourgeoisie-
herrschaft, Eroberung der politischen Macht durch das Proletariat ...*

*Das Proletariat wird seine politische Herrschaft dazu benut-
zen, der Bourgeoisie nach und nach alles Kapital zu entreißen,
alle Produktionsinstrumente in den Händen des Staates, d.h.
des als herrschende Klasse organisierten Proletariats zu zent-
ralisieren und die Masse der Produktionskräfte möglichst rasch
zu vermehren...*

*Wir sahen schon oben, dass der erste Schritt in der Arbei-
terrevolution die Erhebung des Proletariats zur herrschenden
Klasse, die Erkämpfung der Demokratie ist.*

Es kann dies natürlich zunächst nur geschehen vermittelst despotischer Eingriffe in das Eigentumsrecht und in die bürgerlichen Produktionsverhältnisse, durch Maßregeln also, die ökonomisch unzureichend und unhaltbar erscheinen, die aber im Lauf der Bewegung über sich selbst hinaustreiben und als Mittel zur Umwälzung der ganzen Produktionsweise unvermeidlich sind.

Diese Maßregeln werden natürlich je nach den verschiedenen Ländern verschieden sein.

Für die fortgeschrittensten Länder werden jedoch die folgenden ziemlich allgemein in Anwendung kommen können:

1. Expropriation des Grundeigentums und Verwendung der Grundrente zu Staatsausgaben.

2. Starke Progressivsteuer.

3. Abschaffung des Erbrechts.

4. Konfiskation des Eigentums aller Emigranten und Rebellen.

5. Zentralisation des Kredits in den Händen des Staats durch eine Nationalbank mit Staatskapital und ausschließlichem Monopol.

6. Zentralisation des Transportwesens in den Händen des Staats.

7. Vermehrung der Nationalfabriken, Produktionsinstrumente, Urbarmachung und Verbesserung der Ländereien nach einem gemeinschaftlichen Plan.

8. Gleicher Arbeitszwang für alle, Errichtung industrieller Armeen, besonders für den Ackerbau.

9. Vereinigung des Betriebs von Ackerbau und Industrie, Hinwirken auf die allmähliche Beseitigung des Unterschieds von Stadt und Land.

10. Öffentliche und unentgeltliche Erziehung aller Kinder. Beseitigung der Fabrikarbeit der Kinder in ihrer heutigen Form. Vereinigung der Erziehung mit der materiellen Produktion usw.

Sind im Laufe der Entwicklung die Klassenunterschiede verschwunden und ist alle Produktion in den Händen der

assoziierten Individuen konzentriert, so verliert die öffentliche Gewalt den politischen Charakter. Die politische Gewalt im eigentlichen Sinne ist die organisierte Gewalt einer Klasse zur Unterdrückung einer andern. **Wenn das Proletariat im Kampfe gegen die Bourgeoisie sich notwendig zur Klasse vereint, durch eine Revolution sich zur herrschenden Klasse macht und als herrschende Klasse gewaltsam die alten Produktionsverhältnisse aufhebt, so hebt es mit diesen Produktionsverhältnissen die Existenzbedingungen des Klassengegensatzes, die Klassen überhaupt, und damit seine eigene Herrschaft als Klasse auf.**

An die Stelle der alten bürgerlichen Gesellschaft mit ihren Klassen und Klassengegensätzen tritt eine Assoziation, worin die freie Entwicklung eines jeden die Bedingung für die freie Entwicklung aller ist.

Die Kommunisten verschmähen es, ihre Absichten und Ansichten zu verheimlichen. Sie erklären es offen, dass ihre Zwecke nur erreicht werden können durch den Umsturz aller bisherigen Gesellschaftsordnung.

Mögen die herrschenden Klassen vor einer kommunistischen Revolution zittern. Die Proletarier haben nichts zu verlieren als ihre Ketten. Sie haben eine Welt zu gewinnen.

Proletarier aller Länder, vereinigt Euch!

Das „Kommunistische Manifest" hatte zunächst nur geringen Einfluss auf die weit verstreuten und höchst unterschiedlichen revolutionären Bewegungen Europas in der Mitte des 19. Jahrhunderts. Dennoch wurde es eines der meistgelesenen und meistdiskutierten Dokumente Europas im 20. Jahrhundert. Marx versuchte seine Anschauung vom Sozialismus, dessen höchste Stufe er Kommunismus nennt, dadurch abzugrenzen, dass er vorgab, sie sei wissenschaftlich nachgewiesen und als objektive geschichtliche Studie erfassbar, wobei er die Geschichte als kontinuierlichen, sich stets ändernden Prozess verstand.

So wie der Feudalismus sich in den Merkantilismus und dann in den Kapitalismus entwickelt hatte, so würde dieser in einem nächsten Schritt seinem natürlichem Nachfolger, dem Sozialismus, und hier dessen fortgeschrittenster Ausprägung, dem Kommunismus, als notwendiges Resultat des Klassenkampfes, unterliegen. Marx' Beharrlichkeit, dass der Realismus die ideal-utopischen Vorstellungen früherer Sozialisten zu ersetzen hätte, hatte schwerwiegende Konsequenzen. Es ermöglichte Revolutionären wie Lenin in Aktion zu treten, aber es ermutigte auch dessen Nachfolger Stalin grausamste Maßnahmen zu ergreifen, um das zu erreichen, was er als historische Notwendigkeit ansah. Obwohl zur Zeit von Marx und Engels die radikalen Theorien des Manifestes weit mehr diskutiert wurden, als es die Anzahl der Radikalen notwendig machte, nutze Marx diese öffentliche Aufmerksamkeit, um zu erklären, dass jede Theorie, die so gefürchtet wird, wichtig sei und dem Volk dringend erklärt werden müsse.

Das Kommunistische Manifest traf in der Mitte des 19. Jahrhunderts auf eine soziale Realität, in denen *"die Verdammten dieser Erde"* auf solche Sätze zu warten schienen. Trotzdem ist zu fragen, warum eine kleine Schrift, von der bis 1871 nicht einmal 10.000 Exemplare gedruckt und unters Volk gebracht wurden, eine so ungeheuer große Langzeitwirkung haben konnte. Golo Mann beantwortete diese Frage in seiner „Deutschen Geschichte des 19. und 20. Jahrhunderts": „Das Kommunistische Manifest *enthält die Quintessenz des Marxismus. Was danach noch kam, war Anwendung, ökonomische Unterbauung, Illustrierung, Verteidigung, keine lebendige Entwicklung mehr. Das Manifest ist eine Schrift von unerhörter Überzeugungskraft. Einfach und wie aus einem Guss – trotz all der komplizierten Gedanken-Stücke, die darin verarbeitet werden. Die ersten, die es überwältigte, so dass sie nie wieder etwas anderes denken konnten, waren seine Verfasser."*

12. Die Paulskirchenverfassung
(1849)

Die Napoleonische Zeit hatte die deutschen Länder erstmals mit den Freiheits- und Bürgerrechten der Französischen Revolution bekannt gemacht. Zugleich hatte man die Vorteile großer Nationalstaaten wie Frankreich, Österreich und Russland kennen gelernt. Nach einem fast 30-jährigen Ringen sollte die verfassunggebende Versammlung in der Frankfurter Paulskirche die deutschen Länder vereinigen und den Bürgern die Grundrechte garantieren.

Das Heilige Römische Reich war 1806 zu Ende gegangen, als Kaiser Franz II. die Reichskrone zurückgelegt hatte, um als Franz I. Kaiser von Österreich zu werden. Er entschloss sich zu diesem Handeln, weil einerseits die Kaiserkrone schon längst zum machtlosen Symbol verkommen war, und um andererseits der immer größer werdenden Macht Napoleons zu begegnen.

Nach dem Sieg über Napoleon wurde beim Wiener Kongress von 1815 die Staatenwelt Europas neu geordnet. An Stelle des Römischen Kaiserreiches trat der Deutsche Bund, eine lockere Vereinigung von miteinander verbundenen unabhängigen Staaten, die von Österreich und Preußen dominiert wurden. In ihrer Ablehnung eines politischen und territorialen Zusammenschlusses hatten die deutschen Länder es aber versäumt, eine nationalstaatliche Lösung zu finden, der Deutsche Bund wurde als unbefriedigendes Provisorium empfunden.

Ebenso suchte die Bevölkerung nach der Gewährung bürgerlicher Freiheiten und Rechte, die im napoleonischen Code Civil in den deutschen Staaten in der Zeit Napoleons eingeführt worden waren. Zwar hatten einige deutsche Staaten sich vom Code Civil beeinflusste Verfassungen gegeben, die allerdings bis 1848 durch restaurative Maßnahmen wie Zensur, Versammlungsverbot und Unterdrückung der freien Presse immer weiter beschnitten wurden.

1848 kam es unter dem Eindruck der Ausrufung der Zweiten Republik in Frankreich zu Revolutionen auch in Deutschland und Österreich mit dem Ziel der Gewährung von Bürger- und Freiheitsrechten, der Einsetzung liberaler Landesregierungen und vor allem der Schaffung eines deutschen Nationalstaates mit einer gesamtdeutschen Volksversammlung und einer Volksvertretung.

Nach der Zusammenkunft eines Vorparlamentes trafen sich am 18. Mai 1848 585 gewählte Mitglieder in der deutschen Nationalversammlung in der Frankfurter Paulskirche, um über eine Verfassung für Gesamtdeutschland zu beraten. Das Ergebnis war die Paulskirchenverfassung, die erste demokratisch beschlossene Verfassung für ganz Deutschland.

Als ihre erste Aufgabe sah die Frankfurter Nationalversammlung die Einführung von Grundrechten für das deutsche Volk an. Man erklärte Standesunterschiede und Adel für aufgehoben und bestimmte das endgültige Ende jedes Untertänigkeits- oder Hörigkeitsverbandes.

Die Verfassung wurde am 27. März 1849 von der Nationalversammlung beschlossen. Am 28. März 1849 wurde sie durch die Aufnahme ins Reichsgesetzblatt amtlich verkündet und trat damit juristisch in Kraft. Als Reichsverweser wurde der habsburgische Erzherzog Johann bestimmt. In der Folge formierte sich allerdings militärischer Widerstand der deutschen Fürsten, insbesondere des Königs von Preußen, gegen die Verfassung, weshalb sie nie durchgesetzt werden konnte.

Sie sah vor, dass Deutschland eine konstitutionelle Erbmonarchie werden sollte. Die Dynastie, beziehungsweise der Regent dieser Erbmonarchie, sollte durch eine demokratische Abstimmung gewählt werden. Zu diesem Zweck trug die Kaiserdeputation dem preußischen König Friedrich Wilhelm

IV. die deutsche Kaiserkrone als Kaiser der Deutschen an. Dieser berief sich jedoch auf sein Gottesgnadentum und lehnte eine Wahl durch das Volk ab. Die anschließende Verfassungskampagne und die revolutionären Aufstände in Südwestdeutschland, welche die deutschen Fürsten zur Annahme der Verfassung zwingen sollten, wurden im Sommer 1849 militärisch niedergeschlagen. Damit war auch das Verfassungswerk des Paulskirchenparlaments endgültig gescheitert. Statt dieser entwickelte Friedrich Wilhelm IV. von Preußen eine aufgezwungene Verfassung, mit der er weite Teile der Macht zurückgewinnen konnte. Dennoch blieb die Paulskirchenverfassung prägend für die weitere konstitutionelle Entwicklung in Deutschland, speziell im Bereich der Grundrechte.

Diese Rechte bildeten den Kern des Verfassungswerks von 1848 und waren bereits am 27. Dezember *1848* durch das *Reichsgesetz betreffend die Grundrechte des deutschen Volkes* in Kraft gesetzt worden. Sie wurden später in einem eigenen Abschnitt (Abschnitt VI: Unverletzlichkeit des Eigentums, die Freizügigkeit, die Aufhebung der Todesstrafe, die Freiheit der Person, das Briefgeheimnis, die Freiheit von Wissenschaft und Lehre, die Versammlungsfreiheit und die Redefreiheit) in die Paulskirchenverfassung aufgenommen. Diese Rechte finden sich später zum Teil wörtlich in der Weimarer Reichsverfassung wie auch im Grundgesetz der Bundesrepublik Deutschland wieder.

Die Abschnitte I bis V der Paulskirchenverfassung beschäftigen sich mit der politischen Gestalt des neu zu bildenden deutschen Nationalstaates. An der Spitze des Staates steht ein Kaiser, der das Volkshaus einberufen und auflösen kann, der das Staatenhaus einberuft, ein aufschiebendes Veto gegenüber dem Reichstag und ein Begnadigungsrecht besitzt und den Oberbefehl über die Streitkräfte innehat. Ihm gegenüber steht der Reichstag der aus einem Volkshaus und einem Staatenhaus besteht, der die Gesetze erlässt und die Reichsregierung kontrolliert.

Das Besondere der Paulskirchenverfassung sind die darin festgeschriebenen Grundrechte. Ihr Zweck besteht darin, die Grund- oder Menschenrechte und damit den Staatsbürger vor dem Staat zu schützen. Alle Bürger, auch das Bürgertum und die Arbeiterschaft, sollten am Staat beteiligt und so für ihn interessiert werden.

Paulskirchenverfassung 1849

Präambel:

„Die deutsche verfassunggebende Nationalversammlung hat beschlossen und verkündigt als Reichsverfassung: ...“

Abschnitt VI. Die Grundrechte des deutschen Volkes

§ 130. Dem deutschen Volke sollen die nachstehenden Grundrechte gewährleistet sein. Sie sollen den Verfassungen der deutschen Einzelstaaten zur Norm dienen, und keine Verfassung oder Gesetzgebung eines deutschen Einzelstaates soll dieselben je aufheben oder beschränken können.

Artikel I.

§ 131. Das deutsche Volk besteht aus den Angehörigen der Staaten, welche das deutsche Reich bilden.
§ 132. Jeder Deutsche hat das deutsche Reichsbürgerrecht. Die ihm kraft dessen zustehenden Rechte kann er in jedem deutschen Lande ausüben. Über das Recht, zur deutschen Reichsversammlung zu wählen, verfügt das Reichswahlgesetz.
§ 133. Jeder Deutsche hat das Recht, an jedem Orte des Reichsgebietes seinen Aufenthalt und Wohnsitz zu nehmen, Liegenschaften jeder Art zu erwerben und darüber zu verfügen, jeden Nahrungszweig zu betreiben, das Gemeindebürgerrecht zu gewinnen.
Die Bedingungen für den Aufenthalt und Wohnsitz werden durch ein Heimatsgesetz, jene für den Gewerbebetrieb durch

eine Gewerbeordnung für ganz Deutschland von der Reichs-
gewalt festgesetzt.

§ 134.   Kein deutscher Staat darf zwischen seinen Angehörigen
und andern Deutschen einen Unterschied im bürgerlichen,
peinlichen und Prozess-Rechte machen, welcher die Letzteren
als Ausländer zurücksetzt.

§ 135.   Die Strafe des bürgerlichen Todes soll nicht stattfinden,
und da, wo sie bereits ausgesprochen ist, in ihren Wirkungen
aufhören, soweit nicht hierdurch erworbene Privatrechte ver-
letzt werden.

§ 136.   Die Auswanderungsfreiheit ist von Staats wegen nicht
beschränkt; Abzugsgelder dürfen nicht erhoben werden.
Die Auswanderungsangelegenheit steht unter dem Schutze und
der Fürsorge des Reiches.

Artikel II.

§ 137.   Vor dem Gesetze gilt kein Unterschied der Stände. Der
Adel als Stand ist aufgehoben.

Alle Standesvorrechte sind abgeschafft.

Die Deutschen sind vor dem Gesetze gleich.

Alle Titel, insoweit sie nicht mit einem Amte verbunden sind,
sind aufgehoben und dürfen nie wieder eingeführt werden.

Kein Staatsangehöriger darf von einem auswärtigen Staate
einen Orden annehmen.

Die öffentlichen Ämter sind für alle Befähigten gleich zu-
gänglich.

Die Wehrpflicht ist für alle gleich; Stellvertretung bei dersel-
ben findet nicht statt.

Artikel III.

§ 138.   Die Freiheit der Person ist unverletzlich.

Die Verhaftung einer Person soll, außer im Falle der Ergrei-
fung auf frischer Tat, nur geschehen in Kraft eines richterli-
chen, mit Gründen versehenen Befehls. Dieser Befehl muss
im Augenblicke der Verhaftung oder innerhalb der nächsten
vierundzwanzig Stunden dem Verhafteten zugestellt werden.

*Die Polizeibehörde muss jeden, den sie in Verwahrung ge-
nommen hat, im Laufe des folgenden Tages entweder freilassen
oder der richterlichen Behörde übergeben.*

*Jeder Angeschuldigte soll gegen Stellung einer vom Gericht
zu bestimmenden Kaution oder Bürgschaft der Haft entlassen
werden, sofern nicht dringende Anzeigen eines schweren peinlichen Verbrechens gegen denselben vorliegen.*

*Im Falle einer widerrechtlich verfügten oder verlängerten
Gefangenschaft ist der Schuldige und nötigenfalls der Staat dem
Verletzten zur Genugtuung und Entschädigung verpflichtet.*

*§ 139. Die Todesstrafe, ausgenommen wo das Kriegsrecht
sie vorschreibt, oder das Seerecht im Fall von Meutereien sie
zulässt, so wie die Strafen des Prangers, der Brandmarkung und
der körperlichen Züchtigung, sind abgeschafft.*

§ 140. Die Wohnung ist unverletzlich.

Eine Haussuchung ist nur zulässig:

*1. an Kraft eines richterlichen, mit Gründen versehenen Be-
fehls, welcher sofort oder innerhalb der nächsten vierundzwanzig Stunden dem Beteiligten zugestellt werden soll,*

*2. im Falle der Verfolgung auf frischer Tat, durch den gesetz-
lich berechtigten Beamten,*

*3. in den Fällen und Formen, in welchen das Gesetz aus-
nahmsweise bestimmten Beamten auch ohne richterlichen
Befehl dieselbe gestattet.*

*Die Haussuchung muss, wenn tunlich, mit Zuziehung von
Hausgenossen erfolgen.*

*Die Unverletzlichkeit der Wohnung ist kein Hindernis der
Verhaftung eines gerichtlich Verfolgten.*

*§ 141. Die Beschlagnahme von Briefen und Papieren darf,
außer bei einer Verhaftung oder Haussuchung, nur in Kraft
eines richterlichen, mit Gründen versehenen Befehls vorgenommen werden, welcher sofort oder innerhalb der nächsten
vierundzwanzig Stunden dem Beteiligten zugestellt werden soll.*

§ 142. Das Briefgeheimnis ist gewährleistet.

Die bei strafgerichtlichen Untersuchungen und in Kriegsfällen notwendigen Beschränkungen sind durch die Gesetzgebung festzustellen.

Artikel IV.

§ 143. Jeder Deutsche hat das Recht, durch Wort, Schrift, Druck und bildliche Darstellung seine Meinung frei zu äußern. Die Pressefreiheit darf unter keinen Umständen und in keiner Weise durch vorbeugende Maßregeln, namentlich Zensur, Konzessionen, Sicherheitsbestellungen, Staatsauflagen. Beschränkungen der Druckereien oder des Buchhandels, Postverbote oder andere Hemmungen des freien Verkehrs beschränkt, suspendiert oder aufgehoben werden. Über Pressvergehen, welche von Amts wegen verfolgt werden, wird durch Schwurgerichte geurteilt.

Artikel V.

§ 144. Jeder Deutsche hat volle Glaubens- und Gewissensfreiheit.

Niemand ist verpflichtet, seine religiöse Überzeugung zu offenbaren.

§ 145. Jeder Deutsche ist unbeschränkt in der gemeinsamen häuslichen und öffentlichen Übung seiner Religion.

Verbrechen und Vergehen, welche bei Ausübung dieser Freiheit begangen werden, sind nach dem Gesetze zu bestrafen.

§ 146. Durch das religiöse Bekenntnis wird der Genuss der bürgerlichen und staatsbürgerlichen Rechte weder bedingt noch beschränkt. Den staatsbürgerlichen Pflichten darf dasselbe keinen Abbruch tun.

§ 147. Jede Religionsgesellschaft ordnet und verwaltet ihre Angelegenheiten selbstständig, bleibt aber den allgemeinen Staatsgesetzen unterworfen.

Keine Religionsgesellschaft genießt vor andern Vorrechte durch den Staat; es besteht fernerhin keine Staatskirche.

Neue Religionsgesellschaften dürfen sich bilden; einer Anerkennung ihres Bekenntnisses durch den Staat bedarf es nicht.

§ 148. Niemand soll zu einer kirchlichen Handlung oder Feierlichkeit gezwungen werden.

§ 149. Die Formel des Eides soll künftig lauten: „So wahr mir Gott helfe".

§ 150. Die bürgerliche Gültigkeit der Ehe ist nur von der Vollziehung des Zivilaktes abhängig; die kirchliche Trauung kann nur nach der Vollziehung des Zivilaktes stattfinden.

Die Religionsverschiedenheit ist kein bürgerliches Ehehindernis.

§ 151. Die Standesbücher werden von den bürgerlichen Behörden geführt.

Artikel VI.

§ 152. Die Wissenschaft und ihre Lehre sind frei.

§ 153. Das Unterrichts- und Erziehungswesen steht unter der Oberaufsicht des Staates, und ist, abgesehen vom Religionsunterricht, der Beaufsichtigung der Geistlichkeit als solcher enthoben.

§ 154. Unterrichts- und Erziehungsanstalten zu gründen, zu leiten und an solchen Unterricht zu erteilen, steht jedem Deutschen frei, wenn er seine Befähigung der betreffenden Staatsbehörde nachgewiesen hat.

Der häusliche Unterricht unterliegt keiner Beschränkung.

§ 155. Für die Bildung der deutschen Jugend soll durch öffentliche Schulen überall genügend gesorgt werden.

Eltern oder deren Stellvertreter dürfen ihre Kinder oder Pflegebefohlenen nicht ohne den Unterricht lassen, welcher für die unteren Volksschulen vorgeschrieben ist.

§ 156. Die öffentlichen Lehrer haben die Rechte der Staatsdiener.

Der Staat stellt unter gesetzlich geordneter Beteiligung der Gemeinden aus der Zahl der Geprüften die Lehrer der Volksschulen an.

§ 157. Für den Unterricht in Volksschulen und niederen Gewerbeschulen wird kein Schulgeld bezahlt.

Unbemittelten soll auf allen öffentlichen Unterrichtsanstalten freier Unterricht gewährt werden.

§ 158. Es steht einem jeden frei, seinen Beruf zu wählen und sich für denselben auszubilden, wie und wo er will.

Artikel VII.

§ 159. Jeder Deutsche hat das Recht, sich mit Bitten und Beschwerden schriftlich an die Behörden, an die Volksvertretungen und an den Reichstag zu wenden.

Dieses Recht kann sowohl von Einzelnen als von Korporationen und von Mehreren im Vereine ausgeübt werden; beim Heer und der Kriegsflotte jedoch nur in der Weise, wie es die Disziplinarvorschriften bestimmen.

§ 160. Eine vorgängige Genehmigung der Behörden ist nicht notwendig, um öffentliche Beamte wegen ihrer amtlichen Handlungen gerichtlich zu verfolgen.

Artikel VIII.

§ 161. Die Deutschen haben das Recht, sich friedlich und ohne Waffen zu versammeln; einer besonderen Erlaubnis dazu bedarf es nicht.

Volksversammlungen unter freiem Himmel können bei dringender Gefahr für die öffentliche Ordnung und Sicherheit verboten werden.

§ 162. Die Deutschen haben das Recht, Vereine zu bilden. Dieses Recht soll durch keine vorbeugende Maßregel beschränkt werden.

§ 163. Die in den §§ 161 und 162 enthaltenen Bestimmungen finden auf das Heer und die Kriegsflotte Anwendung, insoweit die militärischen Disziplinarvorschriften nicht entgegenstehen.

Artikel IX.

§ 164. Das Eigentum ist unverletzlich.

Eine Enteignung kann nur aus Rücksichten des gemeinen Besten, nur auf Grund eines Gesetzes und gegen gerechte Entschädigung vorgenommen werden.

Das geistige Eigentum soll durch die Reichsgesetzgebung geschützt werden.

§ 165. Jeder Grundeigentümer kann seinen Grundbesitz unter Lebenden und von Todes wegen ganz oder teilweise veräußern. Den Einzelstaaten bleibt überlassen, die Durchführung des Grundsatzes der Teilbarkeit alles Grundeigentums durch Übergangsgesetze zu vermitteln.

Für die tote Hand sind Beschränkungen des Rechts, Liegenschaften zu erwerben und über sie zu verfügen, im Wege der Gesetzgebung aus Gründen des öffentlichen Wohls zulässig.

§ 166. Jeder Untertänigkeits- und Hörigkeitsverband hört für immer auf.

§ 167. Ohne Entschädigung sind aufgehoben:

1. Die Patrimonialgerichtsbarkeit und die grundherrliche Polizei, samt den aus diesen Rechten fließenden Befugnissen, Exemtionen und Abgaben.
2. Die aus dem guts- und schutzherrlichen Verbande fließenden persönlichen Abgaben und Leistungen.

Mit diesen Rechten fallen auch die Gegenleistungen und Lasten weg, welche dem bisher Berechtigten dafür oblagen.

§ 168. Alle auf Grund und Boden haftenden Abgaben und Leistungen, insbesondere die Zehnten, sind ablösbar: ob nur auf Antrag des Belasteten oder auch des Berechtigten, und in welcher Weise, bleibt der Gesetzgebung der einzelnen Staaten überlassen.

Es soll fortan kein Grundstück mit einer unablösbaren Abgabe oder Leistung belastet werden.

§ 169. Im Grundeigentum liegt die Berechtigung zur Jagd auf eignem Grund und Boden.

§ 170. Die Familienfideicommisse sind aufzuheben. Die Art und Bedingungen der Aufhebung bestimmt die Gesetzgebung der einzelnen Staaten.

§ 171. Aller Lehensverband ist aufzuheben. Das Nähere über die Art und Weise der Ausführung haben die Gesetzgebungen der Einzelstaaten anzuordnen.

§ 172. Die Strafe der Vermögenseinziehung soll nicht stattfinden.

§ 173. Die Besteuerung soll so geordnet werden, dass die Bevorzugung einzelner Stände und Güter in Staat und Gemeinde aufhört.

Artikel X.

§ 174. Alle Gerichtsbarkeit geht vom Staate aus. Es sollen keine Patrimonialgerichte bestehen.

§ 175. Die richterliche Gewalt wird selbstständig von den Gerichten geübt. Kabinetts- und Ministerialjustiz ist unstatthaft. Niemand darf seinem gesetzlichen Richter entzogen werden. Ausnahmegerichte sollen nie stattfinden.

§ 176. Es soll keinen privilegierten Gerichtsstand der Personen oder Güter geben. Die Militärgerichtsbarkeit ist auf die Aburteilung militärischer Verbrechen und Vergehen, so wie der Militär-Disziplinarvergehen beschränkt, vorbehaltlich der Bestimmungen für den Kriegsstand.

§ 177. Kein Richter darf, außer durch Urteil und Recht, von seinem Amt entfernt, oder an Rang und Gehalt beeinträchtigt werden.

Suspension darf nicht ohne gerichtlichen Beschluss erfolgen.

Kein Richter darf wider seinen Willen, außer durch gerichtlichen Beschluss in den durch das Gesetz bestimmten Fällen und Formen, zu einer andern Stelle versetzt oder in Ruhestand gesetzt werden.

§ 178. Das Gerichtsverfahren soll öffentlich und mündlich sein. Ausnahmen von der Öffentlichkeit bestimmt im Interesse der Sittlichkeit das Gesetz.

§ 179. In Strafsachen gilt der Anklageprozess.

Schwurgerichte sollen jedenfalls in schwereren Strafsachen und bei allen politischen Vergehen urteilen.

§ 180. Die bürgerliche Rechtspflege soll in Sachen besonderer Berufserfahrung durch sachkundige, von den Berufsgenossen frei gewählte Richter geübt oder mitgeübt werden.

§ 181. Rechtspflege und Verwaltung sollen getrennt und von einander unabhängig sein.

Über Kompetenzkonflikte zwischen den Verwaltungs- und Gerichtsbehörden in den Einzelstaaten entscheidet ein durch das Gesetz zu bestimmender Gerichtshof.

§ 182. Die Verwaltungsrechtspflege hört auf; über alle Rechtsverletzungen entscheiden die Gerichte.

Der Polizei steht keine Strafgerichtsbarkeit zu.

§ 183. Rechtskräftige Urteile deutscher Gerichte sind in allen deutschen Landen gleich wirksam und vollziehbar.

Artikel XI.

§ 184. Jede Gemeinde hat als Grundrechte ihrer Verfassung:

a) die Wahl ihrer Vorsteher und Vertreter;

b) die selbstständige Verwaltung ihrer Gemeindeangelegenheiten mit Einschluss der Ortspolizei, unter gesetzlich geordneter Oberaufsicht des Staates;

c) die Veröffentlichung ihres Gemeindehaushaltes;

d) Öffentlichkeit der Verhandlungen als Regel.

§ 185. Jedes Grundstück soll einem Gemeindeverbande angehören. Beschränkungen wegen Waldungen und Wüsteneien bleiben der Landesgesetzgebung vorbehalten.

Artikel XII.

§ 186. Jeder deutsche Staat soll eine Verfassung mit Volksvertretung haben. Die Minister sind der Volksvertretung verantwortlich.

§ 187. Die Volksvertretung hat eine entscheidende Stimme bei der Gesetzgebung, bei der Besteuerung, bei der Ordnung des Staatshaushaltes; auch hat sie – wo zwei Kammern vorhanden sind, jede Kammer für sich – das Recht des Gesetzvorschlags, der Beschwerde, der Adresse, so wie der Anklage der Minister.

Die Sitzungen der Landtage sind in der Regel öffentlich.

Artikel XIII.

§ 188. Den nicht deutsch redenden Volksstämmen Deutschlands ist ihre volkstümliche Entwicklung gewährleistet, namentlich die Gleichberechtigung ihrer Sprachen, soweit deren Gebiete reichen, in dem Kirchenwesen, dem Unterrichte, der inneren Verwaltung und der Rechtspflege.

Die Paulskirchenverfassung beschrieb ein erstes deutsches Grundgesetz und vereinigte in sich neben den Artikeln zur Errichtung des Staates das Bekenntnis zu Menschenrechten, Demokratie und den gemeinsamen Willen, die verschiedenen Regionen in Deutschland zu einem freien Gemeinwesen zu vereinigen. In ihrem Grundrechtekatalog wurden Freiheit und Gleichheit aller Deutschen, Gewährung bürgerlicher Rechte, Presse- und Versammlungsfreiheit, Minderheitenschutz, Gewaltenteilung und die Staatsform der konstitutionellen Monarchie festgeschrieben.

Ihre Schwächen lagen darin, dass die Verfassung ein Parlament ohne parlamentarisches Regierungssystem vorsah. Die Politik wurde nicht durch das Parlament bestimmt, sondern durch die Spitze der Exekutive, repräsentiert durch einen Erbmonarchen, den Kaiser. Sie vernachlässigte wichtige Fragen wie Sozialhilfe und Sozialversicherung, Landesplanung, Schulpolitik, Landschaftspflege, Denkmalschutz, Arbeitsrecht und Arbeitsschutz.

Völlig versagt hat die Paulskirchenversammlung in der Bestimmung der weiteren politischen Zukunft der deutschen Länder. Man konnte sich weder auf die großdeutsche Lösung (ein Deutsches Reich unter der Führung Österreichs) noch auf eine kleindeutsche Lösung (ein Deutsches Reich unter preußischer Führung) einigen.

Die Abgeordneten der Paulskirche waren die Elite des klassischen Bürgertums. Die Verfassungsdiskussion spiegelte die Interessen einer kleinen bürgerlichen Schicht wider und fand nicht die breite Zustimmung, die sie gebraucht hätte.

Trotz dieser Defizite schuf die Paulskirchenversammlung eines der fortschrittlichsten Vefassungsdokumente ihrer Zeit und das Vorbild für die Formulierung der Grundrechte in allen nachfolgenden deutschen Verfassungen.

13. DIE EMANZIPATIONS-PROKLAMATION DER VEREINIGTEN STAATEN VON AMERIKA ZUR BEFREIUNG DER SKLAVEN (1863)

Die Emanzipations-Proklamation der Vereinigten Staaten von Amerika besteht aus zwei Anweisungen des 16. amerikanischen Präsidenten Abraham Lincoln (1809–1865) während des Amerikanischen Bürgerkrieges von 1861 – 1865. Die erste Anweisung, veröffentlicht am 22. September 1862, erklärt alle Sklaven auf dem Territorium der rebellierenden Südstaaten für frei, die zweite Anweisung vom 1. Januar 1863 nannte alle diejenigen Staaten, die davon betroffen waren.

Von 1619 bis 1865 wurden Schwarzafrikaner innerhalb der Grenzen der englischen Kolonien in Nordamerika, und später innerhalb der USA, als Sklaven gehalten, gehandelt und verkauft. Besonders die frühe Entwicklung der amerikanischen Kolonien beruhte auf billiger Sklavenarbeit. Es wird angenommen, dass etwa eine halbe Million Schwarzafrikaner bis 1808 nach Amerika gebracht wurden. Danach wurde zwar die Einfuhr von Sklaven verboten, die schwarze Sklavenbevölkerung stieg aber bis zum Ausbruch des Bürgerkrieges auf etwa vier Millionen Menschen.

Hatte die amerikanische Revolution noch das Ende der Sklaverei vorgesehen, so änderte sich 1793 die Lage durch die Erfindung der „Cotton Gin" von Eli Whitney, die es ermöglichte, schnell und einfach die Baumwolle von deren Samen zu trennen. Dies machte große Anbauflächen von Baumwolle im Süden möglich, zu deren Bestellung Sklaven eingesetzt wurden.

Während der ersten Hälfte des 19. Jahrhunderts wurde die Sklavenfrage langsam, aber immer drängender, zur wichtigsten politischen Frage in den Vereinigten Staaten. Eine Ablehnungsbewegung, der „Abolitionismus", fasste aus England kommend Fuß und erreichte, dass ab 1808 der Import von Sklaven eingestellt wurde. Dagegen wandten sich immer mehr Landeigner in den Südstaaten, welche die Sklaverei in einer defensiven Umschreibung als „besondere Institution" betrachteten, um sie von anderen Arten der Zwangsarbeit zu unterschieden

Bis 1860 hatten sich die Fronten so weit verhärtet, dass eine Anzahl von Staaten laut darüber nachdachte, die Union zu verlassen, um die Institution der Sklaverei zu behalten. Als 1860 mit dem Republikaner Abraham Lincoln ein entschiedener Sklavengegner Präsident wurde, nahmen dies 11 Staaten im Süden der USA zum Anlass, um aus der Union auszutreten und eine Konföderation der Amerikanischen Staaten zu bilden. Bei dieser Sezession ging es nicht alleine um die Sklavenfrage, sie wurde aber zum Symbol des Amerikanischen Bürgerkrieges.

Nachdem die Unionstruppen ab 1862 Teile des Südens eroberten, stellte sich die Frage, wie man mit den dabei erbeuteten Sklaven umgehen sollte. Bis dahin wurden Sklaven, die hinter Unionslinien flohen, von manchen Offizieren als zu beschlagnahmendes Rebelleneigentum angesehen, das in den Dienst der Unionstruppen gestellt wurde. Um eine gesetzlich begründete Vorgangsweise für diesen Sachverhalt zu schaffen, erließ der Kongress der Union im August 1861 den ersten Konfiskationsakt (*„Confiscation Act"*). Dieser autorisierte die Beschlagnahmung allen Eigentums der Rebellen, das diesen im Krieg nützlich sein könnte, wozu auch die Sklaven gezählt wurden. Für Sklaven, die in den Konföderationstruppen kämpften, bedeutete dies, dass sie im Fall einer Gefangennahme oder beim Überlaufen als Kriegsgefangene mit entsprechenden Rechten angesehen wurden. Sklaven, die nicht im Krieg dienten, wurden von diesem Akt nicht erfasst. Darüber hinaus sagte der Konfiskationsakt nichts über die Befreiung der Sklaven aus.

Im März 1862 verbot Lincoln allen Offizieren der Unionsarmee, flüchtige Sklaven in den Süden zurückzuschicken. Im April erklärte der Kongress der Nordstaaten, dass die Regierung alle ehemaligen Sklavenhalter finanziell entschädigen würde, wenn die Südstaaten die Sklaverei aufgeben und zur Union zurückkehren würden. Im Juni des Jahres verbot der Kongress das Halten von Sklaven in allen Territorien der Nordstaaten.

Im Juli 1862 erließ der Kongress den zweiten Konfiskationsakt, der festlegte, dass alle Sklaven, die in die Unionsarmee eintreten würden, für immer frei sein sollten. Dieses Gesetz autorisierte damit den Präsidenten, Afroamerikaner in die Armee einzuberufen.

Nach dem Sieg der Unionsarmee bei Antietam kam es im September 1862 zur Veröffentlichung der Emanzipations-Proklamation, die mit dem 1. Januar 1863 alle Sklaven unter Kontrolle der Südstaaten für frei erklärte. Eine Ausnahme gab es nur für die Grenzstaaten Kentucky, Missouri, Maryland, Delaware und West Virginia, da Lincoln diese durch die Freilassung der Sklaven, die ja auch einen wirtschaftlichen Wert darstellten, nicht in die Arme des Südens treiben wollte.

Aus praktischer Sicht hatte der Emanzipationsakt zunächst keine Wirkung. Die Proklamation beendete weder die Sklaverei im Süden, noch befreite sie „alle" Sklaven, da die Mehrzahl der Sklaven zu dieser Zeit außerhalb der Reichweite der Unionsarmeen lag. Sie ergänzte aber ab 1863 das politische Ringen um die Wahrung der Union mit einer moralischen Komponente, nämlich dem Kampf gegen die Sklaverei.

Emanzipations-Proklamation 1863

Ich erkläre hiermit, dass vom heutigen Tag, dem ersten Tag des Januar im Jahre des Herren 1863 an, alle Personen, die in irgendeinem Staat oder in einem Teil eines Staates als Sklaven gehalten werden, deren Bewohner sich noch in Rebellion gegen die Vereinigten Staaten befinden, von jetzt an und für immer frei sein sollen, und dass die vollziehende Gewalt der Regierung der Vereinigten Staaten, einschließlich der Heeres- und Seestreitkräfte, die Freiheit solcher Personen anerkennt und garantiert.

Hiermit erlege ich allen nunmehr zu freien Menschen erklärten Personen die Pflicht auf, sich jeder Gewalt zu enthalten, es sei denn, in notwendiger Selbstverteidigung, und ich empfehle ihnen, dass sie auf freiwilliger Basis für einen vernünftigen Lohn getreulich ihre gewohnte Arbeit verrichten.

Für diesen Akt, von dem wir aufrichtig glauben, dass er ein Akt der Gerechtigkeit ist, garantiert durch die Bestimmungen der Verfassung, und erforderlich durch die militärische Notwendigkeit, erflehe ich das wohlerwogene Urteil der Menschheit und das gnädige Wohlgefallen Gottes, des Allmächtigen.

Abraham Lincoln

Die Proklamation verfolgte drei politische Ziele. Zum einen galt sie als Kampfmaßnahme im Bürgerkrieg. Sie sollte die Sklaven im Gebiet der Südstaaten zum Aufstand bewegen und den Süden damit wirtschaftlich destabilisieren. Allerdings brachen in den von den Konföderierten gehaltenen Gebieten keine Rebellionen aus, lediglich die Sklaven in den von den Unionsarmeen besetzten Gebieten wurden befreit. Zum anderen wollte Lincoln mit der Vorgabe eines moralischen Ziels im Bürgerkrieg seine Neuwahl, die für das Jahr 1864 anstand, garantieren.

Das dritte Ziel und das mit der größten Bedeutung war jedoch die Wirkung der Proklamation auf die Bevölkerung des Nordens und auf das Ausland. Sie verlieh den Kriegszielen des Nordens eine moralische Legitimation, die in der Öffentlichkeit höher bewertet wurde als der Kampf des Südens für seine Einzelstaatenrechte und seine Befürchtungen, dass die wirtschaftliche Stellung der Weißen durch die ehemaligen Sklaven gefährdet würde.

Die Regierungen Englands und Frankreichs, die aus wirtschaftlichen und machtpolitischen Gründen lange Zeit der Sache des Südens zuneigten und die Konföderierten Staaten unterstützt hatten, konnten es nun mit Rücksicht auf die öffentliche Meinung in ihren Ländern nicht mehr wagen, aktiv auf Seiten der Sklavenhalter und gegen die Sklavenbefreier in den Krieg einzugreifen.

Nach dem Krieg und der vollständigen Niederlage der Konföderierten Staaten wurden die Ziele der Proklamation auf dem gesamten Territorium der USA verwirklicht. Am 18. Dezember 1865 ratifizierte der US-Kongress den 13. Zusatzartikel zur Verfassung der USA, der die Sklaverei endgültig und offiziell aufhob.

13. Zusatz zur Verfassung 1865

Weder Sklaverei noch Zwangsarbeit, ausgenommen als Strafe für ein Verbrechen aufgrund eines rechtmäßigen Urteils, sollen in den Vereinigten Staaten von Amerika und allen Orten, die ihrer Rechtsprechung unterliegen, existieren.

Der Kongress erhält die Befugnis, diesen Zusatz mit entsprechenden Gesetzen durchzusetzen.

Der 13. Verfassungszusatz vollendete die Maßnahmen zur Abschaffung der Sklaverei im Territorium der Vereinigten Staaten. In der Zeit der Rekonstruktion des Südens von 1865 – 1878 versuchte man zwar durchzusetzen, dass die ehemaligen Sklaven vollwertige Bürgerrechte bekamen, allerdings wurde die Sklaverei in den Südstaaten durch ein System der Rassentrennung ersetzt, welches bis in die zweite Hälfte des 20. Jahrhunderts Bestand haben sollte. Erst ab 1970, nach der Bildung einer starken Bürgerrechtsbewegung in den USA, wurde die Rassentrennung endgültig abgeschafft.

14. Die Erste Genfer Konvention (1864)

Am 6. Juni 1864 richtete die Schweizer Bundesregierung eine internationale Konferenz aus, zu der 16 Staaten Vertreter entsandten. Die Delegierten von zwölf Staaten unterzeichneten auf der Konferenz die Erste Genfer Konvention. In zehn Artikeln wurden der Schutz der Verwundeten und der sie Pflegenden geregelt und das rote Kreuz auf weißem Grund als offizielles Schutzzeichen anerkannt. Die Erste Genfer Konvention wurde in den folgenden Jahrzehnten durch verschiedene Abkommen wie die der Haager Friedenskonferenzen, weiterer Genfer Abkommen und deren Zusatzprotokolle, ergänzt. Noch heute sind die Genfer Abkommen ein wichtiger Bestandteil des Völkerrechts.

1864 wurde von zwölf Staaten die Erste Genfer Konvention *„…betreffend die Linderung des Loses der im Felddienst verwundeten Militärpersonen"* angenommen. Die Entwicklung der Genfer Konventionen ist mit der Geschichte des Internationalen Komitees vom Roten Kreuz eng verbunden. Die Genfer Konventionen, wie auch das Internationale Komitee vom Roten Kreuz, haben ihren Ursprung in den Erlebnissen des Genfer Geschäftsmanns Henry Dunant (1828-1910) nach der Schlacht von Solferino am 24. Juni 1859, die er 1862 in einem Buch mit dem Titel „Eine Erinnerung an Solferino" veröffentlichte.

„Jedermann hat von der Schlacht von Solferino gehört oder irgendeinen Bericht über sie gelesen …. An jenem denkwürdigen 24. Juni standen sich mehr als dreihunderttausend Menschen gegenüber … Es ist ein Kampf Mann gegen Mann, ein entsetzlicher, schrecklicher Kampf. Österreicher und alliierte Soldaten treten sich gegenseitig unter die Füße, machen sich mit Kolbenschlägen nieder, zerschmettern dem Gegner den

Schädel, schlitzen einer dem anderen mit Säbel oder Bajonett den Bauch auf ... Es gibt keinen Pardon. Es ist ein allgemeines Schlachten, ein Kampf wilder, wütender, blutdürstiger Tiere. Selbst die Verwundeten verteidigen sich bis zum letzten Augenblick. Wer keine Waffen hat, packt den Gegner und zerreißt ihm die Gurgel mit den Zähnen ... Gehirn spritzt aus den zerplatzenden Köpfen, Glieder werden gebrochen und zermalmt, Körper werden zu formlosen Massen. Die Erde wird buchstäblich mit Blut getränkt. Und die Ebene ist übersät mit unkenntlichen Resten von Menschen ... Zu Tausenden fallen Menschen, verstümmelt, zerfetzt, durchlöchert von Kugeln oder tödlich getroffen durch Geschosse aller Art ... Was für Todeskämpfe, was für leidvolle Szenen spielen sich in diesen Tagen ab. Die Wunden sind durch Hitze und Staub, durch Mangel an Wasser und Pflege entzündet, und so werden die Schmerzen immer stärker."

Dunant musste erleben, dass nach der Schlacht Tausende verletzte Soldaten ohne Wasser, Nahrung und medizinische Versorgung allein gelassen wurden. Der Schweizer war so erschüttert, dass er sich aufmachte und in der Umgebung Hilfe organisierte. Vor allem Frauen aus allen Gesellschaftsschichten folgten seinem Ruf und versorgten die Soldaten. Im Bewusstsein, Krieg nicht verhindern, sondern nur das Leid der Opfer lindern zu können, wuchs in Henry Dunant die Idee einer internationalen Hilfsorganisation. *„So braucht man freiwillige Wärter und Wärterinnen, die im Voraus ausgebildet, geschickt und mit ihrer Aufgabe vertraut sind. (...) Das Personal der Feldlazarette reicht niemals aus; selbst wenn es doppelt oder dreimal so stark wäre, und so wird es auch immer bleiben."*

Neben der Schilderung seiner Erlebnisse enthielt das Buch Vorschläge zur Gründung von freiwilligen Hilfsgesellschaften sowie zum Schutz und zur Versorgung von Verwundeten und Kranken im Krieg. Die Umsetzung von Dunants Vorschlägen führte im Februar 1863 zur Gründung des *„Internationalen Komitees der Hilfsgesellschaften für die*

Verwundetenpflege", das seit 1876 den Namen *„Internationales Komitee vom Roten Kreuz"* trägt, und am 22. August 1864, im Rahmen einer diplomatischen Konferenz, zum Abschluss der Ersten Genfer Konvention gegründet wurde. Der Artikel sieben dieser Konvention definierte zur Kennzeichnung der unter ihrem Schutz stehenden Personen und Einrichtungen ein Zeichen, das zum namengebenden Symbol der neu entstandenen Bewegung wurde: das rote Kreuz auf weißem Grund.

Abkommen zur Linderung des Loses der verwundeten Soldaten der Armeen im Felde (1864)

Artikel 1

Ambulanzen und Militärhospitäler sollen als neutral anerkannt und als solche von den Kriegsführenden geschützt und respektiert werden, so lange als sie Verwundete und Kranke betreuen. Die Neutralität endet, wenn die erwähnten Ambulanzen und Spitäler durch eine bewaffnete Macht genutzt werden.

Artikel 2

Hospitals- und Ambulanzpersonal, eingeschlossen die Quartiermeister, das medizinische Personal, die Administration und Transportabteilungen, sowie die Geistlichen, genießen dieselbe Neutralität, wenn sie im Einsatz sind und solange sich Verwundete unter ihrer Obhut befinden.

Artikel 3

Die in den vorangegangenen Artikeln erwähnten Personen mögen, selbst nach feindlicher Besetzung, ihre Funktionen im Hospital oder in Ambulanzen, in welchen sie dienen, weiter ausüben, oder sie sollen zu den Einheiten, zu welchen sie gehören, zurückkehren dürfen. Wenn sie in diesen Umständen ihre Tätigkeiten nicht weiter ausüben können, sollen sie den feindlichen Vorposten von den Besatzungskräften übergeben werden.

Artikel 4

Das Material der Militärhospitäler ist den Kriegsgesetzen unterworfen, das Hospitalspersonal kann am Rückzug nur seine persönlichen Habseligkeiten mit sich nehmen. Im Gegensatz dazu sollen Ambulanzen unter denselben Umständen ihre Ausrüstung beibehalten.

Artikel 5

Einwohner des Landes, welche Verwundeten Hilfe bringen, sollen respektiert werden und frei bleiben. Die Generäle der kriegführenden Mächte sollen es zu ihrer Pflicht machen, die Einwohner zur Menschlichkeit aufzurufen und über die Neutralität informieren, die ihnen durch ihre menschliche Führung gewährt wird.

Die Anwesenheit von verwundeten Soldaten, die Hilfe und Pflege in einem Haus suchen, soll dessen Schutz gewährleisten. Ein Bewohner, der Verwundeten Zuflucht gewährt, soll von allen Zahlungen und von Beschlagnahmungen, wenn diese auferlegt werden, ausgeschlossen sein.

Artikel 6

Verwundete oder kranke Soldaten, zu welcher Nation sie auch immer gehören, sollen vom Schlachtfeld gebracht und es soll für sie gesorgt werden.

Die Oberbefehlshaber sollen, wenn die Umstände es erlauben und im Einverständnis beider Parteien, unmittelbar zu den gegnerischen Außenposten jene feindlichen Soldaten bringen, die während des Kampfes verwundet wurden.

Diejenigen, die nach ihrer Genesung nicht weiter im Krieg verwendet werden können, sollen repatriiert werden.

Die anderen können zurückgesandt werden unter der Bedingung, dass sie im Zuge der laufenden Feindseligkeiten nicht mehr zu den Waffen greifen.

Verwundete, die das Schlachtfeld verlassen und zurückgebracht werden, und das sie begleitende Personal sind als strikt neutral zu betrachten.

Artikel 7

Eine erkennbare und einheitliche Flagge soll zur Kennzeichnung für alle Hospitäler, Ambulanzen und Evakuierungspersonal verwendet werden. Bei bestimmten Gelegenheiten kann diese von der Nationalflagge begleitet werden. Jene Personen die Neutralität genießen, sollen eine Armbinde tragen, deren Ausgabe aber den Militärbefehlshabern vorbehalten bleibt. Die Flagge und die Armbinden sollen ein rotes Kreuz auf weißem Grund zeigen.

Artikel 8

Die Einführung dieser Konvention soll durch die Oberbefehlshaber der kriegsführenden Armeen nach den Instruktionen der jeweiligen Regierungen in Anerkennung der generellen Prinzipien, wie sie in dieser Konvention beschrieben sind, erfolgen.

Artikel 9

Die unterzeichnenden Parteien haben zugestimmt, die vorliegende Konvention mit einer Einladung zur Annahme an jene Regierungen zu senden, denen es nicht möglich war, Bevollmächtigte zur Internationalen Konferenz in Genf zu entsenden. Das Protokoll wurde daher offen gelassen.

Artikel 10

Die vorliegende Konvention soll innerhalb der nächsten vier Monate oder schneller, wenn möglich, in Bern ratifiziert und die Ratifikationen ausgetauscht werden.

1868 wurden zur Erweiterung des Anwendungsbereichs der Konvention auf den Seekrieg Zusatzartikel vorgeschlagen, die jedoch aufgrund mangelnder Unterstützung nicht umgesetzt werden konnten. Erst 1899, auf der ersten Haager Friedenskonferenz, wurden die Zusatzartikel ohne Beteiligung des Roten Kreuzes übernommen.

Im Jahre 1899 entstand das erste Haager Abkommen auf der ersten Haager Friedenskonferenz, welches den Schutz der Genfer Konvention auf verwundete Soldaten im Seekrieg erweiterte, 1907 auf einer zweiten Konferenz weitere Haager Abkommen, wobei das IV. Abkommen, die Haager Landkriegsordnung, die größte Bedeutung hat. Die Haager Abkommen beinhalten, im Gegensatz zum Genfer Recht, hauptsächlich Regeln, welche die Art und Weise der Kriegsführung durch das Verbot bestimmter Kampfmittel und Kampfmethoden beschränken. Im Genfer Abkommen von 1929 wurde, gestützt auf die Erfahrungen des Ersten Weltkrieges, der Schutz von Kriegsgefangenen geregelt.

Nach den Schrecken des Zweiten Weltkrieges wurden die verschiedenen Konventionen und Ordnungen neu überdacht und in den vier Genfer Abkommen von 1949 neu geregelt. Darin wurden die bereits bestehenden Regeln zum Schutz von verwundeten und kranken Militärpersonen zu Lande und zur See sowie der Kriegsgefangenen verbessert und in einzelnen Abkommen niedergelegt. Neu wurde der Schutz von Zivilpersonen im bewaffneten Konflikt in einem vierten Genfer Abkommen verankert. Insbesondere das dritte und das vierte Abkommen enthalten ausführliche Menschenrechtsgarantien zu Gunsten von Kriegsgefangenen und der Zivilbevölkerung. Mit Ausnahme des gemeinsamen Artikels drei in den vier Genfer Abkommen, welcher grundlegende Menschenrechte enthält, kommen die Genfer Abkommen nur während internationaler bewaffneter Auseinandersetzungen zur Anwendung.

Da die Art der bewaffneten Konflikte nach dem Zweiten Weltkrieg in der Regel nicht mehr dem klassischen Krieg zwischen zwei Staaten entsprach, wurde eine Anpassung der Genfer Abkommen notwendig. 1977 wurden zwei Zusatzprotokolle verabschiedet, welche die Genfer Abkommen ergänzten.

Das erste Zusatzprotokoll erweiterte den Begriff des bewaffneten Konflikts, unter dem auch der Kampf von Völkern gegen Kolonialherrschaft und fremde Besetzung sowie gegen rassistische Regimes, gestützt auf das Recht auf Selbstbestimmung, zu verstehen ist.

Im zweiten Zusatzprotokoll geht es um den Schutz der wichtigsten Menschenrechte in nicht internationalen bewaffneten Konflikten, das heißt in Bürgerkriegen. Das zweite Zusatzprotokoll weitet die Mindestgarantien von Grundrechten, welche bereits in Artikel drei der vier Genfer Abkommen enthalten sind, auf den internen bewaffneten Konflikt aus. Es bezieht sich ausschließlich auf den Schutz von Privatpersonen.

Ein drittes Zusatzprotokoll zu den vier Genfer Abkommen wurde im Dezember 2005 in Genf verabschiedet. Es hat ein neues zusätzliches Schutzzeichen der nationalen Hilfsgesellschaften in Form eines roten Kristalls zum Inhalt. Dieser kann von den Gesellschaften anstelle des Roten Kreuzes und Roten Halbmonds als Emblem gewählt werden.

Die vier Genfer Konventionen enthalten etwa 400 Artikel mit wichtigen, allgemein anerkannten Grundsätzen des Völkerrechtes. Die derzeit gültige Fassung wurde von der Diplomatischen Rotkreuzkonferenz am 12. August 1949 angenommen. In Artikel drei aller Genfer Konventionen ist stets gleichlautend der Mindeststandard des Verhaltens der Kriegführenden in bewaffneten Konflikten, die nicht international ausgetragen werden (z.B. Bürgerkrieg), aufgeführt.

Artikel 3 der Genfer Konventionen

Im Falle eines bewaffneten Konflikts, der keinen internationalen Charakter aufweist und der auf dem Gebiet einer der Hohen Vertragsparteien entsteht, ist jede der am Konflikt beteiligten Parteien gehalten, wenigstens die folgenden Bestimmungen anzuwenden:

1. Personen, die nicht direkt an den Feindseligkeiten teilnehmen, einschließlich der Mitglieder der bewaffneten Streitkräfte, welche die Waffen gestreckt haben, und der Personen, die infolge von Krankheit, Verwundung, Gefangennahme oder irgendeiner anderen Ursache außer Kampf gesetzt wurden, sollen unter allen Umständen mit Menschlichkeit behandelt werden, ohne jede Benachteiligung aus Gründen der Rasse, der Farbe, der Religion oder des Glaubens, des Geschlechts, der Geburt oder des Vermögens oder aus irgendeinem ähnlichen Grunde. Zu diesem Zwecke sind und bleiben in Bezug auf die oben erwähnten Personen jederzeit und jedenorts verboten:

a. Angriffe auf Leib und Leben, namentlich Mord jeglicher Art, Verstümmelung, grausame Behandlung und Folterung;

b. Gefangennahme von Geiseln;

c. Beeinträchtigung der persönlichen Würde, namentlich erniedrigende und entwürdigende Behandlung;

d. Verurteilungen und Hinrichtungen ohne vorhergehendes Urteil eines ordnungsmäßig bestellten Gerichtes, das die von den zivilisierten Völkern als unerlässlich anerkannten Rechtsgarantien bietet.

2. Die Verwundeten und Kranken sollen geborgen und gepflegt werden.

Eine unparteiische humanitäre Organisation, wie das Internationale Komitee vom Roten Kreuz, kann den am Konflikt beteiligten Parteien ihre Dienste anbieten.

Die am Konflikt beteiligten Parteien werden sich anderseits bemühen, durch besondere Vereinbarungen auch die andern

Bestimmungen des vorliegenden Abkommens ganz oder teilweise in Kraft zu setzen.

Die Anwendung der vorstehenden Bestimmungen hat auf die Rechtsstellung der am Konflikt beteiligten Parteien keinen Einfluss.

15. Die Haager Landkriegsordnung (1907)

Die Haager Landkriegsordnung ist die Anlage zu dem während der ersten Friedenskonferenz in Den Haag beschlossenen Zweiten Haager Abkommen von 1899 „betreffend die Gesetze und Gebräuche des Landkriegs". Es ist das wichtigste der im Rahmen dieser Konferenzen entstandenen Haager Abkommen und neben den Genfer Konventionen ein wesentlicher Teil des humanitären Völkerrechts. Die Haager Landkriegsordnung enthält für den Kriegsfall Festlegungen zur Definition von Kombattanten, zum Umgang mit Kriegsgefangenen, zu Beschränkungen bei der Wahl der Mittel zur Kriegführung, zur Verschonung bestimmter Gebäude und Einrichtungen von sozialer und gesellschaftlicher Bedeutung, zum Umgang mit Spionen, für Kapitulationen und Waffenstillstandsvereinbarungen sowie zum Verhalten einer Besatzungsmacht in einem besetzten Territorium.

Ansätze zur international verbindlichen Festschreibung von Recht und Gebräuchen im Krieg reichen bis zur Mitte des 19. Jahrhunderts zurück. Der technische Fortschritt produzierte Waffen von immer größerer Zerstörungskraft, und erstmals wurde auch die Zivilbevölkerung in erheblichem Umfang in die Kampfhandlungen mit einbezogen. Im Amerikanischen Bürgerkrieg (1861-1865) wurden die Truppen der Nordstaaten ab 1863 verpflichtet, im Umgang mit Gefangenen, Verwundeten oder Zivilpersonen im besetzten Gebiet die Kriegsartikel des Deutsch-Amerikaners Franz Lieber (1798-1872) anzuwenden. Der so genannte „Lieber-Code" inspirierte die Brüsseler Kriegsrechtsdeklaration von 1874, die allerdings von den beteiligten Mächten nicht ratifiziert wurde. Die St. Petersburger Erklärung von 1868 verurteilte nur den Einsatz von explosiven Projektilen unter 400 Gramm als unnötig grausam.

1899 kam es im niederländischen Den Haag zu einer Konferenz betreffend das humanitäre Kriegsvölkerrecht. Das wichtigste Ergebnis der Konferenz war nach dem Willen der über hundert Vertreter aus 29 Staaten die Einrichtung eines ständigen Schiedsgerichtshofes in Den Haag, der bei internationalen Streitfällen eine friedliche Lösung vermitteln sollte. Das *ius ad bellum*, das Recht souveräner Staaten zur Kriegführung, blieb davon jedoch unberührt. Krieg wurde weiterhin von den europäischen Mächten als eine Fortsetzung der Diplomatie mit anderen Mittel und als legitimer Prozess zur Schlichtung internationaler Probleme angesehen. Dennoch konnte man sich auf dieser Konferenz auf eine erste verbindliche Kodifizierung des Kriegsvölkerrechts einigen. Diese *„Haager Landkriegsordnung"* wurde auch auf der Vierten Haager Konferenz in leicht veränderter Form angenommen und sollte für die beiden Weltkriege des 20. Jahrhunderts bis zu den Genfer Abkommen von 1949 gelten.

Der Haupttext des Abkommens umfasst fünf (1899) beziehungsweise neun (1907) Artikel, in denen neben verfahrensrechtlichen Aspekten die Anwendbarkeit sowie die Umsetzung reguliert sind. Die Haager Landkriegsordnung als Anlage dazu ist mit 60 (1899) beziehungsweise 56 (1907) Artikeln deutlich umfangreicher und enthält Festlegungen zu den Gesetzen und Gebräuchen des Landkrieges. Vertragspartei der Fassung von 1899 wurden 49 Staaten, der Fassung von 1907 traten 35 Staaten bei. Insgesamt sind 53 Länder mindestens einer der beiden Fassungen beigetreten.

In der Präambel enthält die Konvention einen als Martens'sche Klausel

bezeichneten Grundsatz. Dieser gibt für Situationen in bewaffneten Konflikten, die nicht ausdrücklich durch geschriebenes internationales Recht geregelt sind, die Maßstäbe in Bezug auf Brauch, Gewissen und Menschlichkeit zur Bewertung von Handlungen und Entscheidungen vor. Diese

Klausel wurde von Friedrich Fromhold Martens (1845-1909) während der Haager Friedenskonferenz von 1899 als Kompromisslösung für die Frage der Behandlung von Zivilisten vorgeschlagen, die an Kampfhandlungen teilnehmen. Seitdem ist sie in eine Reihe von weiteren Abkommen aufgenommen worden und gilt heute als wichtiger Grundsatz des humanitären Völkerrechts.

Haager Landkriegsordnung 1907 (Auswahl)

Präambel

in der Erwägung, dass bei allem Bemühen, Mittel zu suchen, um den Frieden zu sichern und bewaffnete Streitigkeiten zwischen den Völkern zu verhüten, es doch von Wichtigkeit ist, den Fall ins Auge zu fassen, wo ein Ruf zu den Waffen durch Ereignisse herbeigeführt wird, die ihre Fürsorge nicht hat abwenden können, von dem Wunsche beseelt, selbst in diesem äußersten Falle den Interessen der Menschlichkeit und den sich immer steigernden Forderungen der Zivilisation zu dienen,
in der Meinung, dass es zu diesem Zweck von Bedeutung ist, die allgemeinen Gesetze und Gebräuche des Krieges einer Durchsicht zu unterziehen, sei es, um sie näher zu bestimmen, sei es, um ihnen gewisse Grenzen zu ziehen, damit sie soviel wie möglich von ihrer Schärfe verlieren, haben eine Vervollständigung und in gewissen Punkten eine bestimmtere Fassung des Werkes der ersten Friedenskonferenz für nötig befunden, die im Anschluss an die Brüsseler Konferenz von 1874, ausgehend von diesen durch eine weise und hochherzige Fürsorge eingegebenen Gedanken, Bestimmungen zur Feststellung und Regelung der Gebräuche des Landkriegs angenommen hat.

Nach der Auffassung der hohen vertragschließenden Teile sollen diese Bestimmungen, deren Abfassung durch den Wunsch angeregt wurde, die Leiden des Krieges zu mildern, soweit es die militärischen Interessen gestatten, den Kriegführenden als allgemeine Richtschnur für ihr Verhalten in den Beziehungen untereinander und mit der Bevölkerung dienen.

Es war indessen nicht möglich, sich schon jetzt über Bestimmungen zu einigen, die sich auf alle in der Praxis vorkommenden Fälle erstrecken.

Andererseits konnte es nicht in der Absicht der hohen vertragschließenden Teile liegen, dass die nicht vorgesehenen Fälle in Ermangelung einer schriftlichen Abrede der willkürlichen Beurteilung der militärischen Befehlshaber überlassen bleiben.

In der Erwartung, dass später ein vollständigeres Kriegsgesetzbuch festgestellt werden könne, halten es die hohen vertragschließenden Teile für zweckmäßig, festzusetzen, dass in den Fällen, die in den Bestimmungen der von ihnen angenommenen Ordnung nicht einbegriffen sind, die Bevölkerung und die Kriegführenden unter dem Schutze und der Herrschaft der Grundsätze des Völkerrechts bleiben, wie

sie sich ergeben aus den unter gesitteten Völkern feststehenden Gebräuchen, aus den Gesetzen der Menschlichkeit und aus den Forderungen des öffentlichen Gewissens.

Sie erklären, dass namentlich die Artikel 1 und 2 der angenommenen Ordnung in diesem Sinne zu verstehen sind.

Erster Abschnitt: Kriegführende
Erstes Kapitel: Begriff des Kriegführenden
Artikel 1

Die Gesetze, die Rechte und die Pflichten des Krieges gelten nicht nur für das Heer, sondern auch für die Milizen und Freiwilligen-Korps, wenn sie folgende Bedingungen in sich vereinigen:

1. dass jemand an ihrer Spitze steht, der für seine Untergebenen verantwortlich ist,

2. dass sie ein bestimmtes aus der Ferne erkennbares Abzeichen tragen,

3. dass sie die Waffen offen führen und

4. dass sie bei ihren Unternehmungen die Gesetze und Gebräuche des Krieges beachten.

In den Ländern, in denen Milizen oder Freiwilligen-Korps das Heer oder einen Bestandteil des Heeres bilden, sind diese unter der Bezeichnung „Heer" einbegriffen.

Artikel 2

Die Bevölkerung eines nicht besetzten Gebiets, die beim Herannahen des Feindes aus eigenem Antriebe zu den Waffen greift, um die eindringenden Truppen zu bekämpfen, ohne Zeit gehabt zu haben, sich nach Artikel 1 zu organisieren, wird als kriegführend betrachtet, wenn sie die Waffen offen führt und die Gesetze und Gebräuche des Krieges beachtet.

Artikel 3

Die bewaffnete Macht der Kriegsparteien kann sich zusammensetzen aus Kombattanten und Nichtkombattanten. Im Falle der Gefangennahme durch den Feind haben die einen wie die anderen Anspruch auf Behandlung als Kriegsgefangene.

Zweites Kapitel: Kriegsgefangene
Artikel 4

Die Kriegsgefangenen unterstehen der Gewalt der feindlichen Regierung, aber nicht der Gewalt der Personen oder der Abteilungen, die sie gefangen genommen haben.

Sie sollen mit Menschlichkeit behandelt werden. Alles, was ihnen persönlich gehört, verbleibt ihr Eigentum mit Ausnahme von Waffen, Pferden und Schriftstücken militärischen Inhalts.

Artikel 5

Die Kriegsgefangenen können in Städten, Festungen, Lagern oder an anderen Orten untergebracht werden mit der Verpflichtung, sich nicht über eine bestimmte Grenze hinaus zu entfernen; dagegen ist ihre Einschließung nur statthaft als unerlässliche Sicherungsmaßregel und nur während der Dauer der diese Maßregel notwendig machenden Umstände.

Artikel 6

Der Staat ist befugt, die Kriegsgefangenen mit Ausnahme der Offiziere nach ihrem Dienstgrad und nach ihren Fähigkeiten als Arbeiter zu verwenden. Diese Arbeiten dürfen nicht übermäßig sein und in keiner Beziehung zu den Kriegsunternehmungen stehen. Den Kriegsgefangenen kann gestattet werden, Arbeiten für öffentliche Verwaltungen oder für Privatpersonen oder für ihre eigene Rechnung auszuführen. Arbeiten für den Staat werden nach den Sätzen bezahlt, die für Militärpersonen des eigenen Heeres bei Ausführung der gleichen Arbeiten gelten.

Artikel 7

Die Regierung, in deren Gewalt sich die Kriegsgefangenen befinden, hat für ihren Unterhalt zu sorgen. In Ermangelung einer besonderen Verständigung zwischen den Kriegführenden sind die Kriegsgefangenen in Beziehung auf Nahrung, Unterkunft und Kleidung auf demselben Fuße zu behandeln wie die Truppen der Regierung, die sie gefangen genommen hat.

Artikel 8

Die Kriegsgefangenen unterstehen den Gesetzen, Vorschriften und Befehlen, die in dem Heere des Staates gelten, in dessen Gewalt sie sich befinden. Jede Unbotmäßigkeit kann mit der erforderlichen Strenge geahndet werden.

Entwichene Kriegsgefangene, die wieder ergriffen werden, bevor es ihnen gelungen ist, ihr Heer zu erreichen, oder bevor sie das Gebiet verlassen haben, das von den Truppen, welche sie gefangen genommen hatten, besetzt ist, unterliegen disziplinarischer Bestrafung. Kriegsgefangene, die nach gelungener Flucht von Neuem gefangen genommen werden, können für die frühere Flucht nicht bestraft werden.

Artikel 9

Jeder Kriegsgefangene ist verpflichtet, auf Befragen seinen wahren Namen und Dienstgrad anzugeben; handelt er gegen diese Vorschrift, so können ihm die Vergünstigungen, die den Kriegsgefangenen seiner Klasse zustehen, entzogen werden.

Artikel 13

Personen, die einem Heere folgen, ohne ihm unmittelbar anzugehören, wie Kriegskorrespondenten, Zeitungsberichterstatter, Marketender und Lieferanten, haben, wenn sie in die Hand des Feindes geraten und diesem ihre Festhaltung zweckmäßig erscheint, das Recht auf Behandlung als Kriegsgefangene, vorausgesetzt, dass sie sich im Besitz eines Ausweises der Militärbehörde des Heeres befinden, das sie begleiten.

Artikel 14

Beim Ausbruche der Feindseligkeiten wird in jedem der kriegführenden Staaten und eintretenden Falles in den neutralen Staaten, die Angehörige eines der Kriegführenden in ihr Gebiet aufgenommen haben, eine Auskunftsstelle über die Kriegsgefangenen errichtet. Diese ist berufen, alle die Kriegsgefangenen betreffenden Anfragen zu beantworten, und erhält von den zuständigen Dienststellen alle Angaben über die Unterbringung und deren Wechsel, über Freilassungen gegen Ehrenwort, über Austausch, über Entweichungen, über Aufnahme in die Hospitäler und über Sterbefälle sowie sonstige Auskünfte, die nötig sind, um über jeden Kriegsgefangenen ein Personalblatt anzulegen und auf dem Laufenden zu erhalten. Die Auskunftsstelle verzeichnet auf diesem Personalblatte die Matrikelnummer, den Vor- und Zunamen, das Alter, den Heimatort, den Dienstgrad, den Truppenteil, die Verwundungen, den Tag und Ort der Gefangennahme, der Unterbringung, der Verwundungen und des Todes sowie alle besonderen Bemerkungen. Das Personalblatt wird nach dem Friedensschlusse der Regierung des anderen Kriegführenden übermittelt.

Die Auskunftsstelle sammelt ferner alle zum persönlichen Gebrauche dienenden Gegenstände, Wertsachen, Briefe u.s.w., oder von den gegen Ehrenwort entlassenen, ausgetauschten, entwichenen oder in Hospitälern oder Feldlazaretten gestorbenen Kriegsgefangenen hinterlassen werden, und stellt sie den Berechtigten zu.

Artikel 15

Die Hilfsgesellschaften für Kriegsgefangene, die ordnungsmäßig nach den Gesetzen ihres Landes gebildet worden sind und den Zweck verfolgen, die Vermittler der mildtätigen Nächstenhilfe zu sein, erhalten von den Kriegführenden für sich und ihre ordnungsmäßig beglaubigten Agenten jede Erleichterung innerhalb der durch die militärischen Erfordernisse und die Verwaltungsvorschriften gezogenen Grenzen, um ihre menschenfreundlichen Bestrebungen wirksam ausführen zu können. Den Delegierten dieser Gesellschaften kann auf Grund einer ihnen persönlich von der Militärbehörde erteilten Erlaubnis und gegen die schriftliche Verpflichtung, sich allen von dieser etwa erlassenen Ordnungs- und Polizeivorschriften zu fügen, gestattet werden, Beihilfen an den Unterbringungsstellen sowie an den Rastorten der in die Heimat zurückkehrenden Gefangenen zu verteilen.

Artikel 18

Den Kriegsgefangenen wird in der Ausübung ihrer Religion mit Einschluss der Teilnahme am Gottesdienste volle Freiheit gelassen unter der einzigen Bedingung, dass sie sich den Ordnungs- und Polizeivorschriften der Militärbehörde fügen.

Artikel 19

Die Testamente der Kriegsgefangenen werden unter denselben Bedingungen entgegengenommen oder errichtet wie die der Militärpersonen des eigenen Heeres. Das Gleiche gilt für die Sterbeurkunden sowie für die Beerdigung von Kriegsgefangenen, wobei deren Dienstgrad und Rang zu berücksichtigen ist.

Artikel 20

Nach dem Friedensschlusse sollen die Kriegsgefangenen binnen kürzester Frist in ihre Heimat entlassen werden.
Drittes Kapitel: Kranke und Verwundete

Artikel 21

Die Pflichten der Kriegführenden in Ansehung der Behandlung von Kranken und Verwundeten bestimmen sich aus dem Genfer Abkommen.

Zweiter Abschnitt: Feindseligkeiten
Erstes Kapitel: Mittel zur Schädigung des Feindes,
Belagerungen und Beschießungen
Artikel 22

Die Kriegführenden haben kein unbeschränktes Recht in der Wahl der Mittel zur Schädigung des Feindes.

Artikel 23

Abgesehen von den durch Sonderverträge aufgestellten Verboten, ist namentlich untersagt:
a) die Verwendung von Gift oder vergifteten Waffen,
b) die meuchlerische Tötung oder Verwundung von Angehörigen des feindlichen Volkes oder Heeres,
c) die Tötung oder Verwundung eines die Waffen streckenden oder wehrlosen Feindes, der sich auf Gnade oder Ungnade ergeben hat,
d) die Erklärung, dass kein Pardon gegeben wird,

e) der Gebrauch von Waffen, Geschossen oder Stoffen, die geeignet sind, unnötig Leiden zu verursachen,

f) der Missbrauch der Parlamentärflagge, der Nationalflagge oder der militärischen Abzeichen oder der Uniform des Feindes sowie der besonderen Abzeichen des Genfer Abkommens,

g) die Zerstörung oder Wegnahme feindlichen Eigentums außer in den Fällen, wo diese Zerstörung oder Wegnahme durch die Erfordernisse des Krieges dringend erheischt wird,

h) die Aufhebung oder zeitweilige Außerkraftsetzung der Rechte und Forderungen von Angehörigen der Gegenpartei oder die Ausschließung ihrer Klagbarkeit.

Den Kriegführenden ist ebenfalls untersagt, Angehörige der Gegenpartei zur Teilnahme an den Kriegsunternehmungen gegen ihr Land zu zwingen; dies gilt auch für den Fall, dass sie vor Ausbruch des Krieges angeworben waren.

Artikel 24

Kriegslisten und die Anwendung der notwendigen Mittel, um sich Nachrichten über den Gegner und das Gelände zu verschaffen, sind erlaubt.

Artikel 25

Es ist untersagt, unverteidigte Städte, Dörfer, Wohnstätten oder Gebäude, mit welchen Mitteln es auch sei, anzugreifen oder zu beschießen.

Artikel 28

Es ist untersagt, Städte oder Ansiedelungen, selbst wenn sie im Sturme genommen sind, der Plünderung preiszugeben.
Zweites Kapitel: Spione

Artikel 29

Als Spion gilt nur, wer heimlich oder unter falschem Vorwand in dem Operationsgebiet eines Kriegführenden Nachrichten einzieht oder einzuziehen sucht in der Absicht, sie der Gegenpartei mitzuteilen. Demgemäß sind Militärpersonen, in Uniform, die in das Operationsgebiet des feindlichen Heeres eingedrungen sind, um sich Nachrichten zu verschaffen, nicht als Spione zu betrachten. Desgleichen gelten nicht als Spione: Militärpersonen und Nichtmilitärpersonen, die den ihnen erteilten Auftrag, Mitteilungen an ihr eigenes oder an das feindliche Heer zu überbringen, offen ausführen. Dahin gehören ebenfalls Personen, die in Luftschiffen befördert werden, um Mitteilungen zu überbringen oder um überhaupt Verbindungen zwischen den verschiedenen Teilen eines Heeres oder eines Gebiets aufrechtzuerhalten.

Artikel 30

Der auf der Tat ertappte Spion kann nicht ohne vorausgegangenes Urteil bestraft werden.

Artikel 31

Ein Spion, welcher zu dem Heere, dem er angehört, zurückgekehrt ist und später vom Feinde gefangen genommen wird, ist als Kriegsgefangener zu behandeln und kann für früher begangene Spionage nicht verantwortlich gemacht werden

Viertes Kapitel: Kapitulation
Artikel 35

Die zwischen den abschließenden Parteien vereinbarten Kapitulationen sollen den Forderungen der militärischen Ehre Rechnung tragen. Einmal abgeschlossen, sollen sie von beiden Parteien gewissenhaft beobachtet werden.

Fünftes Kapitel: Waffenstillstand
Artikel 36

Der Waffenstillstand unterbricht die Kriegsunternehmungen kraft eines wechselseitigen Übereinkommens der Kriegsparteien. Ist eine bestimmte Dauer nicht vereinbart worden, so können die Kriegsparteien jederzeit die Feindseligkeiten wieder aufnehmen, doch nur unter der Voraussetzung, dass der Feind, gemäß den Bedingungen des Waffenstillstandes, rechtzeitig benachrichtigt wird.

Artikel 37

Der Waffenstillstand kann ein allgemeiner oder ein örtlich begrenzter sein. Der erstere unterbricht die Kriegsunternehmungen der kriegführenden Staaten allenthalben, der letztere nur für bestimmte Teile der kriegführenden Heere und innerhalb eines bestimmten Bereichs.

Artikel 38

Der Waffenstillstand muss in aller Form und rechtzeitig den zuständigen Behörden und den Truppen bekanntgemacht werden. Die Feindseligkeiten sind sofort nach der Bekanntmachung oder zu dem festgesetzten Zeitpunkt einzustellen.

Dritter Abschnitt: Militärische Gewalt auf besetztem feindlichem Gebiet
Artikel 42

Ein Gebiet gilt als besetzt, wenn es sich tatsächlich in der Gewalt des feindlichen Heeres befindet. Die Besetzung erstreckt sich nur auf die Gebiete, wo diese Gewalt hergestellt ist und ausgeübt werden kann.

Artikel 43

Nachdem die gesetzmäßige Gewalt tatsächlich in die Hände des Besetzenden übergegangen ist, hat dieser alle von ihm abhängenden Vorkehrungen zu treffen, um nach Möglichkeit die öffentliche Ordnung und das öffentliche Leben wiederherzustellen und aufrechtzuerhalten, und zwar, soweit kein zwingendes Hindernis besteht, unter Beachtung der Landesgesetze.

Artikel 45

Es ist untersagt, die Bevölkerung eines besetzten Gebiets zu zwingen, der feindlichen Macht den Treueid zu leisten.

Artikel 46

Die Ehre und die Rechte der Familie, das Leben der Bürger und das Privateigentum sowie die religiösen Überzeugungen und gottesdienstlichen Handlungen sollen geachtet werden. Das Privateigentum darf nicht eingezogen werden.

Artikel 47

Die Plünderung ist ausdrücklich untersagt.

Artikel 50

Keine Strafe in Geld oder anderer Art darf über eine ganze Bevölkerung wegen der Handlungen Einzelner verhängt werden, für welche die Bevölkerung nicht als mitverantwortlich angesehen werden kann.

Artikel 56

Das Eigentum der Gemeinden und der dem Gottesdienste, der Wohltätigkeit, dem Unterrichte, der Kunst und der Wissenschaft gewidmeten Anstalten, auch wenn diese dem Staate gehören, ist als Privateigentum zu behandeln. Jede Beschlagnahme, jede absichtliche Zerstörung oder Beschädigung von derartigen Anlagen, von geschichtlichen Denkmälern oder von Werken der Kunst und Wissenschaft ist untersagt und soll geahndet werden.

Da sich im Ersten Weltkrieg herausgestellt hatte, dass es im Vertrag durch den technischen Fortschritt bedingte Unzulänglichkeiten gab, wurde eine Reihe der in der Haager Landkriegsordnung enthaltenen Bestimmungen in neu abgeschlossenen Abkommen oder in überarbeiteten Fassungen der Genfer Konventionen erweitert und präzisiert. Im Genfer Protokoll von 1925 wurde das in der Haager Landkriegsordnung enthaltene Verbot des Gebrauchs von giftigen Substanzen bekräftigt und auf bakteriologische Waffen ausgeweitet. Im Jahr 1929 wurde mit der Genfer Konvention ein separates Abkommen zur Behandlung von

Kriegsgefangenen verabschiedet, das 1949 überarbeitet und erweitert wurde.

Die Haager Landkriegsordnung ist für die Vertragsparteien und ihre Nachfolgestaaten weiterhin gültiges Vertragsrecht. Ihre Prinzipien gelten seit einigen Jahrzehnten als Völkergewohnheitsrecht. Sie sind damit auch für Staaten und nichtstaatliche Konfliktparteien bindend, auch wenn diese dem Abkommen nicht beigetreten sind. Darüber hinaus wurden Teile der Haager Landkriegsordnung in den vier Genfer Abkommen von 1949, ihren drei Zusatzprotokollen sowie der „Haager Konvention zum Schutz von Kulturgut bei bewaffneten Konflikten" erweitert und präzisiert. Die Haager Landkriegsordnung ist damit der historische Ausgangspunkt wesentlicher vertragsrechtlicher Teile des gegenwärtigen humanitären Völkerrechts.

16. Die Atlantik-Charta (1941)

Die Atlantik-Charta ist eine Liste von Friedenszielen, zu denen sich die beiden alliierten Führer, der amerikanische Präsident Franklin D. Roosevelt (1882-1945) und der englische Premierminister Winston Churchill (1874 – 1965), bekannten. Sie sollten nach dem Zweiten Weltkrieg in die Tat umgesetzt werden.

Roosevelt und Churchill trafen sich am 14. August 1941 an Bord eines Kriegsschiffes in Ship Harbour vor der Küste von Neufundland in Kanada und unterschrieben hier die Atlantik-Charta. Sie sollte die moralische und politische Grundlage für die Welt nach dem Krieg sein und wurde zum Fundament, auf dem eine Anzahl internationaler Gemeinschaften und Organisationen wie die GATT, die Vereinten Nationen und auch die Unabhängigkeit der ehemaligen französischen und englischen Kolonien, aufbauten. Zusätzlich kann sie als Dokument gesehen werden, mit dem den bisher vom Krieg abseits stehenden USA ein Teil der Kriegsverantwortung aufgeladen wurde und somit als Akt einer Übertragung des Weltmachtanspruches von England auf die USA.

Im August 1941 waren die faschistischen Achsenmächte Deutschland und Italien auf dem Vormarsch. Sie hatten Frankreich, Norwegen, den Balkan und Nordafrika erobert und waren im Juni 1941 in Russland eingefallen, wo ihre Truppen von Sieg zu Sieg eilten und Moskau immer näherrückten. Die Sowjetunion lief Gefahr, den Krieg zu verlieren und die Vereinigten Staaten, obwohl sie moralischen und materiellen Beistand leisteten, waren noch nicht in den Krieg eingetreten.

Die Bedeutung der Atlantik-Charta ist vor diesem Hintergrund zu sehen. In ihr entwickelten Roosevelt und Churchill, obwohl noch mitten im Krieg, bereits eine Friedensordnung für die Zeit nach dem Krieg. Sie machte auch klar, dass die Vereinigten Staaten über kurz oder lang in den Krieg eintreten würden, da die Charta von einer im Isolationismus verharrenden USA nicht mitgestaltet werden könnte. Darum brachte sie dem amerikanischen Präsidenten in den USA Kritik ein, da, wie man sagte, die Charta eher wie das Produkt eines kriegführenden als eines neutralen Staates aussehen würde. Der japanische Angriff auf Pearl Harbour am 6. Dezember 1941 sollte den Isolationismus der USA beenden und deren sofortigen Kriegseintritt bringen. Die Alliierten konnten nun daran gehen, Hitlerdeutschland und Japan zu besiegen und die Grundsätze der Atlantik-Charta umzusetzen.

Atlantik-Charta (1941)

Der Präsident der Vereinigten Staaten von Amerika und der Premierminister Churchill, der die Regierung Seiner Majestät im Vereinigten Königreich vertritt, sind zusammengetroffen und halten es für richtig, gewisse Grundsätze der nationalen Politik ihrer Länder bekanntzugeben, auf die sie die Hoffnung für eine bessere Zukunft der Welt gründen.

1.   Ihre Länder streben keine Bereicherung an, weder in territorialer noch in anderer Hinsicht.

2.   Sie wünschen keine territorialen Veränderungen, die nicht im Einklang mit dem Willen der betreffenden Völker stehen.

3.   Sie achten das Recht sämtlicher Völker, jene Regierungsform zu wählen, unter der sie leben wollen. Sie wünschen, dass die Souveränität und die Eigen-Verwaltung jenen zurückgegeben werden, denen sie gewaltsam entrissen wurden.

4.   Sie sind bestrebt, mit Rücksicht auf bestehende Verpflichtungen dahin zu wirken, dass alle Staaten, ob groß oder klein, ob Sieger oder Besiegte, gleichermaßen Zutritt zum Handel und zu den Rohstoffen der Welt erhalten, um zu wirtschaftlichem Wohlstand zu gelangen.

5. Sie erstreben die größtmögliche wirtschaftliche Zusammenarbeit aller Völker mit dem Ziele, allen Menschen bessere Arbeitsbedingungen, wirtschaftlichen Aufstieg und soziale Sicherheit zu bieten.

6. Nach der endgültigen Zerstörung der Nazi-Herrschaft erhoffen sie die Gestaltung eines Friedens, der es allen Völkern ermöglicht, innerhalb ihrer Grenzen in Frieden zu leben und der allen Menschen in allen Ländern ein Leben frei von Not gewährleistet.

7. Dieser Friede soll es allen Menschen ermöglichen, ohne Hindernisse die Meere und Ozeane zu bereisen.

8. Sie hegen die Überzeugung, dass alle Völker dieser Welt aus ethischen und praktischen Gründen zum Verzicht auf Gewaltanwendung gelangen müssen. Der künftige Friede kann nicht erhalten werden, wenn die Rüstung zu Lande, zu Wasser und in der Luft durch Nationen weitergeführt wird, die mit Angriffen über ihre Grenzen hinaus drohen oder zu drohen bereit sind; daher glauben sie, dass die Abrüstung dieser Nationen nötig ist, solange nicht ein umfassendes und dauerhaftes System allgemeiner Sicherheit besteht. Sie werden in gleicher Weise alle anderen praktischen Maßnahmen fördern und ermutigen, den friedliebenden Völkern die erdrückenden Rüstungslasten zu erleichtern.

gez. Franklin D. Roosevelt gez. Winston S. Churchill

Diese Erklärung wurde am 24. September 1941 am Alliierten-Meeting von London von der Sowjetunion und neun Regierungen des besetzten Europa, von Belgien, Griechenland, Jugoslawien, Luxemburg, den Niederlanden, Norwegen, Polen, der Tschechoslowakei und von Vertretern des französischen Generals Charles de Gaulle, unterzeichnet. Die Atlantik-Charta sollte sich später als der erste Schritt zur Schaffung der Vereinten Nationen erweisen, wenngleich vorläufig die Maßnahmen zu ihrer Um- und Durchsetzung offen blieben.

Die Achsenmächte interpretierten diese diplomatischen Vereinbarungen als eine neue Allianz gegen sie. In Tokyo brachte die Existenz der Atlantik-Charta Unterstützung für den radikalen Flügel der Armee, der sich für eine aggressivere Haltung gegenüber England und den USA aussprach und so seinem Ziel, dem präventiven Angriff auf die USA, näher kam.

Die Öffentlichkeit in England und dem Commonwealth war von der gemeinsamen Erklärung begeistert, aber von dem Umstand enttäuscht, dass die USA vorerst nicht in den Krieg eintreten würden. Auch die amerikanische Öffentlichkeit war mit dem Inhalt der Charta zufrieden, fühlte sich aber dadurch wieder ein Stück weiter in den Krieg gedrängt. Die Befürworter und Gegner eines Kriegseintrittes fanden ihre Hoffnungen und Ängste gleichermaßen in der Atlantik-Charta bestätigt.

Das Bekenntnis, dass alle Völker das Recht auf Selbstbestimmung hätten, gab lokalen Politikern in Indien, Indochina und Afrika die Hoffnung, dass auch sie mit diesem Punkt gemeint seien und man sie nach dem Krieg in die Unabhängigkeit entlassen würde.

Die Atlantik-Charta war nicht die letzte Version darüber, wie die Welt nach einem Sieg der Alliierten über den Faschismus aussehen sollte. Ihr folgten Konferenzen in Teheran (1943) Jalta (1945) und Potsdam (1945). Churchill hat über die Atlantik-Charta gesagt, dass *„… sie nur eine zeitweilige und teilweise Erklärung der Kriegsziele war, die anderen Nationen die gerechten Absichten versichern sollte, und dass sie nicht der komplette Bauplan dessen war, was man nach dem Krieg verwirklichen wollt*Dennoch blieb das Treffen von Roosevelt mit Churchill eines der wichtigsten während des gesamten Krieges. Als kriegsentscheidend erwies sich der Kriegseintritt der USA und der alliierte Sieg sollte, zumindest in der westlichen Welt, zum Aufbau eines friedlichen und demokratischen Westeuropas führen, das nach den Prinzipien der Atlantik-Charta ausgerichtet wurde. Die Artikel der Atlantik-Charta finden sich sinngemäß bis heute in den Satzungen der Vereinten Nationen und in den Regeln der Europäischen Union.

17. Die Charta der Vereinten Nationen (1945)

Noch während des Zweiten Weltkrieges wurde bereits über eine Organisation nachgedacht, welche nach dem Krieg einen globalen Frieden kontrollieren sollte. Diese Vereinten Nationen (United Nations) sollten ein umfassendes System darstellen, in dem der Friede durch politische Maßnahmen, aber auch durch eine weltweite wirtschaftliche Erneuerung gewährleistet werden sollte.

Am 8. Januar 1918 sprach der Präsident der USA Woodrow Wilson (1856-1924) in einer Rede vor den beiden Häusern des Kongresses über 14 Punkte, welche nach dem Ende des Ersten Weltkrieges einen lang dauernden Frieden sichern sollten. Der letzte Punkt gab an, dass: *„Ein allgemeiner Verband der Nationen gegründet werden muss, mit besonderen Verträgen zum Zweck gegenseitiger Bürgschaften für die politische Unabhängigkeit und die territoriale Unverletzbarkeit der kleinen sowie der großen Staaten"*. Dies sollte die geistige Grundlage des Völkerbundes werden, wie ihn die Philosophen Kant und Abbé Saint Pierre vorhergesehen hatten.

Der Völkerbund bildete die erste internationale Organisation, die allgemeinen Frieden auf der Welt herbeiführen wollte, indem sie auf die Handlungen der Staaten einzuwirken versuchte. Seine am 28. April 1919 angenommene Satzung war Bestandteil der Friedensverträge von Versailles, St. Germain, Trianon, Neuilly und Sèvres. Vorrangige Aufgaben des Völkerbundes waren die Kriegsverhütung und die Gewährleistung von Frieden und Sicherheit. In seiner Geschichte zählten zum Völkerbund trotz seines globalen Anspruchs nie mehr als 57 Staaten gleichzeitig. Wichtige Staaten wie die USA arbeiteten entweder überhaupt nicht mit ihm oder nur vorübergehend. Mit dem Ausbruch des

Zweiten Weltkrieges war klar, dass der Völkerbund seine Friedensziele nicht erreicht hatte und gescheitert war.

Die Idee von einer Organisation, in der sich alle Länder der Erde versammeln sollten, um Konflikte bereits im Vorfeld ihrer Entstehung gewaltfrei zu lösen, bestand aber weiter. Der amerikanische Präsident Franklin D. Roosevelt war schon vor dem Kriegseintritt der USA in den Zweiten Weltkrieg von der Notwendigkeit einer solchen Organisation überzeugt. Diesmal sollten jedoch die USA daran teilnehmen und zusammen mit Großbritannien die Organisation führen.

Im Sommer 1941 wurde vor Neufundland die Atlantik-Charta verabschiedet, in der sich Roosevelt mit Churchill auf zentrale Punkte einer friedlichen Nachkriegsordnung einigte. Nach dem Sieg über die faschistischen Mächte Deutschland und Italien sollte eine allgemeine Abrüstung ein Sicherheitssystem ermöglichen. Eine neu zu schaffende Organisation wurde mit Rücksicht auf den amerikanischen Kongress, der zu dieser Zeit noch darum bemüht war, die USA aus dem Krieg herauszuhalten, nur erwähnt. Im September 1941 schlossen sich in London eine Anzahl von Staaten in einer interalliierten Erklärung der Atlantik-Charta an.

Nach dem japanischen Überfall auf Pearl Harbour und dem Kriegseintritt der USA gegen Japan und die Achsenmächte waren die USA an einem möglichst breiten Staatenbündnis für den Krieg interessiert. Am 1. Januar 1942 kam es in Washington zur „Erklärung der Vereinten Nationen" (*Declaration by United Nations*) durch 26 Staaten, welche die Atlantik-Charta billigten und unter der Betonung von Frieden, Freiheit, Unabhängigkeit und Menschenrechten den Kampf gegen die Achsenmächte und Japan beschworen. Roosevelt schlug im Mai 1942 dem russischen Außenminister Molotow die Einbeziehung der Sowjetunion und Chinas in den Kreis der Führungsstaaten der neu zu schaffenden Organisation vor. Nur die Großmächte sollten nach dem Krieg Streitkräfte zur weltweiten Friedenssicherung unterhalten dürfen, alle übrigen Staaten sollten abrüsten. Im August

1943 erarbeiteten die USA und Großbritannien einen Text, der die Bildung einer allgemeinen Organisation zur internationalen Friedenswahrung forderte. Das Papier wurde am 30. Oktober 1943 auf der Moskauer Außenministerkonferenz von den USA, Großbritannien, der Sowjetunion und China unterzeichnet, und es begann eine intensive Phase der Verhandlungen über die Nachkriegs-Weltorganisation.

Auf der Konferenz von Teheran im November 1943 erläuterte Roosevelt sein Konzept von vier den Weltfrieden sichernden Staaten und der geplanten Organisation der United Nations. Es sollte darin drei Gremien geben, eine allgemeine Versammlung der Nationen, ein Exekutivkomitee für zivile Fragen und ein Hauptexekutivorgan zum Schutz vor Friedensbedrohungen. Da die UdSSR dazu noch kein Konzept hatte, erarbeiteten die USA im Wesentlichen die UN-Charta, die eine Vollversammlung, einen internationalen Gerichtshof, einen Exekutivrat und einen Generalsekretär vorsah. Weiterhin offen blieb jedoch die Frage, ob sich das Exekutivkomitee auch weltweit um wirtschaftliche und soziale Fragen kümmern sollte.

Von August bis Oktober 1944 wurde auf der Konferenz von Dumbarton Oaks weiterverhandelt. Man erstellte einen Statutenentwurf, die *„Dumbarton Oaks Proposals for the Establishment of a General International Organisation"*, aus dem sich später mit nur geringen Änderungen die Charta der UNO entwickelte. Der Sicherheitsrat bestand danach aus fünf ständigen und sechs zeitweiligen Mitgliedern und konnte im Unterschied zum Völkerbund ständig tagen.

Als einen der Fehler der internationalen Ordnung der Zwischenkriegszeit hatten die Planer der UNO das Fehlen einer wirtschaftlichen Struktur des Völkerbundes identifiziert, die durch Institutionen abgesichert war. Daher wurde im Juli 1944 das System von Bretton Woods, das ein stabiles Währungssystem mit fixen Wechselkursen vorsah, beschlossen. Ziel war die reibungslose und von Handelsbarrieren befreite Abwicklung des Welthandels bei festen Wechselkursen.

Die geplante Organisation sollte sich auf zwei Säulen gründen: auf einem in einem Sicherheitsrat zentrierten politischen System und auf einem durch Institutionen gefestigten und geordneten Weltwirtschaftssystem, wobei der Wiederaufbau Europas im Mittelpunkt stand. 1944 wurde die Gründung der *Weltbank* (IBRD) und des *Internationalen Währungsfonds* (IWF / IMF) sowie die Planung der *Welthandelsorganisation* (ITO) beschlossen.

Im Februar 1945 konnten auf der Konferenz von Jalta die noch offenen Punkte von Dumbarton Oaks durch Kompromisse gelöst werden. Man beschloss die Errichtung der Organisation mit dem Namen *United Nations Organisation* (UNO). Zur Gründungskonferenz in San Francisco im April 1945 wurden alle Staaten, welche die Erklärung vom 1. 1. 1942 unterschrieben oder Deutschland, Italien und Japan den Krieg erklärt hatten, eingeladen. Die Vorschläge von Dumbarton Oaks wurden im Wesentlichen angenommen. Das übergeordnete Ziel der Organisation sollte die *„Bewahrung der Menschheit vor der Geißel des Krieges"* sein.

Charta der Vereinten Nationen 1945 (Auswahl)

Artikel 1

Die Vereinten Nationen setzen sich folgende Ziele:
1. den Weltfrieden und die internationale Sicherheit zu wahren und zu diesem Zweck wirksame Kollektivmaßnahmen zu treffen, um Bedrohungen des Friedens zu verhüten und zu beseitigen, Angriffshandlungen und andere Friedensbrüche zu unterdrücken und internationale Streitigkeiten oder Situationen, die zu einem Friedensbruch führen könnten, durch friedliche Mittel nach den Grundsätzen der Gerechtigkeit und des Völkerrechts zu bereinigen oder beizulegen;
2. freundschaftliche, auf der Achtung vor dem Grundsatz der Gleichberechtigung und Selbstbestimmung der Völker beruhende Beziehungen zwischen den Nationen zu entwickeln und

andere geeignete Maßnahmen zur Festigung des Weltfriedens zu treffen;

3. eine internationale Zusammenarbeit herbeizuführen, um internationale Probleme wirtschaftlicher, sozialer, kultureller und humanitärer Art zu lösen und die Achtung vor den Menschenrechten und Grundfreiheiten für alle ohne Unterschied der Rasse, des Geschlechts, der Sprache oder der Religion zu fördern und zu festigen;

4. ein Mittelpunkt zu sein, in dem die Bemühungen der Nationen zur Verwirklichung dieser gemeinsamen Ziele aufeinander abgestimmt werden.

Artikel 2

Die Organisation und ihre Mitglieder handeln im Verfolg der in Artikel 1 dargelegten Ziele nach folgenden Grundsätzen:

1. Die Organisation beruht auf dem Grundsatz der souveränen Gleichheit aller ihrer Mitglieder.

2. Alle Mitglieder erfüllen, um ihnen allen die aus der Mitgliedschaft erwachsenden Rechte und Vorteile zu sichern, nach Treu und Glauben die Verpflichtungen, die sie mit dieser Charta übernehmen.

3. Alle Mitglieder legen ihre internationalen Streitigkeiten durch friedliche Mittel so bei, dass der Weltfriede, die internationale Sicherheit und die Gerechtigkeit nicht gefährdet werden.

4. Alle Mitglieder unterlassen in ihren internationalen Beziehungen jede gegen die territoriale Unversehrtheit oder die politische Unabhängigkeit eines Staates gerichtete oder sonst mit den Zielen der Vereinten Nationen unvereinbare Androhung oder Anwendung von Gewalt.

5. Alle Mitglieder leisten den Vereinten Nationen jeglichen Beistand bei jeder Maßnahme, welche die Organisation im Einklang mit dieser Charta ergreift; sie leisten einem Staat, gegen den die Organisation Vorbeugungs- oder Zwangsmaßnahmen ergreift, keinen Beistand.

6. Die Organisation trägt dafür Sorge, dass Staaten, die nicht Mitglieder der Vereinten Nationen sind, insoweit nach diesen

Grundsätzen handeln, als dies zur Wahrung des Weltfriedens und der internationalen Sicherheit erforderlich ist.
7. Aus dieser Charta kann eine Befugnis der Vereinten Nationen zum Eingreifen in Angelegenheiten, die ihrem Wesen nach zur inneren Zuständigkeit eines Staates gehören, oder eine Verpflichtung der Mitglieder, solche Angelegenheiten einer Regelung auf Grund dieser Charta zu unterwerfen, nicht abgeleitet werden; die Anwendung von Zwangsmaßnahmen nach Kapitel VII wird durch diesen Grundsatz nicht berührt.

In 17 weiteren Kapiteln wurden die Organe der UNO, die Generalversammlung, der Sicherheitsrat, die friedliche Beilegung von Streitigkeiten, Maßnahmen bei der Bedrohung oder Friedensbruch und bei Angriffshandlungen, regionale Abmachungen, internationale Zusammenarbeit auf wirtschaftlichem und sozialem Gebiet, der Wirtschafts- und Sozialrat, eine Erklärung über Hoheitsgebiete ohne Selbstregierung, das internationale Treuhandsystem mit dem Treuhandrat, der Internationale Gerichtshof und das Sekretariat geregelt.

Die Charta der UN setzte die Entwicklung der Kriegsächtung im Völkerrecht fort. Das allgemeine Kriegsverbot des Völkerbundes wurde zum allgemeinen Gewaltverbot ausgeweitet. Durch diese Festsetzung erhielt das Prinzip, unabhängig von der Organisation, bald völkerrechtlichen Rang. Dem Recht der souveränen Staaten zur Kriegsführung wurde in der Charta widersprochen, und es wurde als aufgelöst erklärt.

Nach der formellen Auflösung des Völkerbundes im Frühjahr 1946 übernahm die UNO dessen soziale, wirtschaftliche und humanitäre Aktivitäten und auch dessen Besitz. Mit bestehenden Sonderorganisationen wurden Abkommen geschlossen und damit ein umfassendes System der Vereinten Nationen geschaffen. Im Zentrum stand dabei die durch die Charta geschaffene Organisation, verbunden mit den zahlreichen internationalen Sonderorganisationen für wirtschaftliche, soziale, kulturelle, humanitäre, technische und andere Fragen.

Die erste Generalversammlung der UNO trat am 10. Januar 1946 in London zu ihrer konstituierenden Sitzung zusammen. Erster Generalsekretär wurde der norwegische Außenminister Trygve Lie. Bei der Standortfrage einigte man sich auf New York. Nachdem Polen als 51. Staat seine Ratifizierungsurkunde hinterlegt hatte, trat die UN-Charta am 24. Oktober 1945 in Kraft.

18. Die Allgemeine Deklaration der Menschenrechte der Vereinten Nationen (1948)

Die Allgemeine Deklaration der Menschenrechte der Vereinten Nationen nennt 30 Grundrechte, die auf alle Menschen anzuwenden sind, um ihnen die volle Ausnutzung ihrer Möglichkeiten und ein Leben, frei von Furcht und Bedrohung, zu ermöglichen. Ihre Schaffung war ein einzigartiges Ereignis, das aus dem Schrecken des Zweiten Weltkrieges entstanden war, als weltweit die Losung: „Nie wieder Krieg" ausgegeben wurde.

Der Zweite Weltkrieg hatte etwa 50 Millionen Menschen das Leben gekostet, die Arten der Kriegsverbrechen reichten vom Holocaust an den europäischen Juden über die Eliminierung unerwünschter Personen wie Polen, Slawen, Roma und Sinti bis zur Terminierung „unwerten Lebens" von Kranken und Behinderten. Man hatte Frauen als Sexsklavinnen benutzt, sich in der biologischen Kriegsführung versucht und die ersten Atombomben abgeworfen.

Die Menschenrechtsdeklaration der Vereinten Nationen wurde Mittelpunkt des internationalen Rechtes und führte weltweit zur Schaffung von weiteren Deklarationen und Verträgen. Was die Deklaration so wichtig und bis heute relevant macht ist die Tatsache, dass es das erste Dokument zu den Menschenrechten war, das nicht national wirkte wie die verschiedenen *Bill of Rights* des 18. und 19. Jahrhunderts, sondern weltweit angenommen wurde.

Die Ideen und Werte der Deklaration der Menschenrechte lassen sich von den Philosophen der Aufklärung, von ihren national-staatlichen Vorgängern wie den *Bill of Rights* von England und Virginia und von der *Deklaration der*

Menschen- und Bürgerrechte der Französischen Revolution ableiten.

Während des Zweiten Weltkrieges hatten die Alliierten die „Vier Freiheiten" genannt, die es durch diesen Krieg zu erhalten und zu gewinnen gab: Redefreiheit, Versammlungsfreiheit, Freiheit vor Furcht und Verfolgung. Die Charta der Vereinten Nationen „...*stelle das Vertrauen in die fundamentalen Rechte, die Würde und Werte des Menschen wieder her"* und verpflichtete alle Mitgliedstaaten, für den „*universellen Respekt und die Beachtung der Menschenrechte und fundamentalen Freiheiten für alle ohne Unterschied von Rasse, Geschlecht, Sprache oder Religion"* zu sorgen.

Als die Verbrechen der Nazis nach dem Zweiten Weltkrieg bekannt wurden, gab es in der Weltgemeinschaft Übereinstimmung darüber, dass die Definition der Menschenrechte in der UN-Charta nicht ausreichen würde, und man beschloss, eine spezielle Erklärung zu den Menschenrechten nach den Vorstellungen der UNO zu schaffen.

Trygve Lie, der erste Generalsekretär der UN, beauftragte den Direktor der neu geschaffenen Abteilung für Menschenrechte, John Peters Humphrey, mit der Abfassung eines Dokumentes, welches ursprünglich „International Bill of Rights" genannt wurde. Diese wurde unter dem Titel *„Allgemeine Deklaration der Menschenrechte der Vereinten Nationen"* am 10. Dezember 1948 von der Generalversammlung der UN mit 40 Stimmen dafür, null dagegen bei acht Enthaltungen (die Ostblockstaaten, Südafrika und Saudi Arabien) angenommen.

Die Struktur der Deklaration wurde vom Napoleonischen Code Civil mit einer Präambel und der Eingangserklärung der universellen Prinzipien beeinflusst. René Cassin, der an der Abfassung der Deklaration beteiligt war, verglich sie mit dem Bild eines griechischen Tempels mit vier Säulen. Artikel eins und zwei sind das Fundament mit den Prinzipien von Würde, Freiheit, Gleichheit und Brüderlichkeit. Die sieben Paragraphen der Präambel, welche den Grund für die

Deklaration angeben, sind die Stufen. Der Hauptteil der Deklaration formt vier Säulen. Die Artikel der ersten Säule (Art. 3-11) konstituieren die Rechte des Individuums, das Recht des Einzelnen auf Leben und das Verbot der Sklaverei. Die zweite Säule (Art. 12-17) nennt die Rechte des Individuums in der zivilen und politischen Gesellschaft. Die dritte Säule (Art. 18-21) beschäftigt sich mit den Freiheiten des Menschen wie Religionsfreiheit oder Versammlungsfreiheit. Die vierte Säule (Art. 22-27) schließlich befasst sich mit den sozialen, wirtschaftlichen und kulturellen Rechten. Die letzten drei Artikel, die sich mit der Pflicht des Einzelnen der Gesellschaft gegenüber und dem Verbot der Nutzung der Rechte im Gegensatz zu den Zielen der UN beschäftigen, sind der Giebel, der alles darunter zusammenhält.

Die Allgemeine Erklärung der Menschenrechte 1948 (Auswahl)

Präambel

Da die Anerkennung der angeborenen Würde und der gleichen und unveräußerlichen Rechte aller Mitglieder der Gemeinschaft der Menschen die Grundlage von Freiheit, Gerechtigkeit und Frieden in der Welt bildet,

da die Nichtanerkennung und Verachtung der Menschenrechte zu Akten der Barbarei geführt haben, die das Gewissen der Menschheit mit Empörung erfüllen, und da verkündet worden ist, dass einer Welt, in der die Menschen Rede- und Glaubensfreiheit und Freiheit von Furcht und Not genießen, das höchste Streben des Menschen gilt,

da es notwendig ist, die Menschenrechte durch die Herrschaft des Rechtes zu schützen, damit der Mensch nicht gezwungen wird, als letztes Mittel zum Aufstand gegen Tyrannei und Unterdrückung zu greifen,

da es notwendig ist, die Entwicklung freundschaftlicher Beziehungen zwischen den Nationen zu fördern, da die Völker der Vereinten Nationen in der Charta ihren Glauben an die grundlegenden Menschenrechte, an die Würde und den Wert der menschlichen Person und an die Gleichberechtigung von Mann und Frau erneut bekräftigt und beschlossen haben, den sozialen Fortschritt und bessere Lebensbedingungen in größerer Freiheit zu fördern,

da die Mitgliedstaaten sich verpflichtet haben, in Zusammenarbeit mit den Vereinten Nationen auf die allgemeine Achtung und Einhaltung der Menschenrechte und Grundfreiheiten hinzuwirken,

da ein gemeinsames Verständnis dieser Rechte und Freiheiten von größter Wichtigkeit für die volle Erfüllung dieser Verpflichtung ist,

verkündet die Generalversammlung diese Allgemeine Erklärung der Menschenrechte als das von allen Völkern und Nationen zu erreichende gemeinsame Ideal, damit jeder Einzelne und alle Organe der Gesellschaft sich diese Erklärung stets gegenwärtig halten und sich bemühen, durch Unterricht und Erziehung die Achtung vor diesen Rechten und Freiheiten zu fördern und durch fortschreitende nationale und internationale Maßnahmen ihre allgemeine und tatsächliche Anerkennung und Einhaltung durch die Bevölkerung der Mitgliedstaaten selbst wie auch durch die Bevölkerung der ihrer Hoheitsgewalt unterstehenden Gebiete zu gewährleisten.

Artikel 1

Alle Menschen sind frei und gleich an Würde und Rechten geboren. Sie sind mit Vernunft und Gewissen begabt und sollen einander im Geist der Brüderlichkeit begegnen.

Artikel 2

Jeder hat Anspruch auf die in dieser Erklärung verkündeten Rechte und Freiheiten ohne irgendeinen Unterschied, etwa nach Rasse, Hautfarbe, Geschlecht, Sprache, Religion, politischer oder sonstiger Überzeugung, nationaler oder sozialer Herkunft, Vermögen, Geburt oder sonstigem Stand.

Des Weiteren darf kein Unterschied gemacht werden auf Grund der politischen, rechtlichen oder internationalen Stellung des Landes oder Gebiets, dem eine Person angehört, gleichgültig ob dieses unabhängig ist, unter Treuhandschaft steht, keine Selbstregierung besitzt oder sonst in seiner Souveränität eingeschränkt ist.

Artikel 3

Jeder hat das Recht auf Leben, Freiheit und Sicherheit der Person.

Artikel 4

Niemand darf in Sklaverei oder Leibeigenschaft gehalten werden; Sklaverei und Sklavenhandel sind in allen ihren Formen verboten.

Artikel 5

Niemand darf der Folter oder grausamer, unmenschlicher oder erniedrigender Behandlung oder Strafe unterworfen werden.

Artikel 6

Jeder hat das Recht, überall als rechtsfähig anerkannt zu werden.

Artikel 7

Alle Menschen sind vor dem Gesetz gleich und haben ohne Unterschied Anspruch auf gleichen Schutz durch das Gesetz. Alle haben Anspruch auf gleichen Schutz gegen jede Diskriminierung, die gegen diese Erklärung verstößt, und gegen jede Aufhetzung zu einer derartigen Diskriminierung.

Artikel 8

Jeder hat Anspruch auf einen wirksamen Rechtsbehelf bei den zuständigen innerstaatlichen Gerichten gegen Handlungen, durch die seine ihm nach der Verfassung oder nach dem Gesetz zustehenden Grundrechte verletzt werden.

Artikel 9

Niemand darf willkürlich festgenommen, in Haft gehalten oder des Landes verwiesen werden.

Artikel 10

Jeder hat bei der Feststellung seiner Rechte und Pflichten sowie bei einer gegen ihn erhobenen strafrechtlichen Beschuldigung in voller Gleichheit Anspruch auf ein gerechtes und öffentliches Verfahren vor einem unabhängigen und unparteiischen Gericht.

Artikel 11

Jeder, der wegen einer strafbaren Handlung beschuldigt wird, hat das Recht, als unschuldig zu gelten, solange seine Schuld nicht in einem öffentlichen Verfahren, in dem er alle für seine Verteidigung notwendigen Garantien gehabt hat, gemäß dem Gesetz nachgewiesen ist.

Niemand darf wegen einer Handlung oder Unterlassung verurteilt werden, die zur Zeit ihrer Begehung nach innerstaatlichem oder internationalem Recht nicht strafbar war. Ebenso darf keine schwerere Strafe als die zum Zeitpunkt der Begehung der strafbaren Handlung angedrohte Strafe verhängt werden.

Artikel 12

Niemand darf willkürlichen Eingriffen in sein Privatleben, seine Familie, seine Wohnung und seinen Schriftverkehr oder Beeinträchtigungen seiner Ehre und seines Rufes ausgesetzt werden. Jeder hat Anspruch auf rechtlichen Schutz gegen solche Eingriffe oder Beeinträchtigungen.

Artikel 13

Jeder hat das Recht, sich innerhalb eines Staates frei zu bewegen und seinen Aufenthaltsort frei zu wählen.

Jeder hat das Recht, jedes Land, einschließlich seines eigenen, zu verlassen und in sein Land zurückzukehren.

Artikel 14

Jeder hat das Recht, in anderen Ländern vor Verfolgung Asyl zu suchen und zu genießen.

Dieses Recht kann nicht in Anspruch genommen werden im Falle einer Strafverfolgung, die tatsächlich auf Grund von Verbrechen nichtpolitischer Art oder auf Grund von Handlungen erfolgt, die gegen die Ziele und Grundsätze der Vereinten Nationen verstoßen.

Artikel 15

Jeder hat das Recht auf eine Staatsangehörigkeit.

Niemandem darf seine Staatsangehörigkeit willkürlich entzogen noch das Recht versagt werden, seine Staatsangehörigkeit zu wechseln.

Artikel 16

Heiratsfähige Frauen und Männer haben ohne Beschränkung auf Grund der Rasse, der Staatsangehörigkeit oder der Religion das Recht zu heiraten und eine Familie zu gründen. Sie haben bei der Eheschließung, während der Ehe und bei deren Auflösung gleiche Rechte.

Eine Ehe darf nur bei freier und uneingeschränkter Willenseinigung der künftigen Ehegatten geschlossen werden.
Die Familie ist die natürliche Grundeinheit der Gesellschaft und hat Anspruch auf Schutz durch Gesellschaft und Staat.

Artikel 17

Jeder hat das Recht, sowohl allein als auch in Gemeinschaft mit anderen Eigentum innezuhaben.

Niemand darf willkürlich seines Eigentums beraubt werden.

Artikel 18

Jeder hat das Recht auf Gedanken-, Gewissens- und Religionsfreiheit; dieses Recht schließt die Freiheit ein, seine Religion oder Überzeugung zu wechseln, sowie die Freiheit, seine Religion oder Weltanschauung allein oder in Gemeinschaft mit anderen, öffentlich oder privat durch Lehre, Ausübung, Gottesdienst und Kulthandlungen zu bekennen.

Artikel 19

Jeder hat das Recht auf Meinungsfreiheit und freie Meinungsäußerung; dieses Recht schließt die Freiheit ein, Meinungen ungehindert anzuhängen sowie über Medien jeder Art und ohne Rücksicht auf Grenzen Informationen und Gedankengut zu suchen, zu empfangen und zu verbreiten.

Artikel 20

Alle Menschen haben das Recht, sich friedlich zu versammeln und zu Vereinigungen zusammenzuschließen.

Niemand darf gezwungen werden, einer Vereinigung anzugehören.

Artikel 21

Jeder hat das Recht, an der Gestaltung der öffentlichen Angelegenheiten seines Landes unmittelbar oder durch frei gewählte Vertreter mitzuwirken.

Jeder hat das Recht auf gleichen Zugang zu öffentlichen Ämtern in seinem Lande.

Der Wille des Volkes bildet die Grundlage für die Autorität der öffentlichen Gewalt; dieser Wille muss durch regelmäßige, unverfälschte, allgemeine und gleiche Wahlen mit geheimer Stimmabgabe oder in einem gleichwertigen freien Wahlverfahren zum Ausdruck kommen.

Artikel 22

Jeder hat als Mitglied der Gesellschaft das Recht auf soziale Sicherheit und Anspruch darauf, durch innerstaatliche Maßnahmen und internationale Zusammenarbeit sowie unter Berücksichtigung der Organisation und der Mittel jedes Staates in den Genuss der wirtschaftlichen, sozialen und kulturellen Rechte zu gelangen, die für seine Würde und die freie Entwicklung seiner Persönlichkeit unentbehrlich sind.

Artikel 23

Jeder hat das Recht auf Arbeit, auf freie Berufswahl, auf gerechte und befriedigende Arbeitsbedingungen sowie auf Schutz vor Arbeitslosigkeit.

Jeder, ohne Unterschied, hat das Recht auf gleichen Lohn für gleiche Arbeit.

Jeder, der arbeitet, hat das Recht auf gerechte und befriedigende Entlohnung, die ihm und seiner Familie eine der menschlichen Würde entsprechende Existenz sichert, gegebenenfalls ergänzt durch andere soziale Schutzmaßnahmen.

Jeder hat das Recht, zum Schutz seiner Interessen Gewerkschaften zu bilden und solchen beizutreten.

Artikel 24

Jeder hat das Recht auf Erholung und Freizeit und insbesondere auf eine vernünftige Begrenzung der Arbeitszeit und regelmäßigen bezahlten Urlaub.

Artikel 25

Jeder hat das Recht auf einen Lebensstandard, der seine und seiner Familie Gesundheit und Wohl, einschließlich Nahrung, Kleidung, Wohnung, ärztliche Versorgung und notwendige soziale Leistungen gewährleistet sowie das Recht auf Sicherheit im Falle von Arbeitslosigkeit, Krankheit, Invalidität oder Verwitwung, im Alter sowie bei anderweitigem Verlust seiner Unterhaltsmittel durch unverschuldete Umstände.

Mütter und Kinder haben Anspruch auf besondere Fürsorge und Unterstützung. Alle Kinder, eheliche wie außereheliche, genießen den gleichen sozialen Schutz.

Artikel 26

Jeder hat das Recht auf Bildung. Die Bildung ist unentgeltlich, zum mindesten der Grundschulunterricht und die grundlegende Bildung. Der Grundschulunterricht ist obligatorisch. Fach- und Berufsschulunterricht müssen allgemein verfügbar gemacht werden, und der Hochschulunterricht muss allen gleichermaßen entsprechend ihren Fähigkeiten offenstehen.

Die Bildung muss auf die volle Entfaltung der menschlichen Persönlichkeit und auf die Stärkung der Achtung vor den Menschenrechten und Grundfreiheiten gerichtet sein. Sie muss zu Verständnis, Toleranz und Freundschaft zwischen allen Nationen und allen rassischen oder religiösen Gruppen beitragen und der Tätigkeit der Vereinten Nationen für die Wahrung des Friedens förderlich sein.

Die Eltern haben ein vorrangiges Recht, die Art der Bildung zu wählen, die ihren Kindern zuteil werden soll.

Artikel 27

Jeder hat das Recht, am kulturellen Leben der Gemeinschaft frei teilzunehmen, sich an den Künsten zu erfreuen und am wissenschaftlichen Fortschritt und dessen Errungenschaften teilzuhaben.

Jeder hat das Recht auf Schutz der geistigen und materiellen Interessen, die ihm als Urheber von Werken der Wissenschaft, Literatur oder Kunst erwachsen.

Artikel 28

Jeder hat Anspruch auf eine soziale und internationale Ordnung, in der die in dieser Erklärung verkündeten Rechte und Freiheiten voll verwirklicht werden können.

Artikel 29

Jeder hat Pflichten gegenüber der Gemeinschaft, in der allein die freie und volle Entfaltung seiner Persönlichkeit möglich ist. Jeder ist bei der Ausübung seiner Rechte und Freiheiten nur den Beschränkungen unterworfen, die das Gesetz ausschließlich zu dem Zweck vorsieht, die Anerkennung und Achtung der Rechte und Freiheiten anderer zu sichern und den gerechten Anforderungen der Moral, der öffentlichen Ordnung und des allgemeinen Wohles in einer demokratischen Gesellschaft zu genügen.

Diese Rechte und Freiheiten dürfen in keinem Fall im Widerspruch zu den Zielen und Grundsätzen der Vereinten Nationen ausgeübt werden.

Artikel 30

Keine Bestimmung dieser Erklärung darf dahin ausgelegt werden, dass sie für einen Staat, eine Gruppe oder eine Person irgendein Recht begründet, eine Tätigkeit auszuüben oder eine Handlung zu begehen, welche die Beseitigung der in dieser Erklärung verkündeten Rechte und Freiheiten zum Ziel hat.

Die Allgemeine Erklärung der Menschenrechte begründet kein Recht im Sinne der Rechtsprechung und ist kein Vertrag, an den sich die Mitgliedstaaten zu halten haben, sondern eine Deklaration, der sich die Staaten freiwillig unterwerfen können. Zahlreiche nationale Gesetze in den Mitgliedstaaten wurden aber aus der Deklaration abgeleitet, und sie gilt in den einzelnen Staaten als Referenz-Deklaration bei der Erarbeitung neuer Gesetze.

Dennoch wurde die Allgemeine Erklärung der Menschenrechte im Laufe der Jahre auch oft kritisiert. Kritikpunkte waren für Liberale und Konservative in den USA, dass das Recht des Bundes, Steuern zu erheben, dem Recht auf persönliches Eigentum entgegensteht und daher Besteuerung eigentlich unzulässig wäre. Artikel 25 spricht von freier medizinischer

Versorgung aller Menschen. Diesem Grundsatz wird von den Vertretern des industriellen Gesundheitssystems in den USA widersprochen, für die das Gesundheitswesen ein handelbares Gut ist. Ebenso wurde der Artikel 26, das Recht, dass Eltern die Art der Erziehung ihrer Kinder zu bestimmen haben, als Recht gegen eine allgemeine Schulpflicht in staatlichen Schulen und für die Gestattung anderer Erziehungsformen (u.a. Hausunterricht) herangezogen. In vielen Staaten kollidiert das Recht, *„das Töten zu verweigern"* (Zitat Sean McBride) mit der allgemeinen Wehrpflicht.

Auch die islamischen Staaten haben Kritik an der Erklärung unter der Meinung geäußert, dass diese nur den westlichen, jüdisch-christlichen Standpunkt von Menschenrechten wiedergibt und keine Rücksicht auf die Kultur und Religion des Islam nimmt. Dagegen schufen die islamischen Staaten die *„Kairo-Deklaration von Menschenrechten im Islam"*, ein alternatives Dokument der Freiheiten und Menschenrechte in Übereinstimmung mit der Scharia (islamisch-religiöses Gesetz), gefolgt von einer islamischen Deklaration der Menschenrechte, welche auf die Besonderheiten der islamischen Welt Rücksicht nimmt.

Der Hochkommissar für Menschenrechte, Navanethem Pillay, hat am 26. November 2008 in einer Rede die Bedeutung der Menschenrechte der Vereinten Nationen auf den Punkt gebracht: *„Sie sind Herausforderungen, welche das Herz der Arbeit der Vereinten Nationen bilden. Sie sind bewegliche Ziele, welche die höchste Wachsamkeit und Anpassung notwendig machen. In sich rasch ändernden Umständen ... repräsentieren die Standards der Menschenrechte der Vereinten Nationen das Fundament und das feste Element, auf die sich unsere Antwort auf die Gefahren der Welt stützen, und sie sind Gelegenheiten, auf die man bauen und die man anwenden kann".*

19. Das Deutsche Grundgesetz (1949)

„Meine Kollegen vom Parlamentarischen Rat! Heute, am 23. Mai 1949, beginnt ein neuer Abschnitt in der wechselvollen Geschichte unseres Volkes. Heute wird nach der Unterzeichnung und Verkündung des Grundgesetzes die Bundesrepublik in die Geschichte eintreten." Mit diesen feierlichen Worten würdigte Konrad Adenauer die historische Bedeutung der Entstehung des Grundgesetzes und damit der Bundesrepublik Deutschland vor dem Parlamentarischen Rat.

Die erste deutsche Verfassung wurde 1849 in der Frankfurter Paulskirche verabschiedet, konnte aber die Hoffnungen, welche die deutsche Öffentlichkeit in diesem Revolutionsjahr in sie gesetzt hatte, nicht erfüllen. Sie ging in der Reaktion der konservativen Kreise unter. Die Hoffnungen, die nationale Einheit als souveräne Entscheidung des deutschen Volkes auf parlamentarischem Wege zu erreichen, gingen nicht in Erfüllung. Der deutsche Nationalstaat sollte erst 1871 von Bismarck als Bund deutscher Fürsten gegründet werden. Das Deutsche Reich war in der Folge eine konstitutionelle Monarchie mit obrigkeitsstaatlichen Zügen, die durch die Niederlage im Ersten Weltkrieg ihr Ende fand.

Am 31. Juli 1919 wurde die Verfassung des Deutschen Reiches, die „Weimarer Verfassung", verabschiedet. Da das Reich aber nur schwache demokratische Traditionen hatte, stieß diese auf ernste Vorbehalte und litt an den Lasten des verlorenen Krieges, an Gebietsverlusten und Reparationszahlungen. Inflation und Arbeitslosigkeit der ersten Jahre der Weimarer Republik ermöglichten den Aufstieg der Nationalsozialisten, was zu einer Radikalisierung der Politik und zu einer Abkehr vieler Bürger von der Demokratie führte.

Die Weimarer Verfassung wurde 1933 von den Nazis in großen Teilen aufgehoben, die Folgen waren die Naziherrschaft und der Zweite Weltkrieg.

Der dritte Anlauf zur deutschen Demokratie begann unter schwierigen Bedingungen. Das Deutsche Grundgesetz entstand in einem geteilten Land, das unter der Herrschaft von Siegermächten stand. Am 8. Mai 1945 hatte die deutsche Wehrmacht kapituliert, der Krieg in Europa war beendet. Am 5. Juni 1945 übernahmen die Regierungen der vier Siegermächte die oberste Regierungsgewalt in Deutschland. Jede Regierung setzte in ihrer Besatzungszone einen Militärgouverneur ein, gemeinsam bildeten diese den Alliierten Kontrollrat in Berlin, eine Art Regierung, welche die wirtschaftliche Einheit Deutschlands bis zur staatlichen Neuorganisation aufrecht halten sollte. Ende 1945 und Anfang 1946 wurden in allen Zonen demokratische Parteien zugelassen, und es erfolgten Gemeinde-, Land- und Stadtkreiswahlen.

Am 1. Juli 1948 wurde den Ministerpräsidenten der elf Länder der Westzone im US-Hauptquartier in Frankfurt ein Dokument übergeben, das Empfehlungen für eine Staatsgründung enthielt. Die Ministerpräsidenten der Länder wurden beauftragt, bis zum 1. September 1948 eine verfassunggebende Versammlung einzuberufen: *„Die verfassunggebende Versammlung wird eine demokratische Verfassung ausarbeiten (...)"*.

Die elf Ministerpräsidenten kamen am 8. und 9. Juli 1948 in Koblenz zusammen. Am 10. Juli 1948 legten sie den drei Militärgouverneuren ihre Antwortnote zu den Frankfurter Dokumenten vor. Mit ihren Beschlüssen wollten die Ministerpräsidenten den Alliierten mitteilen, dass sie willens waren, die Frankfurter Dokumente zu erfüllen, gleichzeitig wollten sie aber keine Verantwortung für eine Teilung Deutschlands übernehmen. Sie wollten alles vermeiden, *„...was dem zu schaffenden Gebilde den Charakter eines Staates verleihen würde"*. Bei der Verfassung sollte es sich um ein „Grundgesetz" handeln, das solange ein Provisorium bleiben würde, bis „...

eine gesamtdeutsche Regelung und die Wiederherstellung der deutschen Souveränität" gesichert wäre.

Die Alliierten erklärten sich einverstanden, *„.... die Bezeichnung Verfassung zugunsten des Terminus Grundgesetz mit dem erläuternden Zusatz vorläufige Verfassung"* abzuändern. Anstelle einer verfassunggebenden Nationalversammlung wurde den deutschen Ministern gestattet, einen Parlamentarischen Rat einzuberufen.

Die sechs Ausschüsse des Parlamentarischen Rates für Grundsatzfragen, Organisation des Bundes sowie Verfassungsgerichtshof und Rechtspflege, Zuständigkeitsabgrenzung, Finanzfragen, Wahlrechtsfragen und für das Besatzungsstatut tagten unter Ausschluss der Öffentlichkeit, nur der Hauptausschuss unter der Leitung von Carlo Schmid hielt öffentliche Sitzungen ab. Die Ergebnisse der Ausschüsse wurden zu einem Grundgesetz zusammengeführt. Die Grundprinzipien der Weimarer Verfassung wie Republik, Demokratie, Rechtsstaat, Sozialstaat und Bundesstaat wurden nicht in Frage gestellt. Am 8. Mai 1949 wurde im Parlamentarischen Rat das Grundgesetz angenommen. Die Kommunistische Partei war als einzige Partei gegen den Entwurf des Grundgesetzes. Die Bayern lehnten den Entwurf ab, weil sie darin mangelnden Föderalismus sahen. Der Bayerische Landtag beschloss aber: *„...dass bei Annahme des Grundgesetzes in zwei Dritteln der deutschen Länder, in denen es zunächst gelten soll, die Rechtsverbindlichkeit dieses Grundgesetzes auch für Bayern anerkannt werde".*

Die Artikel 1-19 des deutschen Grundgesetzes enthalten die Grundrechte des Menschen und erklären sie für unmittelbar geltendes Recht.

Das Deutsche Grundgesetz 1949 (Auswahl)

Präambel

Im Bewusstsein seiner Verantwortung vor Gott und den Menschen, von dem Willen beseelt, als gleichberechtigtes Glied in einem vereinten Europa dem Frieden der Welt zu dienen, hat sich das Deutsche Volk kraft seiner verfassunggebenden Gewalt dieses Grundgesetz gegeben.

I. Die Grundrechte

Artikel 1

(1) Die Würde des Menschen ist unantastbar. Sie zu achten und zu schützen ist Verpflichtung aller staatlichen Gewalt.

(2) Das Deutsche Volk bekennt sich darum zu unverletzlichen und unveräußerlichen Menschenrechten als Grundlage jeder menschlichen Gemeinschaft, des Friedens und der Gerechtigkeit in der Welt.

(3) Die nachfolgenden Grundrechte binden Gesetzgebung, vollziehende Gewalt und Rechtsprechung als unmittelbar geltendes Recht.

Artikel 2

(1) Jeder hat das Recht auf die freie Entfaltung seiner Persönlichkeit, soweit er nicht die Rechte anderer verletzt und nicht gegen die verfassungsmäßige Ordnung oder das Sittengesetz verstößt.

(2) Jeder hat das Recht auf Leben und körperliche Unversehrtheit. Die Freiheit der Person ist unverletzlich. In diese Rechte darf nur auf Grund eines Gesetzes eingegriffen werden.

Artikel 3

(1) Alle Menschen sind vor dem Gesetz gleich.

(2) Männer und Frauen sind gleichberechtigt. Der Staat fördert die tatsächliche Durchsetzung der Gleichberechtigung von

Frauen und Männern und wirkt auf die Beseitigung bestehender Nachteile hin.

(3) Niemand darf wegen seines Geschlechtes, seiner Abstammung, seiner Rasse, seiner Sprache, seiner Heimat und Herkunft, seines Glaubens, seiner religiösen oder politischen Anschauungen benachteiligt oder bevorzugt werden. Niemand darf wegen seiner Behinderung benachteiligt werden.

Artikel 4

(1) Die Freiheit des Glaubens, des Gewissens und die Freiheit des religiösen und weltanschaulichen Bekenntnisses sind unverletzlich.

(2) Die ungestörte Religionsausübung wird gewährleistet.

(3) Niemand darf gegen sein Gewissen zum Kriegsdienst mit der Waffe gezwungen werden.

Artikel 5

(1) Jeder hat das Recht, seine Meinung in Wort, Schrift und Bild frei zu äußern und zu verbreiten und sich aus allgemein zugänglichen Quellen ungehindert zu unterrichten. Die Pressefreiheit und die Freiheit der Berichterstattung durch Rundfunk und Film werden gewährleistet. Eine Zensur findet nicht statt.

(2) Diese Rechte finden ihre Schranken in den Vorschriften der allgemeinen Gesetze, den gesetzlichen Bestimmungen zum Schutze der Jugend und in dem Recht der persönlichen Ehre.

3) Kunst und Wissenschaft, Forschung und Lehre sind frei. Die Freiheit der Lehre entbindet nicht von der Treue zur Verfassung.

Artikel 6

(1) Ehe und Familie stehen unter dem besonderen Schutze der staatlichen Ordnung.

(2) Pflege und Erziehung der Kinder sind das natürliche Recht der Eltern und die zuvörderst ihnen obliegende Pflicht. Über ihre Betätigung wacht die staatliche Gemeinschaft.

(3) Gegen den Willen der Erziehungsberechtigten dürfen Kinder nur auf Grund eines Gesetzes von der Familie getrennt werden, wenn die Erziehungsberechtigten versagen oder wenn die Kinder aus anderen Gründen zu verwahrlosen drohen.

(4) Jede Mutter hat Anspruch auf den Schutz und die Fürsorge der Gemeinschaft.

(5) Den unehelichen Kindern sind durch die Gesetzgebung die gleichen Bedingungen für ihre leibliche und seelische Entwicklung und ihre Stellung in der Gesellschaft zu schaffen wie den ehelichen Kindern.

Artikel 7

(1) Das gesamte Schulwesen steht unter der Aufsicht des Staates.

(2) Die Erziehungsberechtigten haben das Recht, über die Teilnahme des Kindes am Religionsunterricht zu bestimmen.

(3) Der Religionsunterricht ist in den öffentlichen Schulen mit Ausnahme der bekenntnisfreien Schulen ordentliches Lehrfach

....

(4) Das Recht zur Errichtung von privaten Schulen wird gewährleistet. Private Schulen als Ersatz für öffentliche Schulen bedürfen der Genehmigung des Staates und unterstehen den Landesgesetzen.

Artikel 8

(1) Alle Deutschen haben das Recht, sich ohne Anmeldung oder Erlaubnis friedlich und ohne Waffen zu versammeln.

(2) Für Versammlungen unter freiem Himmel kann dieses Recht durch Gesetz oder auf Grund eines Gesetzes beschränkt werden.

Artikel 9

(1) Alle Deutschen haben das Recht, Vereine und Gesellschaften zu bilden.

(2) Vereinigungen, deren Zwecke oder deren Tätigkeit den Strafgesetzen zuwiderlaufen oder die sich gegen die verfassungsmäßige Ordnung oder gegen den Gedanken der Völkerverständigung richten, sind verboten.

(3) Das Recht, zur Wahrung und Förderung der Arbeits- und Wirtschaftsbedingungen Vereinigungen zu bilden, ist für jedermann und für alle Berufe gewährleistet. Abreden, die dieses Recht einschränken oder zu behindern suchen, sind nichtig, hierauf gerichtete Maßnahmen sind rechtswidrig.

Artikel 10

(1) Das Briefgeheimnis sowie das Post- und Fernmeldegeheimnis sind unverletzlich.

(2) Beschränkungen dürfen nur auf Grund eines Gesetzes angeordnet werden. Dient die Beschränkung dem Schutze der freiheitlichen demokratischen Grundordnung oder des Bestandes oder der Sicherung des Bundes oder eines Landes, so kann das Gesetz bestimmen, dass sie dem Betroffenen nicht mitgeteilt wird und dass an die Stelle des Rechtsweges die Nachprüfung durch von der Volksvertretung bestellte Organe und Hilfsorgane tritt.

Artikel 11

(1) Alle Deutschen genießen Freizügigkeit im ganzen Bundesgebiet.

(2) Dieses Recht darf nur durch Gesetz oder auf Grund eines Gesetzes und nur für die Fälle eingeschränkt werden, in denen eine ausreichende Lebensgrundlage nicht vorhanden ist und der Allgemeinheit daraus besondere Lasten entstehen würden oder in denen es zur Abwehr einer drohenden Gefahr für den Bestand oder die freiheitliche demokratische Grundordnung des Bundes oder eines Landes, zur Bekämpfung von

Seuchengefahr, Naturkatastrophen oder besonders schweren Unglücksfällen, zum Schutze der Jugend vor Verwahrlosung oder um strafbaren Handlungen vorzubeugen, erforderlich ist.

Artikel 12

(1) Alle Deutschen haben das Recht, Beruf, Arbeitsplatz und Ausbildungsstätte frei zu wählen. Die Berufsausübung kann durch Gesetz oder auf Grund eines Gesetzes geregelt werden.

(2) Niemand darf zu einer bestimmten Arbeit gezwungen werden, außer im Rahmen einer herkömmlichen allgemeinen, für alle gleichen öffentlichen Dienstleistungspflicht.

(3) Zwangsarbeit ist nur bei einer gerichtlich angeordneten Freiheitsentziehung zulässig.

Artikel 13

(1) Die Wohnung ist unverletzlich.

(2) Durchsuchungen dürfen nur durch den Richter, bei Gefahr im Verzuge auch durch die in den Gesetzen vorgesehenen anderen Organe angeordnet und nur in der dort vorgeschriebenen Form durchgeführt werden.

(4) Zur Abwehr dringender Gefahren für die öffentliche Sicherheit, insbesondere einer gemeinen Gefahr oder einer Lebensgefahr, dürfen technische Mittel zur Überwachung von Wohnungen nur auf Grund richterlicher Anordnung eingesetzt werden. Bei Gefahr im Verzuge kann die Maßnahme auch durch eine andere gesetzlich bestimmte Stelle angeordnet werden; eine richterliche Entscheidung ist unverzüglich nachzuholen ...

Artikel 14

(1) Das Eigentum und das Erbrecht werden gewährleistet. Inhalt und Schranken werden durch die Gesetze bestimmt.

(2) Eigentum verpflichtet. Sein Gebrauch soll zugleich dem Wohle der Allgemeinheit dienen.

(3) Eine Enteignung ist nur zum Wohle der Allgemeinheit zulässig. Sie darf nur durch Gesetz oder auf Grund eines Gesetzes erfolgen, das Art und Ausmaß der Entschädigung regelt. Die

Entschädigung ist unter gerechter Abwägung der Interessen der Allgemeinheit und der Beteiligten zu bestimmen.

Artikel 15

Grund und Boden, Naturschätze und Produktionsmittel können zum Zwecke der Vergesellschaftung durch ein Gesetz, das Art und Ausmaß der Entschädigung regelt, in Gemeineigentum oder in andere Formen der Gemeinwirtschaft überführt werden.

Artikel 16

(1) Die deutsche Staatsangehörigkeit darf nicht entzogen werden. Der Verlust der Staatsangehörigkeit darf nur auf Grund eines Gesetzes und gegen den Willen des Betroffenen nur dann eintreten, wenn der Betroffene dadurch nicht staatenlos wird.
(2) Kein Deutscher darf an das Ausland ausgeliefert werden. Durch Gesetz kann eine abweichende Regelung für Auslieferungen an einen Mitgliedstaat der Europäischen Union oder an einen internationalen Gerichtshof getroffen werden, soweit rechtsstaatliche Grundsätze gewahrt sind.

Artikel 16a

(1) Politisch Verfolgte genießen Asylrecht.

Artikel 17

Jedermann hat das Recht, sich einzeln oder in Gemeinschaft mit anderen schriftlich mit Bitten oder Beschwerden an die zuständigen Stellen und an die Volksvertretung zu wenden.

Artikel 19

(1) Soweit nach diesem Grundgesetz ein Grundrecht durch Gesetz oder auf Grund eines Gesetzes eingeschränkt werden kann, muss das Gesetz allgemein und nicht nur für den Einzelfall gelten. Außerdem muss das Gesetz das Grundrecht unter Angabe des Artikels nennen.
(2) In keinem Falle darf ein Grundrecht in seinem Wesensgehalt angetastet werden.

(3) Die Grundrechte gelten auch für inländische juristische Personen, soweit sie ihrem Wesen nach auf diese anwendbar sind. (4) Wird jemand durch die öffentliche Gewalt in seinen Rechten verletzt, so steht ihm der Rechtsweg offen.

Die weiteren Artikel des Deutschen Grundgesetzes regeln die Aufgaben und Rechte von Bund und Ländern (Art. 20 – 37), den Bundestag (Art. 38 – 48), den Bundesrat (Art. 50 – 53), den Bundespräsidenten (Art. 54 – 61), die Bundesregierung (Art. 62 – 69), die Gesetzgebung des Bundes (Art. 70 – 82), die Ausführung der Bundesgesetze und die Bundesverwaltung (Art. 83 -91), die Gemeinschaftsaufgaben von Bund und Ländern (Art. 91 a und 91 b), die Rechtsprechung (Art. 92 -104), die Finanzen (Art. 104 a – 115), den Verteidigungsfall (Art. 115 a – 115 l) und Übergangs- und Schlussbestimmungen (Art. 116 – 146).

Am 23. Mai 1949 wurde das Grundgesetz in Bonn verkündet und unterzeichnet und trat am folgenden Tag in Kraft. Der Begriff „Verfassung" wurde dabei bewusst vermieden. Das Grundgesetz stellte weder eine Verfassung für das gesamte deutsche Volk dar noch bestand im Geltungsbereich des Grundgesetzes volle Souveränität.

Der Charakter der Zwischenlösung kam in der Präambel *(„für eine Übergangszeit")* und im Schlussartikel 146 zum Ausdruck: *„Dieses Grundgesetz verliert seine Gültigkeit an dem Tage, an dem eine Verfassung in Kraft tritt, die vom deutschen Volke in freier Entscheidung beschlossen worden ist."*

Eine Ratifizierung des Grundgesetzes durch die deutsche Bevölkerung, wie von den Alliierten gewünscht, fand nicht statt. Die Ministerpräsidenten der westdeutschen Länder wollten die Existenz eines westdeutschen Staatsvolkes verneinen. Trotz dieses ursprünglich vorläufigen Charakters hat sich das Grundgesetz im Laufe der Geschichte der Bundesrepublik als Verfassung gefestigt und bewährt.

Bis 2002 ist das Grundgesetz 51-mal geändert worden, mehr als 140 Artikel wurden abgeändert, neu eingefügt oder aufgehoben. Nach der Wiederherstellung der deutschen Einheit wurde das Grundgesetz geändert, um der neuen Situation Rechnung zu tragen. In der Präambel heißt es nun, das Grundgesetz gelte für das gesamte deutsche Volk. Das Grundgesetz erfüllt nicht nur alle Funktionen einer Verfassung, sondern wird auch den Legitimitätsanforderungen an eine Verfassung gerecht, die Beibehaltung der ursprünglichen Bezeichnung „Grundgesetz" ist historisch bedingt.

20. Die Europäische Deklaration der Menschenrechte (1950)

Die Europäische Deklaration der Menschenrechte, auch als „Konvention für den Schutz der Menschenrechte und grundsätzlichen Freiheiten" bezeichnet, wurde 1950 vom Europarat verabschiedet. Ihre Satzungen wurden stark von der Allgemeinen Deklaration der Menschenrechte der UN von 1948 beeinflusst. Das Ziel der Europäischen Deklaration der Menschenrechte ist es, allen Menschen in Europa ein Instrument zur Erlangung jener Rechte zu geben, von denen der Europarat überzeugt ist, dass sie jede Person haben sollte.

Nach dem Ende des Zweiten Weltkrieges erkannten die europäischen Staaten, dass der nationale Grund- und Menschenrechtsschutz in Europa unzureichend sei. Es war notwendig, internationale Grundlinien festzuschreiben, um die Menschenrechte in Zukunft zu sichern und durchzusetzen. Am 10. Dezember 1948 wurde die *„Allgemeine Erklärung der Menschenrechte"* der Vereinten Nationen veröffentlicht, die für die europäischen Staaten jedoch keine Verbindlichkeit hatte. Beinahe zeitgleich wurde als erster Schritt auf dem Weg zu einem verbindlichen Normenkatalog für Europa auf dem *„Congress of Europe"* in Den Haag, auf Vorschlag Winston Churchills von 1946, eine Resolution zur Gründung des Europarates und zur Ausarbeitung der *„Europäischen Deklaration der Menschenrechte"* erarbeitet. Ziel war eine *„kollektive Garantie von Menschenrechten"*, das Ergebnis ein gemeinsamer Mindeststandard an Grundrechten.

Die Beratungen begannen im August 1949 im Ausschuss für Rechts- und Verwaltungsfragen der beratenden Versammlung des Europarats. Im September 1949 wurde die Einrichtung einer Europäischen Menschenrechtskommission und eines Menschenrechtsgerichtshofs vorgeschlagen. Am 4. November 1950 wurde die Europäische Deklaration der Menschenrechte in Rom unterzeichnet. In Kraft trat sie am 3. September 1953 nach der notwendigen Ratifikation durch mindestens zehn Staaten.

Änderungen des ursprünglichen Konventionstextes sind grundsätzlich nicht möglich. Wenn Rechtsnormen ergänzt oder neu hinzugefügt werden sollen, kann dies nur über Zusatzprotokolle geschehen, welche von den Staaten einzeln ratifiziert werden müssen.

Die Europäische Menschenrechtsdeklaration etablierte das System eines internationales Schutzes der Menschenrechte, indem sie Einzelpersonen die Möglichkeit einräumte, sich zur Durchsetzung ihrer Rechte, auch gegen den eigenen Staat, an einen unabhängigen Gerichtshof zu wenden. Die Deklaration, die von allen Mitgliedern des Europarates unterzeichnet wurde, schuf eine Anzahl von Kontrollinstanzen, die in Straßburg eingerichtet wurden. Dazu gehörten eine Kommission, welche die Eingaben an den Menschenrechtsgerichtshof bereits im Vorfeld prüfte, der Europäische Menschenrechtsgerichtshof, an den die Fälle von der Kommission oder durch einen Mitgliedsstaat herangetragen wurden, und ein Ministerkomitee des Europarates, das als Garant für die Menschenrechtsdeklaration eingesetzt wurde. Dieses sollte Streitigkeiten von politischen Fällen regeln, die nicht vor den Menschenrechtsgerichtshof gebracht wurden.

Die die Anzahl von Beschwerden an den Menschenrechtsgerichtshof laufend zunahm, wurden diese drei Instanzen mit dem 11. Zusatzprotokoll vom 1. November 1998 durch einen einzigen Europäischen Menschenrechtsgerichtshof ersetzt, was die Verfahrensdauer verkürzte und den juristischen Charakter des Systems stärkte.

Dieses Gericht erhielt die Kompetenz, auch Staaten und Regierungen wegen Verletzung der Menschenrechte, wie sie in der Deklaration stehen, zu verurteilen. So konnte dem

Prinzip der allgemeinen Verbindlichkeit von Menschenrechten Nachdruck verliehen werden. Erstmals gab es einen Richter, der über den Nationalstaaten stand und dem sich souveräne Staaten in Fragen der Menschenrechte unterzuordnen hatten.

Von zentraler Bedeutung ist die Möglichkeit, dass sich auch einzelne Personen in Form einer „Individualbeschwerde" gegen den eigenen Staat an den Europäischen Gerichtshof wenden können. Diese Möglichkeit stellte eine revolutionäre Neuerung im Bereich des Menschenrechtsschutzes dar.

Außerdem stellt die Deklaration klar, dass alle ihre Rechte nicht nur Staatsbürgern eines Staates vorbehalten werden dürfen, sondern dass der Staat die Menschenrechte allen Menschen in seinem Hoheitsbereich angedeihen lassen muss.

Der Schutz von Minderheiten ist in der Menschenrechtsdeklaration und in ihren Zusatzprotokollen nur indirekt angesprochen. Artikel 14 regelt ausdrücklich, dass die in der Konvention festgelegten Rechte *„ohne Benachteiligung wegen der Zugehörigkeit zu einer nationalen Minderheit"* gewährleistet sein müssen.

Europäische Menschenrechtsdeklaration 1950

Die Unterzeichnerregierungen, Mitglieder des Europarats –
in Anbetracht der Allgemeinen Erklärung der Menschenrechte,
die am 10. Dezember 1948 von der Generalversammlung der
Vereinten Nationen verkündet worden ist;

in der Erwägung, dass diese Erklärung bezweckt, die universelle und wirksame Anerkennung und Einhaltung der in ihr aufgeführten Rechte zu gewährleisten;

in der Erwägung, dass es das Ziel des Europarats ist, eine engere Verbindung zwischen seinen Mitgliedern herzustellen, und dass eines der Mittel zur Erreichung dieses Zieles die Wahrung und Fortentwicklung der Menschenrechte und Grundfreiheiten ist;

in Bekräftigung ihres tiefen Glaubens an diese Grund-
freiheiten, welche die Grundlage von Gerechtigkeit und Frieden
in der Welt bilden und die am besten durch eine wahrhaft
demokratische politische Ordnung sowie durch ein gemein-
sames Verständnis und eine gemeinsame Achtung der diesen
Grundfreiheiten zugrunde liegenden Menschenrechte gesichert
werden;
　entschlossen, als Regierungen europäischer Staaten, die vom
gleichen Geist beseelt sind und ein gemeinsames Erbe an po-
litischen Überlieferungen, Idealen, Achtung der Freiheit und
Rechtsstaatlichkeit besitzen, die ersten Schritte auf dem Weg
zu einer kollektiven Garantie bestimmter in der Allgemeinen
Erklärung aufgeführter Rechte zu unternehmen –
　haben folgendes vereinbart:

Artikel 1 – Verpflichtung zur
Achtung der Menschenrechte

Die Hohen Vertragsparteien sichern allen ihrer Hoheitsgewalt
unterstehenden Personen die in Abschnitt I bestimmten Rechte
und Freiheiten zu.

Abschnitt I – Rechte und Freiheiten
Artikel 2 – Recht auf Leben

Das Recht jedes Menschen auf Leben wird gesetzlich ge-
schützt. Niemand darf absichtlich getötet werden, außer durch
Vollstreckung eines Todesurteils, das ein Gericht wegen eines
Verbrechens verhängt hat, für das die Todesstrafe gesetzlich
vorgesehen ist.
　Eine Tötung wird nicht als Verletzung dieses Artikels betrach-
tet, wenn sie durch eine Gewaltanwendung verursacht wird, die
unbedingt erforderlich ist, um
　jemanden gegen rechtswidrige Gewalt zu verteidigen;
　jemanden rechtmäßig festzunehmen oder jemanden, dem
die Freiheit rechtmäßig entzogen ist, an der Flucht zu hindern;
　einen Aufruhr oder Aufstand rechtmäßig niederzuschlagen.

Artikel 3 – Verbot der Folter

Niemand darf der Folter oder unmenschlicher oder erniedrigender Strafe oder Behandlung unterworfen werden.

Artikel 4 – Verbot der Sklaverei
und der Zwangsarbeit

Niemand darf in Sklaverei oder Leibeigenschaft gehalten werden.

Niemand darf gezwungen werden, Zwangs- oder Pflichtarbeit zu verrichten.

Nicht als Zwangs- oder Pflichtarbeit im Sinne dieses Artikels gilt

eine Arbeit, die üblicherweise von einer Person verlangt wird, der unter den Voraussetzungen des Artikels 5 die Freiheit entzogen oder die bedingt entlassen worden ist;

eine Dienstleistung militärischer Art oder eine Dienstleistung, die an die Stelle des im Rahmen der Wehrpflicht zu leistenden Dienstes tritt, in Ländern, wo die Dienstverweigerung aus Gewissensgründen anerkannt ist;

eine Dienstleistung, die verlangt wird, wenn Notstände oder Katastrophen das Leben oder das Wohl der Gemeinschaft bedrohen;

eine Arbeit oder Dienstleistung, die zu den üblichen Bürgerpflichten gehört.

Artikel 5 – Recht auf Freiheit und Sicherheit

Jede Person hat das Recht auf Freiheit und Sicherheit. Die Freiheit darf nur in den folgenden Fällen und nur auf die gesetzlich vorgeschriebene Weise entzogen werden:

rechtmäßiger Freiheitsentzug nach Verurteilung durch ein zuständiges Gericht;

rechtmäßige Festnahme oder rechtmäßiger Freiheitsentzug wegen Nichtbefolgung einer rechtmäßigen gerichtlichen Anordnung oder zur Erzwingung der Erfüllung einer gesetzlichen Verpflichtung;

rechtmäßige Festnahme oder rechtmäßiger Freiheitsentzug zur Vorführung vor die zuständige Gerichtsbehörde, wenn hinreichender Verdacht besteht, dass die betreffende Person eine Straftat begangen hat, oder wenn begründeter Anlass zu der Annahme besteht, dass es notwendig ist, sie an der Begehung einer Straftat oder an der Flucht nach Begehung einer solchen zu hindern;

rechtmäßiger Freiheitsentzug bei Minderjährigen zum Zweck überwachter Erziehung oder zur Vorführung vor die zuständige Behörde;

rechtmäßiger Freiheitsentzug mit dem Ziel, eine Verbreitung ansteckender Krankheiten zu verhindern, sowie bei psychisch Kranken, Alkohol- oder Rauschgiftsüchtigen und Landstreichern;

rechtmäßige Festnahme oder rechtmäßiger Freiheitsentzug zur Verhinderung der unerlaubten Einreise sowie bei Personen, gegen die ein Ausweisungs- oder Auslieferungsverfahren im Gange ist.

Jeder festgenommenen Person muss unverzüglich in einer ihr verständlichen Sprache mitgeteilt werden, welches die Gründe für ihre Festnahme sind und welche Beschuldigungen gegen sie erhoben werden.

Jede Person, die nach Absatz 1 Buchstabe c von Festnahme oder Freiheitsentzug betroffen ist, muss unverzüglich einem Richter oder einer anderen gesetzlich zur Wahrnehmung richterlicher Aufgaben ermächtigten Person vorgeführt werden; sie hat Anspruch auf ein Urteil innerhalb angemessener Frist oder auf Entlassung während des Verfahrens. Die Entlassung kann von der Leistung einer Sicherheit für das Erscheinen vor Gericht abhängig gemacht werden.

Jede Person, die festgenommen oder der die Freiheit entzogen ist, hat das Recht zu beantragen, dass ein Gericht innerhalb kurzer Frist über die Rechtmäßigkeit des Freiheitsentzugs entscheidet und ihre Entlassung anordnet, wenn der Freiheitsentzug nicht rechtmäßig ist.

Jede Person, die unter Verletzung dieses Artikels von Festnahme oder Freiheitsentzug betroffen ist, hat Anspruch auf Schadensersatz.

Artikel 6 – Recht auf ein faires Verfahren

Jede Person hat ein Recht darauf, dass über Streitigkeiten in Bezug auf ihre zivilrechtlichen Ansprüche und Verpflichtungen oder über eine gegen sie erhobene strafrechtliche Anklage von einem unabhängigen und unparteiischen, auf Gesetz beruhenden Gericht in einem fairen Verfahren, öffentlich und innerhalb angemessener Frist verhandelt wird. Das Urteil muss öffentlich verkündet werden; Presse und Öffentlichkeit können jedoch während des ganzen oder eines Teiles des Verfahrens ausgeschlossen werden, wenn dies im Interesse der Moral, der öffentlichen Ordnung oder der nationalen Sicherheit in einer demokratischen Gesellschaft liegt, wenn die Interessen von Jugendlichen oder der Schutz des Privatlebens der Prozessparteien es verlangen oder -soweit das Gericht es für unbedingt erforderlich hält – wenn unter besonderen Umständen eine öffentliche Verhandlung die Interessen der Rechtspflege beeinträchtigen würde.

Jede Person, die einer Straftat angeklagt ist, gilt bis zum gesetzlichen Beweis ihrer Schuld als unschuldig.

Jede angeklagte Person hat mindestens folgende Rechte:

innerhalb möglichst kurzer Frist in einer ihr verständlichen Sprache in allen Einzelheiten über Art und Grund der gegen sie erhobenen Beschuldigung unterrichtet zu werden;

ausreichende Zeit und Gelegenheit zur Vorbereitung ihrer Verteidigung zu haben;

sich selbst zu verteidigen, sich durch einen Verteidiger ihrer Wahl verteidigen zu lassen oder, falls ihr die Mittel zur Bezahlung fehlen, unentgeltlich den Beistand eines Verteidigers zu erhalten, wenn dies im Interesse der Rechtspflege erforderlich ist;

Fragen an Belastungszeugen zu stellen oder stellen zu lassen und die Ladung und Vernehmung von Entlastungszeugen unter denselben Bedingungen zu erwirken, wie sie für Belastungszeugen gelten;

unentgeltliche Unterstützung durch einen Dolmetscher zu erhalten, wenn sie die Verhandlungssprache des Gerichts nicht versteht oder spricht.

Artikel 7 – Keine Strafe ohne Gesetz

Niemand darf wegen einer Handlung oder Unterlassung verurteilt werden, die zur Zeit ihrer Begehung nach innerstaatlichem oder internationalem Recht nicht strafbar war. Es darf auch keine schwerere als die zur Zeit der Begehung angedrohte Strafe verhängt werden.

Dieser Artikel schließt nicht aus, dass jemand wegen einer Handlung oder Unterlassung verurteilt oder bestraft wird, die zur Zeit ihrer Begehung nach den von den zivilisierten Völkern anerkannten allgemeinen Rechtsgrundsätzen strafbar war.

Artikel 8 – Recht auf Achtung des Privat- und Familienlebens

Jede Person hat das Recht auf Achtung ihres Privat- und Familienlebens, ihrer Wohnung und ihrer Korrespondenz.

Eine Behörde darf in die Ausübung dieses Rechts nur eingreifen, soweit der Eingriff gesetzlich vorgesehen und in einer demokratischen Gesellschaft notwendig ist für die nationale oder öffentliche Sicherheit, für das wirtschaftliche Wohl des Landes, zur Aufrechterhaltung der Ordnung, zur Verhütung von Straftaten, zum Schutz der Gesundheit oder der Moral oder zum Schutz der Rechte und Freiheiten anderer.

Artikel 9 – Gedanken-, Gewissens- und Religionsfreiheit

Jede Person hat das Recht auf Gedanken-, Gewissens- und Religionsfreiheit; dieses Recht umfasst die Freiheit, seine Religion oder Weltanschauung zu wechseln, und die Freiheit, seine Religion oder Weltanschauung einzeln oder gemeinsam mit anderen öffentlich oder privat durch Gottesdienst, Unterricht oder Praktizieren von Bräuchen und Riten zu bekennen.

Die Freiheit, seine Religion oder Weltanschauung zu bekennen, darf nur Einschränkungen unterworfen werden, die gesetzlich vorgesehen und in einer demokratischen Gesellschaft notwendig sind für die öffentliche Sicherheit, zum Schutz der öffentlichen Ordnung, Gesundheit oder Moral oder zum Schutz der Rechte und Freiheiten anderer.

Artikel 10 – Freiheit der Meinungsäußerung

Jede Person hat das Recht auf freie Meinungsäußerung. Dieses Recht schließt die Meinungsfreiheit und die Freiheit ein, Informationen und Ideen ohne behördliche Eingriffe und ohne Rücksicht auf Staatsgrenzen zu empfangen und weiterzugeben. Dieser Artikel hindert die Staaten nicht, für Radio-, Fernseh- oder Kinounternehmen eine Genehmigung vorzuschreiben.

Die Ausübung dieser Freiheiten ist mit Pflichten und Verantwortung verbunden; sie kann daher Formvorschriften, Bedingungen, Einschränkungen oder Strafandrohungen unterworfen werden, die gesetzlich vorgesehen und in einer demokratischen Gesellschaft notwendig sind für die nationale Sicherheit, die territoriale Unversehrtheit oder die öffentliche Sicherheit, zur Aufrechterhaltung der Ordnung oder zur Verhütung von Straftaten, zum Schutz der Gesundheit oder der Moral, zum Schutz des guten Rufes oder der Rechte anderer, zur Verhinderung der Verbreitung vertraulicher Informationen oder zur Wahrung der Autorität und der Unparteilichkeit der Rechtsprechung.

*Artikel 11 – Versammlungs- und
Vereinigungsfreiheit*

Jede Person hat das Recht, sich frei und friedlich mit anderen zu versammeln und sich frei mit anderen zusammenzuschließen; dazu gehört auch das Recht, zum Schutz seiner Interessen Gewerkschaften zu gründen und Gewerkschaften beizutreten.

Die Ausübung dieser Rechte darf nur Einschränkungen unterworfen werden, die gesetzlich vorgesehen und in einer demokratischen Gesellschaft notwendig sind für die nationale oder öffentliche Sicherheit, zur Aufrechterhaltung der Ordnung oder zur Verhütung von Straftaten, zum Schutz der Gesundheit oder der Moral oder zum Schutz der Rechte und Freiheiten anderer. Dieser Artikel steht rechtmäßigen Einschränkungen der Ausübung dieser Rechte für Angehörige der Streitkräfte, der Polizei oder der Staatsverwaltung nicht entgegen.

Artikel 12 – Recht auf Eheschließung

Männer und Frauen im heiratsfähigen Alter haben das Recht, nach den innerstaatlichen Gesetzen, welche die Ausübung dieses Rechts regeln, eine Ehe einzugehen und eine Familie zu gründen.

Artikel 13 – Recht auf wirksame Beschwerde

Jede Person, die in ihren in dieser Konvention anerkannten Rechten oder Freiheiten verletzt worden ist, hat das Recht, bei einer innerstaatlichen Instanz eine wirksame Beschwerde zu erheben, auch wenn die Verletzung von Personen begangen worden ist, die in amtlicher Eigenschaft gehandelt haben.

Artikel 14 – Diskriminierungsverbot

Der Genuss der in dieser Konvention anerkannten Rechte und Freiheiten ist ohne Diskriminierung insbesondere wegen des Geschlechts, der Rasse, der Hautfarbe, der Sprache, der Religion, der politischen oder sonstigen Anschauung, der nationalen oder sozialen Herkunft, der Zugehörigkeit zu einer nationalen Minderheit, des Vermögens, der Geburt oder eines sonstigen Status zu gewährleisten.

Artikel 15 – Abweichen im Notstandsfall

Wird das Leben der Nation durch Krieg oder einen anderen öffentlichen Notstand bedroht, so kann jede Hohe Vertragspartei Maßnahmen treffen, die von den in dieser Konvention vorgesehenen Verpflichtungen abweichen, jedoch nur, soweit es die Lage unbedingt erfordert und wenn die Maßnahmen nicht im Widerspruch zu den sonstigen völkerrechtlichen Verpflichtungen der Vertragspartei stehen.

Aufgrund des Absatzes 1 darf von Artikel 2 nur bei Todesfällen infolge rechtmäßiger Kriegshandlungen und von Artikel 3, Artikel 4 (Absatz 1) und Artikel 7 in keinem Fall abgewichen werden.

Jede Hohe Vertragspartei, die dieses Recht auf Abweichung ausübt, unterrichtet den Generalsekretär des Europarats umfassend über die getroffenen Maßnahmen und deren Gründe. Sie unterrichtet den Generalsekretär des Europarats auch über den Zeitpunkt, zu dem diese Maßnahmen außer Kraft getreten sind und die Konvention wieder volle Anwendung findet.

Artikel 16 – Beschränkungen der politischen Tätigkeit ausländischer Personen

Die Artikel 10, 11 und 14 sind nicht so auszulegen, als untersagten sie den Hohen Vertragsparteien, die politische Tätigkeit ausländischer Personen zu beschränken.

Artikel 17 – Verbot des Missbrauchs der Rechte

Diese Konvention ist nicht so auszulegen, als begründe sie für einen Staat, eine Gruppe oder eine Person das Recht, eine Tätigkeit auszuüben oder eine Handlung vorzunehmen, die darauf abzielt, die in der Konvention festgelegten Rechte und Freiheiten abzuschaffen oder sie stärker einzuschränken, als es in der Konvention vorgesehen ist.

*Artikel 18 – Begrenzung der
Rechtseinschränkungen*

*Die nach dieser Konvention zulässigen Einschränkungen der
genannten Rechte und Freiheiten dürfen nur zu den vorgesehenen Zwecken erfolgen.*

Die Europäische Menschenrechtsdeklaration ist bis heute
durch 14 Zusatzprotokolle verändert und ergänzt worden.
Das erste Zusatzprotokoll von 1952 bezieht soziale Grundrechte und -freiheiten, darunter das Recht auf Achtung des
Eigentums ein. Des Weiteren wurde das Recht auf Bildung
unter Berücksichtigung des elterlichen Rechts geregelt, Erziehung und Unterricht nach den eigenen religiösen und
weltanschaulichen Überzeugungen sicherzustellen. Ebenso
wurden die Staaten dazu angehalten, regelmäßig geheime
Wahlen abzuhalten.

Das sechste Protokoll von 1983 verbietet die Todesstrafe,
das siebte Protokoll gewährleistet die Gleichberechtigung
der Ehegatten. Auf Grundlage des neunten Protokolls können sich individuelle Beschwerdeführer seit 1990 direkt
ohne Zwischenschaltung der Kontrollkommission an den
Europäischen Menschenrechtsgerichtshof wenden. Das in
Rom im November 2000 zur Unterzeichnung aufgelegte
zwölfte Zusatzprotokoll enthält ein allgemeines Diskriminierungsverbot, das auf allen Gebieten des öffentlichen und
privaten Lebens Anwendung finden soll, wie auch immer die
Diskriminierung begründet wird. Das elfte Zusatzprotokoll
von 1994 erneuerte insofern den Rechtsschutz innerhalb
der Europäischen Menschenrechtskonvention völlig, als die
Funktionen der Europäischen Kommission für Menschenrechte und des Ministerkomitees an den nunmehr ständig
tagenden Europäischen Gerichtshof für Menschenrechte
übertragen wurden. Dieses Zusatzprotokoll wurde von allen
Mitgliedsstaaten unterzeichnet und ratifiziert. Die Richter
üben seither ihre Funktion hauptberuflich und ganzjährig

aus. Die Gerichtsbarkeit des Europäischen Gerichtshofs für Menschenrechte ist für alle Konventionsstaaten obligatorisch.

21. Die Genfer Flüchtlingskonvention 1951

Die Genfer Flüchtlingskonvention, das „Abkommen über die Rechtsstellung der Flüchtlinge", bezieht sich auf Artikel 14 der Allgemeinen Erklärung der Menschenrechte aus dem Jahre 1948. Jeder Mensch hat danach das Recht, um Asyl in einem anderen Land anzusuchen. 1951 wurde die Genfer Flüchtlingskonvention verabschiedet, die sich besonders mit der Definition, dem Verfahren und der Rechtsstellung des Flüchtlings auseinandersetzt. „Flüchtling ist, wer sich aus der begründeten Furcht vor Verfolgung wegen seiner Rasse, Religion, Nationalität, Zugehörigkeit zu einer bestimmten sozialen Gruppe oder wegen seiner politischen Überzeugung außerhalb des Landes befindet, dessen Staatsangehörigkeit er besitzt, und den Schutz dieses Landes nicht in Anspruch nehmen kann".

Die Konvention legt klar fest, wer Flüchtling ist, ebenso den rechtlichen Schutz, die Hilfe und die sozialen Rechte, die Flüchtlinge von den Unterzeichnerstaaten erhalten sollten. Sie definiert aber auch die Pflichten, die ein Flüchtling dem Gastland gegenüber erfüllen muss, und schließt bestimmte Gruppen (etwa Kriegsverbrecher) vom Flüchtlingsstatus aus.

Vor dem Inkrafttreten der Genfer Flüchtlingskonvention existierte keine verbindliche Regelung zum Umgang mit Flüchtlingen. Es war nur in zwischenstaatlichen Verträgen oder in einseitigen Absichtserklärungen einzelner Staaten festgelegt, wie viele Flüchtlinge ein Staat jeweils in einem Einzelfall aufnehmen wollte. Die damit verbundenen humanitären Notlagen wurden seit dem Ersten Weltkrieg als Problem erkannt.

Unter dem Völkerbund entstand ein erstes Regelwerk von internationalem Recht zum Schutz von Flüchtlingen.

1922 wurde vom Hochkommissar des Völkerbundes für Flüchtlingsfragen, Fridtjof Nansen, der hierfür mit dem Friedensnobelpreis ausgezeichnet wurde, der *„Nansen-Pass"* für staatenlose Flüchtlinge und Emigranten eingeführt. Er wurde von der Behörde des Staates ausgestellt, in dem sich der Flüchtling aufhielt, und war ein Jahr gültig. Der Pass gestattete die Rückkehr in das Land, das den Pass ausgestellt hatte. Die Wirksamkeit des Nansen-Passes wurde von 52 Staaten anerkannt. Das Prinzip eines Passes für Staatenlose und Flüchtlinge wurde 1946 durch das *„London Travel Document"* und das Reisedokument der Genfer Flüchtlingskonvention weitergeführt.

Die Genfer Flüchtlingskonvention, im Originaltext als *„Abkommen über die Rechtsstellung der Flüchtlinge"* bezeichnet, wurde am 28. Juli 1951 auf einer UN-Sonderkonferenz in Genf verabschiedet und trat am 22. April 1954 in Kraft. Ergänzt wurde sie am 31. Januar 1967 durch das *„Protokoll über die Rechtsstellung der Flüchtlinge"*, das am 4. Oktober 1967 in Kraft trat. Die Genfer Flüchtlingskonvention ist die Rechtsgrundlage für das Amt des Hohen Flüchtlingskommissars der Vereinten Nationen (UNHCR). Dieses schützt und unterstützt derzeit etwa 20 Millionen Menschen. Die Konvention ist die internationale Grundlage des Flüchtlingsschutzes.

Das Ziel der Konvention von 1951 bestand darin, einen möglichst einheitlichen Rechtsstatus für Menschen, die keinen diplomatischen Schutz ihres Heimatlandes mehr genießen, zu schaffen. Allerdings enthielt die Genfer Flüchtlingskonvention von 1951 eine zeitliche Einschränkung. Sie bezog sich nämlich nur auf Personen, die *„infolge von Ereignissen, die vor dem 1. Januar 1951 eingetreten sind"* zu Flüchtlingen wurden. Sie enthielt damit keine Regelungen für die Rechte von späteren Flüchtlingen.

Die Konvention erlaubte es den Vertragsstaaten, hinsichtlich der meisten Artikel Vorbehalte geltend zu machen. Auf diese Weise sollte gewährleistet werden, dass ein Staat, der eine einzelne, womöglich nebensächliche Regelung der Konvention ablehnte, ihr trotzdem beitreten und sich damit verbindlich zu den anderen Regelungen bekennen konnte.

Genfer Flüchtlingskonvention (Auswahl)

Präambel

Die hohen vertragschließenden Teile, in der Erwägung, dass die Satzung der Vereinten Nationen und die am 10. Dezember 1948 von der Generalversammlung angenommene Allgemeine Erklärung der Menschenrechte den Grundsatz bestätigt haben, dass die Menschen ohne Unterschied die Menschenrechte und Grundfreiheiten genießen sollen.

Artikel 1 – Definition des Begriffs "Flüchtling"

Im Sinne dieses Abkommens findet der Ausdruck "Flüchtling" auf jede Person Anwendung:

... die infolge von Ereignissen, die vor dem 1. Januar 1951 eingetreten sind, und aus der begründeten Furcht vor Verfolgung wegen ihrer Rasse, Religion, Nationalität, Zugehörigkeit zu einer bestimmten sozialen Gruppe oder wegen ihrer politischen Überzeugung sich außerhalb des Landes befindet, dessen Staatsangehörigkeit sie besitzt, und den Schutz dieses Landes nicht in Anspruch nehmen kann oder wegen dieser Befürchtungen nicht in Anspruch nehmen will; oder die sich als staatenlose infolge solcher Ereignisse außerhalb des Landes befindet, in welchem sie ihren gewöhnlichen Aufenthalt hatte, und nicht dorthin zurückkehren kann oder wegen der erwähnten Befürchtungen nicht dorthin zurückkehren will.

Artikel 2 – Allgemeine Verpflichtungen

Jeder Flüchtling hat gegenüber dem Land, in dem er sich befindet, Pflichten, zu denen insbesondere die Verpflichtung gehört, die Gesetze und sonstigen Rechtsvorschriften sowie die zur Aufrechterhaltung der öffentlichen Ordnung getroffenen Maßnahmen zu beachten.

Artikel 3 – Verbot unterschiedlicher Behandlung

Die vertragschließenden Staaten werden die Bestimmungen dieses Abkommens auf Flüchtlinge ohne unterschiedliche Behandlung aus Gründen der Rasse, der Religion oder des Herkunftslandes anwenden.

Artikel 4 – Religion

Die vertragschließenden Staaten werden den in ihrem Gebiet befindlichen Flüchtlingen in Bezug auf die Freiheit der Religionsausübung und die Freiheit des Religionsunterrichts ihrer Kinder eine mindestens ebenso günstige Behandlung wie ihren eigenen Staatsangehörigen gewähren.

Artikel 12 – Personalstatut

Das Personalstatut jedes Flüchtlings bestimmt sich nach dem Recht des Landes seines Wohnsitzes oder, in Ermangelung eines Wohnsitzes, nach dem Recht seines Aufenthaltslandes.

Artikel 13 – Bewegliches und unbewegliches Eigentum

Die vertragschließenden Staaten werden jedem Flüchtling hinsichtlich des Erwerbs von beweglichem und unbeweglichem Eigentum und sonstiger diesbezüglicher Rechte sowie hinsichtlich von Miet-, Pacht- und sonstigen Verträgen über bewegliches und unbewegliches Eigentum eine möglichst günstige und jedenfalls nicht weniger günstige Behandlung gewähren, als sie Ausländern im Allgemeinen unter den gleichen Umständen gewährt wird.

Artikel 14 – Urheberrecht und gewerbliche Schutzrechte

Hinsichtlich des Schutzes von gewerblichen Rechten, insbesondere an Erfindungen, Mustern und Modellen, Warenzeichen und Handelsnamen, sowie des Schutzes von Rechten an Werken der Literatur, Kunst und Wissenschaft genießt jeder Flüchtling in dem Land, in dem er seinen gewöhnlichen Aufenthalt hat, den Schutz, der den Staatsangehörigen des Landes gewährt wird. Im Gebiete jedes anderen vertragschließenden Staates genießt er den Schutz, der in diesem Gebiet den Staatsangehörigen des Landes gewährt wird, in dem er seinen gewöhnlichen Aufenthalt hat.

Artikel 15 – Vereinigungsrecht

Die vertragschließenden Staaten werden den Flüchtlingen, die sich rechtmäßig in ihrem Gebiet aufhalten, hinsichtlich der Vereinigungen, die nicht politischen und nicht Erwerbszwecken dienen, und den Berufsverbänden die günstigste Behandlung wie den Staatsangehörigen eines fremden Landes unter den gleichen Umständen gewähren.

Artikel 16 – Zugang zu den Gerichten

Jeder Flüchtling hat in dem Gebiet der vertragschließenden Staaten freien und ungehinderten Zugang zu den Gerichten.

Kapitel III – Erwerbstätigkeit
Artikel 17 – Nichtselbstständige Arbeit

Die vertragschließenden Staaten werden hinsichtlich der Ausübung nichtselbstständiger Arbeit jedem Flüchtling, der sich rechtmäßig in ihrem Gebiet aufhält, die günstigste Behandlung gewähren, die den Staatsangehörigen eines fremden Landes unter den gleichen Umständen gewährt wird.

In keinem Falle werden die einschränkenden Maßnahmen, die für Ausländer oder für die Beschäftigung von Ausländern zum Schutz des eigenen Arbeitsmarktes bestehen, Anwendung auf Flüchtlinge finden, die beim Inkrafttreten dieses Abkommens durch den betreffenden Vertragsstaat bereits davon befreit waren.

Artikel 18 – Selbstständige Tätigkeit

Die vertragschließenden Staaten werden den Flüchtlingen, die sich rechtmäßig in ihrem Gebiet befinden, hinsichtlich der Ausübung einer selbständigen Tätigkeit in Landwirtschaft, Industrie, Handwerk und Handel sowie der Errichtung von Handels- und industriellen Unternehmen eine möglichst günstige und jedenfalls nicht weniger günstige Behandlung gewähren, als sie Ausländern im Allgemeinen unter den gleichen Umständen gewährt wird.

Artikel 19 – Freie Berufe

Jeder vertragschließende Staat wird den Flüchtlingen, die sich rechtmäßig in seinem Gebiet aufhalten, Inhaber von durch die zuständigen Behörden dieses Staates anerkannten Diplomen sind und einen freien Beruf auszuüben wünschen, eine möglichst günstige und jedenfalls nicht weniger günstige Behandlung gewähren, als sie Ausländern im Allgemeinen unter den gleichen Umständen gewährt wird.

Kapitel IV – Wohlfahrt
Artikel 21 – Wohnungswesen

Hinsichtlich des Wohnungswesens werden die vertragschließenden Staaten insoweit, als die Angelegenheit durch Gesetz oder sonstige Rechtsvorschriften geregelt ist oder der Überwachung öffentlicher Behörden unterliegt, den sich rechtmäßig in ihrem Gebiet aufhaltenden Flüchtlingen eine möglichst günstige und jedenfalls nicht weniger günstige Behandlung gewähren, als sie Ausländern im Allgemeinen unter den gleichen Bedingungen gewährt wird.

Artikel 22 – Öffentliche Erziehung

Die vertragschließenden Staaten werden den Flüchtlingen dieselbe Behandlung wie ihren Staatsangehörigen hinsichtlich des Unterrichts in Volksschulen gewähren.

Für über die Volksschule hinausgehenden Unterricht, insbesondere die Zulassung zum Studium, die Anerkennung von ausländischen Studienzeugnissen, Diplomen und akademischen Titeln, den Erlass von Gebühren und Abgaben und die Zuerkennung von Stipendien, werden die vertragschließenden Staaten eine möglichst günstige und in keinem Falle weniger günstige Behandlung gewähren, als sie Ausländern im Allgemeinen unter den gleichen Bedingungen gewährt wird.

Artikel 23 – Öffentliche Fürsorge

Die vertragschließenden Staaten werden den Flüchtlingen, die sich rechtmäßig in ihrem Staatsgebiet aufhalten, auf dem Gebiet der öffentlichen Fürsorge und sonstigen Hilfeleistungen die gleiche Behandlung wie ihren eigenen Staatsangehörigen gewähren.

Artikel 24 – Arbeitsrecht und soziale Sicherheit

1. Die vertragschließenden Staaten werden den Flüchtlingen, die sich rechtmäßig in ihrem Gebiet aufhalten, dieselbe Behandlung gewähren wie ihren Staatsangehörigen, wenn es sich um folgende Angelegenheiten handelt:

a. Lohn einschließlich Familienbeihilfen, wenn diese einen Teil des Arbeitsentgelts bilden, Arbeitszeit, Überstunden, bezahlter Urlaub, Einschränkungen der Heimarbeit, Mindestalter für die Beschäftigung, Lehrzeit und Berufsausbildung, Arbeit von Frauen und Jugendlichen und der Genuss der durch Tarifverträge gebotenen Vergünstigungen, soweit alle diese Fragen durch das geltende Recht geregelt sind oder in die Zuständigkeit der Verwaltungsbehörden fallen;

b. Soziale Sicherheit: gesetzliche Bestimmungen bezüglich der Arbeitsunfälle, der Berufskrankheiten, der Mutterschaft, der Krankheit, der Arbeitsunfähigkeit, des Alters und des Todes, der Arbeitslosigkeit, des Familienunterhalts sowie jedes anderen Wagnisses, das nach dem im betreffenden Land geltenden Recht durch ein System der sozialen Sicherheit gedeckt wird.

Artikel 26 – Freizügigkeit

Jeder vertragschließende Staat wird den Flüchtlingen, die sich rechtmäßig in seinem Gebiet befinden, das Recht gewähren, dort ihren Aufenthalt zu wählen und sich frei zu bewegen, vorbehaltlich der Bestimmungen, die allgemein auf Ausländer unter den gleichen Umständen Anwendung finden.

Artikel 27 – Personalausweise

Die vertragschließenden Staaten werden jedem Flüchtling, der sich in ihrem Gebiet befindet und keinen gültigen Reiseausweis besitzt, einen Personalausweis ausstellen.

Artikel 28 – Reiseausweise

Die vertragschließenden Staaten werden den Flüchtlingen, die sich rechtmäßig in ihrem Gebiet aufhalten, Reiseausweise ausstellen, die ihnen Reisen außerhalb dieses Gebietes gestatten.

Artikel 29 – Steuerliche Lasten

Die vertragschließenden Staaten werden von den Flüchtlingen keine anderen oder höheren Gebühren, Abgaben oder Steuern, gleichviel unter welcher Bezeichnung, erheben, als unter ähnlichen Verhältnissen von ihren eigenen Staatsangehörigen jetzt oder künftig erhoben werden.

Artikel 30 – Überführung von Vermögenswerten

Jeder vertragschließende Staat wird in Übereinstimmung mit den Gesetzen und sonstigen Rechtsvorschriften des Landes den Flüchtlingen gestatten, die Vermögenswerte, die sie in sein Gebiet gebracht haben, in das Gebiet eines anderen Landes zu überführen, in dem sie zwecks Wiederansiedlung aufgenommen worden sind.

Artikel 31 – Flüchtlinge, die sich nicht rechtmäßig im Aufnahmeland aufhalten

Die vertragschließenden Staaten werden wegen unrechtmäßiger Einreise oder Aufenthalts keine Strafen gegen Flüchtlinge verhängen, die unmittelbar aus einem Gebiet kommen, in dem ihr Leben oder ihre Freiheit im Sinne von Artikel 1 bedroht waren und die ohne Erlaubnis in das Gebiet der vertragschließenden Staaten einreisen oder sich dort aufhalten, vorausgesetzt, dass sie sich unverzüglich bei den Behörden melden und Gründe darlegen, die ihre unrechtmäßige Einreise oder ihren unrechtmäßigen Aufenthalt rechtfertigen.

Artikel 32 – Ausweisung

Die vertragschließenden Staaten werden einen Flüchtling, der sich rechtmäßig in ihrem Gebiet befindet, nur aus Gründen der öffentlichen Sicherheit oder Ordnung ausweisen.

Die Ausweisung eines Flüchtlings darf nur in Ausführung einer Entscheidung erfolgen, die in einem durch gesetzliche Bestimmungen geregelten Verfahren ergangen ist.

Frist ist zu gewähren, um ihm die Möglichkeit zu geben, in einem anderen Lande um rechtmäßige Aufnahme nachzusuchen.

Artikel 33 – Verbot der Ausweisung und Zurückweisung

Keiner der vertragschließenden Staaten wird einen Flüchtling auf irgendeine Weise über die Grenzen von Gebieten ausweisen oder zurückweisen, in denen sein Leben oder seine Freiheit wegen seiner Rasse, Religion, Staatsangehörigkeit, seiner Zugehörigkeit zu einer bestimmten sozialen Gruppe oder wegen seiner politischen Überzeugung bedroht sein würde.

Auf die Vergünstigung dieser Vorschrift kann sich jedoch ein Flüchtling nicht berufen, der aus schwer wiegenden Gründen als eine Gefahr für die Sicherheit des Landes anzusehen ist, in dem er sich befindet, oder der eine Gefahr für die Allgemeinheit dieses Staates bedeutet, weil er wegen eines Verbrechens oder

*eines besonders schweren Vergehens rechtskräftig verurteilt
wurde.*

Artikel 34 – Einbürgerung

*Die vertragschließenden Staaten werden so weit wie möglich die
Eingliederung und Einbürgerung der Flüchtlinge erleichtern.
Sie werden insbesondere bestrebt sein, Einbürgerungsverfahren
zu beschleunigen und die Kosten dieses Verfahrens so weit wie
möglich herabzusetzen.*

Hauptkritikpunkt an der Konvention war ihre zeitliche
Einschränkung auf Fluchtgründe, die vor 1951 eintraten.
Auch konnten sich die Vertragsstaaten darauf beschränken,
nur europäischen Flüchtlingen die entsprechenden Rechte
einzuräumen. Mit dem *„Protokoll über die Rechtsstellung der
Flüchtlinge"* von 1967 wurde jegliche zeitliche und räumliche
Einschränkung aufgehoben. Die Genfer Flüchtlingskonvention gilt seither für Staaten, die sowohl die Konvention als
auch das Protokoll ratifiziert haben, uneingeschränkt gegenüber allen Flüchtlingen. Auch die Möglichkeit, Vorbehalte
gegen einzelne Artikel der Konvention geltend zu machen,
wurde reduziert.

22. Der Weltraumvertrag (1967)

„Dies ist ein erhebender Moment in der Geschichte des Menschengeschlechts!" – sagte der Präsident der USA, Lyndon B. Johnson, anlässlich der Unterzeichnung des Weltraumvertrags. „Es ist uns bisher nicht gelungen, unseren Planeten von den Werkzeugen des Krieges zu befreien. Doch selbst wenn wir dieses Ziel auf Erden noch nicht verwirklichen, so können wir doch wenigstens das Virus an der Ausbreitung hindern." Der wichtigste Satz des Weltraumvertrages lautet: „Die Vertragsstaaten verpflichten sich, keine Gegenstände, die Kernwaffen oder andere Massenvernichtungswaffen tragen, in eine Erdumlaufbahn zu bringen und weder Himmelskörper mit derartigen Waffen zu bestücken noch solche Waffen im Weltraum zu stationieren."

Der Weltraumvertrag, eigentlich der *„Vertrag über die Grundsätze zur Regelung der Tätigkeiten von Staaten bei der Erforschung und Nutzung des Weltraums einschließlich des Mondes und anderer Himmelskörper"*, unterzeichnet am 27. Januar 1967 in London, Washington und Moskau, in Kraft getreten am 10. Oktober 1967, ist *„die Magna Charta des Weltraumes"* und der erste internationale Vertrag, der seinen Wirkungsbereich über die Erde hinaus festlegt. Er ist damit das grundlegende Dokument für eine zukünftige Ausbreitung der menschlichen Rasse in die Bereiche über die Erde hinaus. Ziel des Vertrages war die Verhinderung der Militarisierung des Weltraumes und der Okkupation der Himmelskörper durch einzelne Staaten. Er basiert auf *„dem gemeinsamen Interesse der ganzen Menschheit an der Nutzung des Weltraums für friedliche Zwecke"* und verbietet dort die Stationierung von Massenvernichtungswaffen. Der Vertrag legt die Freiheit der Forschung und Nutzung des Weltraumes fest, die von allen

Staaten gleichberechtigt in Anspruch genommen werden kann. Der freie Zugang zum Weltraum ist hingegen nicht garantiert, ebenso gibt es keine allgemein gültige Definition des „Weltraums" im Vertrag. Der Weltraumvertrag schreibt eine Entmilitarisierung des Weltraums vor und verbietet die Stationierung von Nuklearwaffen und Massenvernichtungswaffen im Weltraum sowie auf anderen Himmelskörpern. Es ist laut Vertrag den Vertragsparteien nicht verboten, Massenvernichtungswaffen für den Einsatz im Weltraum auf der Erde zu entwickeln, zu testen oder auf der Erde zu stationieren. Ballistische Lenkwaffen, die auf ihrer Flugbahn den Weltraum durchqueren, werden von dem Vertrag nicht eingeschränkt. Der Vertrag ist auch bezüglich der Begriffe „Weltraum" (*outer space*) und „friedliche Nutzung" (*peaceful purposes*) unpräzise. Er verweist darauf, dass der Mond und die anderen Himmelskörper ausschließlich „zu friedlichen Zwecken" genutzt werden sollen.

Vertrag über die Grundsätze zur Regelung der Tätigkeiten von Staaten bei der Erforschung und Nutzung des Weltraums einschließlich des Mondes und anderer Himmelskörper 1967

Artikel I

Die Erforschung und Nutzung des Weltraums einschließlich des Mondes und anderer Himmelskörper wird zum Vorteil und im Interesse aller Länder ohne Ansehen ihres wirtschaftlichen und wissenschaftlichen Entwicklungsstandes durchgeführt und ist Sache der gesamten Menschheit.

Allen Staaten steht es frei, den Weltraum einschließlich des Mondes und anderer Himmelskörper ohne jegliche Diskriminierung, gleichberechtigt und im Einklang mit dem Völkerrecht zu erforschen und zu nutzen; es besteht uneingeschränkter Zugang zu allen Gebieten auf Himmelskörpern.

Die wissenschaftliche Forschung im Weltraum einschließlich des Mondes und anderer Himmelskörper ist frei; die Staaten erleichtern und fördern die internationale Zusammenarbeit bei dieser Forschung.

Artikel II

Der Weltraum einschließlich des Mondes und anderer Himmelskörper unterliegt keiner nationalen Aneignung durch Beanspruchung der Hoheitsgewalt, durch Benutzung oder Okkupation oder durch andere Mittel.

Artikel III

Bei der Erforschung und Nutzung des Weltraums einschließlich des Mondes und anderer Himmelskörper üben die Vertragsstaaten ihre Tätigkeit in Übereinstimmung mit dem Völkerrecht einschließlich der Charta der Vereinten Nationen im Interesse der Erhaltung des Weltfriedens und der internationalen Sicherheit sowie der Förderung internationaler Zusammenarbeit und Verständigung aus.

Artikel IV

Die Vertragsstaaten verpflichten sich, keine Gegenstände, die Kernwaffen oder andere Massenvernichtungswaffen tragen, in eine Erdumlaufbahn zu bringen und weder Himmelskörper mit derartigen Waffen zu bestücken noch solche Waffen im Weltraum zu stationieren.

Der Mond und die anderen Himmelskörper werden von allen Vertragsstaaten ausschließlich zu friedlichen Zwecken benutzt. Die Errichtung militärischer Stützpunkte, Anlagen und Befestigungen, das Erproben von Waffen jeglicher Art und die Durchführung militärischer Übungen auf Himmelskörpern sind verboten. Die Verwendung von Militärpersonal für die wissenschaftliche Forschung oder andere friedliche Zwecke ist nicht untersagt. Ebenso wenig ist die Benutzung jeglicher für die friedliche Erforschung des Mondes und anderer Himmelskörper notwendiger Ausrüstungen oder Anlagen untersagt.

Artikel V

Die Vertragsstaaten betrachten Raumfahrer als Boten der Menschheit im Weltraum und gewähren ihnen bei Unfall oder wenn in Not oder bei einer Notlandung oder -wasserung im Hoheitsgebiet eines anderen Vertragsstaates oder auf hoher See jede mögliche Hilfe. Nehmen Raumfahrer eine Notlandung oder -wasserung vor, so werden sie rasch und unbehelligt in den Staat zurückgeführt, in dem ihr Raumfahrzeug registriert ist.

Bei Tätigkeiten im Weltraum und auf Himmelskörpern gewähren die Raumfahrer eines Vertragsstaates den Raumfahrern anderer Vertragsstaaten jede mögliche Hilfe.

Jeder Vertragsstaat unterrichtet sofort die anderen Vertragsstaaten oder den Generalsekretär der Vereinten Nationen über alle von ihm im Weltraum einschließlich des Mondes und anderer Himmelskörper entdeckten Erscheinungen, die eine Gefahr für Leben oder Gesundheit von Raumfahrern darstellen könnten.

Artikel VI

Die Vertragsstaaten sind völkerrechtlich verantwortlich für nationale Tätigkeiten im Weltraum einschließlich des Mondes und anderer Himmelskörper, gleichviel, ob staatliche Stellen oder nichtstaatliche Rechtsträger dort tätig werden, und sorgen dafür, dass nationale Tätigkeiten nach Maßgabe dieses Vertrags durchgeführt werden. Tätigkeiten nichtstaatlicher Rechtsträger im Weltraum einschließlich des Mondes und anderer Himmelskörper bedürfen der Genehmigung und ständigen Aufsicht durch den zuständigen Vertragsstaat. Wird eine internationale Organisation im Weltraum einschließlich des Mondes und anderer Himmelskörper tätig, so sind sowohl die internationale Organisation als auch die dieser Organisation angehörenden Vertragsstaaten für die Befolgung dieses Vertrags verantwortlich.

Artikel VII – XVII enthalten Regelungen betreffend des Eigentums an Satelliten, eine umweltfreundliche Nutzung des Weltalls und der Himmelskörper sowie gegenseitige Konsultationen bei Streitfällen.

Die technische Entwicklung der Weltraumfahrt und die damit verbundenen Gefahren hat die Ausarbeitung von weiteren Verträgen zur Ergänzung und Konkretisierung des Weltraumvertrages veranlasst. Dazu gehören das *Weltraumrettungsübereinkommen* (1968) zur Gewährung von Hilfe an in Not geratene Raumfahrer und zur Rückgabe von in den Weltraum gestarteten Gegenständen, das *Weltraumhaftungsübereinkommen* (1972) zur Sicherstellung angemessenen Schadensersatzes für durch Weltraumgegenstände verursachte Schäden, das *Weltraumregistrierungsübereinkommen* (1975) zur Erleichterung der Identifizierung von in den Weltraum gestarteten Gegenständen und besonders der *Mondvertrag* (1979) mit speziellen Regelungen über die Nutzung des Monds und der eventuellen Ausbeutung seiner Naturschätze. Letzter Vertrag ist bedeutungslos, da ihn wegen umstrittener Regelungen nur 12 Staaten ratifiziert haben, da aber keiner der Unterzeichnerstaaten sich derzeit den Weltraum erschlossen hat, ist der Vertrag sinngemäß wertlos.

Umstritten ist, ob man Grundeigentum auf Himmelskörpern erwerben kann. Vom europäischen Rechtsstandpunkt aus betrachtet sprechen dagegen der Eigentumsbegriff und die fehlende Hoheitsgewalt, so dass prinzipiell jedes Grundstück von allen beansprucht werden könnte, ohne dass dagegen ein Rechtsschutz bestünde. Die Beanspruchung eines Grundstücks ist daher beliebig und ohne Rechtsbindung. Im Jahr 1959 wurde von den Vereinten Nationen das *„Committee on the Peaceful Uses of Outer Space"* gegründet, das als ständiger Ausschuss den Rechtsstatus und die Nutzungsrechte für die Himmelskörper und im All regelt.

Auch wenn sich die Weltraumtechnik mit unvorhersehbaren Folgen weiterentwickelt hat, ist der Weltraumvertrag doch ein Meilenstein geblieben, meint Kai-Uwe Schrogl vom

Europäischen Institut für Weltraumpolitik. *„Der Weltraum-vertrag ... hat viele wegweisende Prinzipien. Im Weltraum hätte man jetzt sicherlich auch das Problem wie in der Arktis, dass alle sagen, diese Umlaufbahn gehört mir, der Mond gehört mir, ich nehme mir diesen Kometen! Die Prinzipien des Weltraum-vertrags sind unendlich wertvoll!"*

23. Die Frauenrechtskonvention (1980)

Die „Konvention zur Beseitigung jeder Form von Diskriminierung der Frau" von 1980 bezeichnet als Diskriminierung von Frauen „„... jede mit dem Geschlecht begründete Unterscheidung, Ausschließung oder Beschränkung, die zur Folge oder zum Ziel hat, dass die auf die Gleichberechtigung von Mann und Frau gegründete Anerkennung, Inanspruchnahme oder Ausübung der Menschenrechte und Grundfreiheiten durch die Frau – ungeachtet ihres Zivilstands – im politischen, wirtschaftlichen, sozialen, kulturellen, staatsbürgerlichen oder jedem sonstigen Bereich beeinträchtigt oder vereitelt wird".

Die in der Französischen Revolution entstandene Menschenrechtserklärung von 1789 hatte den Frauen wesentliche Rechte, die sie Männern zugestanden hatte, vorenthalten. Olympe de Gouges stellte 1791 dieser Erklärung die *„Erklärung der Rechte der Frau und Bürgerin"* gegenüber und bezahlte ihren Einsatz für die Frauen mit dem Leben, als sie im November 1793 für ihren Kampf um die Frauenrechte guillotiniert wurde.

Als sich im 19. Jahrhundert in Amerika und Europa die Frauenbewegung herausbildete, ging es den frühen Feministinnen zunächst allgemein darum, Verbesserungen auf zivilrechtlichem Gebiet zu erreichen und ihre rechtliche Unmündigkeit zu beseitigen. Dies betraf besonders das Scheidungs- und Sorgerecht und die Aufhebung der Vormundschaft des Mannes in der Ehe. Das Wahlrecht spielte zunächst in ihren Forderungen nur eine untergeordnete Rolle. Allerdings mussten die Frauen bald feststellen, dass sie ohne gesetzliche Rechte und Wahlstimmen in der politischen Öffentlichkeit Bittstellerinnen blieben, die bei der Umsetzung ihrer Forderungen auf männliche Bündnispartner und von der politischen Stimmungslage abhängig blieben. Parteien oder Organisationen unterstützten die Frauen nur solange, wie es in ihrem eigenen Interesse lag. Folglich konzentrierte sich die Frauenbewegung ab 1900 auf die Erlangung des Stimmrechts. Die Frauenrechtlerinnen organisierten sich dabei zunächst in eigenen Organisationen, die später in die politischen Parteien eingegliedert wurden.

Die deutsche Frauenrechtsbewegung stand zunächst im Zusammenhang mit der Revolution von 1848. In der anschließenden Restaurationsperiode wurden Frauen wieder grundlegende Rechte entzogen, wie das Recht auf Mitgliedschaft in einem Verein, auf Redaktionsarbeit in Zeitungen sowie auf jegliche politische Betätigung. Damit kam die Frauenbewegung zunächst zum Erliegen. Die politische Liberalisierung der 1860er-Jahre führte 1865 zur Gründung des „Allgemeinen Deutschen Frauenvereins" durch Louise Otto-Peters. Die frühe deutsche Sozialdemokratie ging mit der starken proletarischen Frauenbewegung Hand in Hand, deren Organisatorin Clara Zetkin war. Unter deren Einfluss nahmen die Sozialdemokraten das Frauenwahlrecht in ihr Programm auf. In Deutschland wurde 1918 das Wahlrecht für Frauen durch die Sozialdemokratische Partei eingeführt.

Der ab 1933 regierende NS-Staat war ein Männerregime. Schon in ihrer Frühzeit hatte die NSDAP beschlossen: *„Eine Frau kann in die Führung der Partei und in den leitenden Ausschuss nie aufgenommen werden."* Hitler erklärte es auf dem Parteitag 1926 zur „Mission" der Frauen, dass sie „... *in der Zeit der größten Not den Männern zur Seite treten und ergänzend zum Mann wirken und daran mithelfen, dass das große Werk gelingt".* Als Wählerinnen waren Frauen willkommen, und NSDAP und NS-Frauenschaft versprachen in ihrer Wahlwerbung 1932, dass Frauen nach der „Machtübernahme" ihre Rechte nicht verlieren würden. Diese wurden von der Partei auf eigene Weise interpretiert: *„Staatsbürgerin des kommenden Dritten Reichs ist daher jede deutsche Frau,* *die ihre ganze Lebenskraft als Ehefrau oder Mutter oder als berufstätige Volksgenossin für Volk und Vaterland einsetzt."* Ab 1931 war die NSDAP sogar bereit, weibliche Mitglieder aufzunehmen, ließ sich jedoch in Partei und Parlament weiterhin nicht von Frauen vertreten. Erst am Ende des Zweiten Weltkrieges, als die deutsche Kriegsproduktion ohne die Arbeit von Frauen nicht mehr aufrechtzuerhalten war, konnten Frauen auch wieder in höhere politische und staatliche Ämter aufsteigen, es blieb aber trotzdem beim Satz: *„Wir Nationalsozialisten vertreten die Position, dass die Politik das Geschäft des Mannes ist. Die deutsche Frau ist uns viel zu heilig, um vom Filz des Parlamentarismus beschmutzt zu werden."*

Nach dem Krieg wurden die Frauen zunächst durch die heimkehrenden Männer aus ihren Positionen in Wirtschaft und Verwaltung gedrängt. Die *Allgemeine Erklärung der Menschenrechte* von 1948 versprach zwar allen Menschen, dass sie ihre Rechte frei von Diskriminierung wahrnehmen können, in der Praxis wurde das Völker- und Menschenrechtssystem jedoch weiterhin von Männern ausgestaltet, welche die Lebensrealitäten von Frauen vernachlässigten.

Erst nach 1950 stieg die Anzahl der erwerbs- und berufstätigen Frauen wieder an, und die Bildungschancen für Mädchen wurden deutlich verbessert, so dass immer mehr Frauen ein Studium aufnahmen, während die Gesamtgesellschaft weiter in den alten patriarchalischen Strukturen verharrte. Daher empfanden es jüngere Frauen zunehmend als nicht mehr gerechtfertigt, dass sie in der Regel weniger verdienten als Männer, sie dem Ehemann rechtlich nicht gleichgestellt waren, aber die Hauptverantwortung für die Versorgung des Haushalts und die Betreuung der Kinder trugen, und dass sie kaum Zugang zu Führungspositionen hatten.

Ende der Sechzigerjahre des 20. Jahrhunderts, in der Zeit der Studenten- und Friedensbewegung, sollte es zur Organisation und zum Widerstand der Frauen gegen die ihnen aufgezwungenen Rollenbilder kommen. Als Geburtsstunde der neuen deutschen Frauenbewegung gilt der Erste Bundesfrauenkongress 1972 in Frankfurt am Main, an dem 450 Frauen aus 40 Frauengruppen teilnahmen. In der Eröffnungsrede heißt es: *„Privilegierte haben in der Geschichte ihre Rechte noch nie freiwillig preisgegeben. Deshalb fordern wir: Frauen müssen ein Machtfaktor innerhalb der ausstehenden Auseinandersetzungen werden! Frauen müssen sich selbst organisieren, weil sie ihre ureigensten Probleme erkennen und lernen müssen, ihre Interessen zu vertreten!"*

Vor allem die Trennung zwischen „öffentlichem" und „privatem" Bereich schloss Frauen von der Wahrnehmung ihrer Menschenrechte Jahrzehnte lang aus. In westlichen Staaten geschehen Menschenrechtsverletzungen an Frauen zumeist in Form von ehelicher und häuslicher Gewalt vor allem im privaten Umfeld, für das sich der Staat lange Zeit als nicht zuständig erachtete. Erst in den 80er-Jahren des 20. Jahrhunderts begann eine ernsthafte Diskussion darüber, dass der Staat auch Verpflichtungen im Bezug auf Menschenrechtsverletzungen durch Privatpersonen hat.

Die UNO-Frauenrechtskonvention von 1979, ratifiziert 1981, verpflichtete die Vertragsstaaten zur unverzüglichen Ergreifung aller geeigneten Mittel zur Beseitigung der Diskriminierung von Frauen.

Die Vertragsstaaten wurden angehalten, rechtliche Vorschriften aber auch Gepflogenheiten, welche Frauen diskriminieren, zu ändern oder aufzuheben. Ferner wurde jede Diskriminierung auf Grund des Geschlechts gesetzlich verboten und Opfern von Diskriminierungen der Zugang zu einem Gericht ermöglicht. Weiter verpflichtete die Frauenrechtskonvention die Vertragsstaaten zur Ergreifung staatlicher Maßnahmen gegen diskriminierende Rollenverteilungen zwischen Mann und Frau sowie gegen Frauenhandel und Ausbeutung von Prostituierten. Neben diesen besonderen Verpflichtungen enthält das Abkommen auch eine ausführliche Liste von allgemeinen Menschenrechten. Dazu gehören gleiche Rechte und Chancen bei der Besetzung öffentlicher Ämter, gleiche Rechte im Rahmen der Begründung und der Auflösung der Ehe, die Garantie von gleichem Lohn für gleichwertige Arbeit sowie das Recht auf gleichen Zugang zu allen Bildungseinrichtungen.

Die Vertragsstaaten der Frauenrechtskonvention sind zur regelmäßigen Berichterstattung an den UN-Ausschuss für die Beseitigung der Diskriminierung der Frau über die zur Erfüllung der Verpflichtungen getroffenen gesetzgeberischen, gerichtlichen, Verwaltungs- und sonstigen Maßnahmen sowie der bei der Umsetzung auftretenden Schwierigkeiten verpflichtet.

Konvention zur Beseitigung jeder Form von Diskriminierung

Präambel

Die Vertragsstaaten dieser Konvention

im Hinblick darauf, dass die Satzung der Vereinten Nationen den Glauben an die Grundrechte des Menschen, an Würde und Wert der menschlichen Person und an die Gleichberechtigung von Mann und Frau bekräftigt,

im Hinblick darauf, dass die Allgemeine Erklärung der Menschenrechte den Grundsatz der Unzulässigkeit der Diskriminierung aufstellt und verkündet, dass alle Menschen frei und gleich an Würde und Rechten geboren sind und jeder Mensch ohne irgendeinen Unterschied, einschließlich eines Unterschieds aufgrund des Geschlechts, Anspruch auf die in dieser Erklärung verkündeten Rechte und Freiheiten hat,

im Hinblick darauf, dass die Vertragsstaaten der Internationalen Menschenrechtspakte verpflichtet sind, die Gleichberechtigung von Mann und Frau bei der Ausübung aller wirtschaftlichen, sozialen, kulturellen, staatsbürgerlichen und politischen Rechte zu gewährleisten, in Anbetracht der unter der Schirmherrschaft der Vereinten

Nationen und Sonderorganisationen abgeschlossenen interna-
tionalen Konventionen zur Förderung der Gleichberechtigung
von Mann und Frau,

ferner im Hinblick auf die Resolutionen, Erklärungen und
· Empfehlungen der Vereinten Nationen und der Sonderorga-
nisationen zur Förderung der Gleichberechtigung von Mann
und Frau,

jedoch besorgt darüber, dass die Frau trotz dieser verschie-
denen Instrumente noch immer weitgehend diskriminiert wird,

unter Hinweis darauf, dass die Diskriminierung der Frau
die Grundsätze der Gleichberechtigung und der Achtung der
Menschenwürde verletzt, die Frauen daran hindert, unter den
gleichen Voraussetzungen wie Männer am politischen, sozialen,
wirtschaftlichen und kulturellen Leben ihres Landes teilzu-
nehmen, das Wachstum des Wohlstandes von Gesellschaft und
Familie hemmt und der Frau die volle Entfaltung ihrer Fähig-
keiten im Dienste ihres Landes und der Menschheit erschwert,

besorgt darüber, dass dort, wo Armut herrscht, Frauen beim
Zugang zu Nahrungsmitteln, Gesundheitseinrichtungen, Bil-
dung, Ausbildung und Beschäftigungsmöglichkeiten sowie bei
der Befriedigung sonstiger Bedürfnisse am ehesten benachtei-
ligt werden,

in der Überzeugung, dass die Errichtung der neuen Welt-
wirtschaftsordnung auf der Grundlage von Gleichheit und
Gerechtigkeit wesentlich zur Förderung der Gleichberechtigung
von Mann und Frau beitragen wird,

nachdrücklich darauf hinweisend, dass die Beseitigung der
Apartheid, aller Formen von Rassismus, rassischer Diskrimi-
nierung, Kolonialismus, Aggression, ausländischer Besetzung
und Fremdherrschaft sowie von Einmischung in die inneren
Angelegenheiten anderer Staaten unerlässlich für die volle
Ausübung der Rechte von Mann und Frau ist,

mit der Erklärung, dass die Festigung des Weltfriedens und
der internationalen Sicherheit, die internationale Entspannung,
die gegenseitige Zusammenarbeit aller Staaten ungeachtet ihrer
Gesellschafts- und Wirtschaftsordnung, die allgemeine und

vollständige Abrüstung – insbesondere die nukleare Abrüstung unter strenger und wirksamer internationaler Kontrolle -, die Durchsetzung der Grundsätze der Gerechtigkeit, der Gleichberechtigung und des beiderseitigen Nutzens in den Beziehungen der Länder untereinander sowie die Verwirklichung des Rechts der unter Fremd- und Kolonialherrschaft sowie ausländischer Besetzung lebenden Völker auf Selbstbestimmung und Unabhängigkeit sowie auf Achtung ihrer nationalen Souveränität und territorialen Integrität den sozialen Fortschritt und die soziale Entwicklung fördern und somit zur Erreichung der vollen Gleichberechtigung von Mann und Frau beitragen,

in der Überzeugung, dass die größtmögliche und gleichberechtigte Mitwirkung der Frau in allen Bereichen Voraussetzung für die vollständige Entwicklung eines Landes, für das Wohlergehen in der Welt und für die Sache des Friedens ist,

eingedenk des bedeutenden, bisher noch nicht voll anerkannten Beitrags der Frau zum Wohlergehen der Familie und zur Gesellschaftsentwicklung, der sozialen Bedeutung der Mutterschaft und der Aufgaben beider Elternteile im Rahmen von Familie und Kindererziehung sowie in dem Bewusstsein, dass die Rolle der Frau bei der Fortpflanzung kein Grund zur Diskriminierung sein dürfe und dass die Erziehung der Kinder eine Aufgabe ist, die sich Männer und Frauen und die gesamte Gesellschaft teilen müssen,

in dem Bewusstsein, dass sich die traditionellen Rollen von Mann und Frau in der Gesellschaft und Familie wandeln müssen, wenn es zur vollen Gleichberechtigung von Mann und Frau kommen soll,

entschlossen, die in der Erklärung über die Beseitigung der Diskriminierung der Frau niedergelegten Grundsätze zu verwirklichen und zu diesem Zwecke alle zur Beseitigung irgendeiner Form und Erscheinungsweise dieser Art von Diskriminierung erforderlichen Maßnahmen zu verabschieden.

Das Ergebnis der Frauenrechtskonvention war ein Umdenkprozess auf staatlicher Ebene in vielen Staaten, der zu einer Änderung verschiedener Gesetze führte. Das Familien- und Eherecht wurde in vielen Ländern reformiert, Diskriminierung und Ungleichbehandlung von Ehefrauen aus der bürgerlichen oder religiösen Tradition teilweise aufgehoben und der Realität angepasst. In Deutschland betraf dies die Namensgebung (Familienname kann bei der Heirat sowohl der des Mannes wie auch der der Frau sein), das Eherecht (Mann und Frau können gleichberechtigt einem Beruf nachgehen, das Leitbild der „Hausfrauenehe" wurde aufgehoben), das Scheidungsrecht (das Schuldprinzip wurde aufgehoben und ein Versorgungsausgleich für die Ehefrau festgelegt) und das Sorgerecht (das Wohl des Kindes steht im Vordergrund).

Die „Fristenlösung" bei der Abtreibung (straffreie Abtreibung bis zur zwölften Woche) wurde in den meisten Ländern eingeführt. Dort, wo die Fristenlösung schon bestand, wie etwa in England, wurde sie erfolgreich gegen konservative Kräfte verteidigt. In vielen Staaten wurden im öffentlichen Dienst und in den Volksvertretungen Quotenregelungen als zeitweiliges Mittel, um Frauen zu höheren Machtpositionen zu verhelfen, eingeführt. Des weiteren wurden Gesetze zum Schutz schwangerer Arbeitnehmerinnen zur Arbeitsplatzsicherung verabschiedet.

Die Frauenbewegung hatte in allen gesellschaftlichen Bereichen, sowohl auf der institutionellen wie auch auf privater Ebene, einen kaum zu überschätzenden Einfluss im Zusammenleben der Geschlechter. Viele Forderungen haben nichts an Aktualität eingebüßt und werden erst heute nach und nach umgesetzt.

24. DIE KONVENTION ÜBER DIE RECHTE DES KINDES (1989)

Dass Kinder Rechte haben und dass kein Kind der Besitz eines anderen Menschen sein kann, ist für uns heute selbstverständlich. Lange Zeit war es dies, besonders im Familienverband, der zumeist von patriarchalischen Strukturen geprägt war, nicht. Kinder hatten besonders darunter zu leiden. Die Kinderrechtskonvention der UNO von 1989 enthält daher politische, wirtschaftliche, soziale und kulturelle Rechte des Kindes. Sie entfaltet zum Teil unmittelbare Rechtswirkung und ist eine der am besten ratifizierten Menschenrechtskonventionen: Mit zwei Ausnahmen (Somalia und USA) ist sie von allen Staaten der Erde anerkannt.

Bis in die Neuzeit wurde das Kind nach antikem römischem Vorbild als Besitz seiner Eltern und besonders seines Vaters angesehen. Die Eltern bestimmten alleine über Leben, Ausbildung und Arbeitskraft des Kindes, das den Eltern Gehorsam schuldete. In der Zeit der Industrialisierung und durch die Einführung der allgemeinen Schulpflicht begann zunächst die „bürgerliche Gesellschaft" zwischen der Welt der Kinder und derjenigen der Erwachsenen zu unterscheiden; dies veränderte die Diskussion um Gehorsam und Pflicht der Kinder. In der arbeitenden Klasse und im Industrieproletariat wurde hingegen das Kind vermehrt in den Produktionsprozess eingegliedert und blieb rechtlos und der Ausbeutung seiner Arbeitskraft ausgesetzt.

Die Erklärungen der Menschenrechte durch die Revolutionen in Amerika und Frankreich führten auch zur Auseinandersetzung mit der Situation der Kinder. In Großbritannien wurde 1833 die Fabrikarbeit für Kinder unter neun Jahren durch den *„English Factories Act"* verboten, 1842 wurde die Untertagearbeit von Kindern durch den *„Mines Act"* begrenzt. 1896 führte Deutschland Strafen für Eltern ein, die ihre Kinder misshandelten oder vernachlässigten. 1899 wurden in den Vereinigten Staaten Jugendgerichte eingerichtet; bis dahin waren Kinder vor Gericht wie Erwachsene behandelt worden.

Im Jahr 1923 verlangte Eglantyne Jebb (1876-1928), die Gründerin der englischen nichtstaatlichen Organisation *„Save the Children"*, dass es für Kinder und Jugendliche eine Sammlung von Rechten geben sollte, und schrieb die Rechte der Kinder in fünf Punkten nieder. Diese ließ sie dem Völkerbund in Genf mit den Worten zukommen: *„Ich bin davon überzeugt, dass wir auf bestimmte Rechte der Kinder Anspruch erheben und für die allumfassende Anerkennung dieser Rechte arbeiten sollten."* Dieses Dokument wurde im Jahr 1924 vom Völkerbund als die *„Genfer Erklärung über die Rechte des Kindes"* beschlossen. Sie enthielt grundlegende Rechte des Kindes in Bezug auf sein Wohlergehen, hatte aber keine rechtliche Verbindlichkeit. Mit der Auflösung des Völkerbundes 1946 verlor sie ihre Grundlage.

Nach dem Zweiten Weltkrieg zog man in Betracht, die Genfer Erklärung von 1924 mit einigen Veränderungen von den Vereinten Nationen anerkennen zu lassen. Die Annahme der *„Allgemeinen Erklärung der Menschenrechte"* durch die Vereinten Nationen im Jahre 1948 verhinderte ein eigenes, auf die Bedürfnisse der Kinder ausgerichtetes Dokument. In der Menschenrechtserklärung finden sich jedoch auch Aussagen zum Schutz von Kindern.

Am 20. November 1959 verabschiedete die Generalversammlung der Vereinten Nationen nach mehrjährigen Vorarbeiten die *„Erklärung der Rechte des Kindes"*. Diese enthielt eine Anzahl von konkreten Rechten wie das Recht auf einen eigenen Namen, auf eine Staatszugehörigkeit oder auf unentgeltlichen Unterricht auf Elementarschulstufe. Generell war sie jedoch nicht verbindlicher als die Genfer Erklärung von 1924.

Die internationalen Verträge und Protokolle von 1966 über wirtschaftliche, soziale, kulturelle, bürgerliche und politische Rechte des Individuums waren die ersten umfassenden Menschenrechtsverträge auf globaler Ebene und ergänzten die rechtlich nicht bindende *„Allgemeine Erklärung der Menschenrechte"* von 1948. Vereinzelt enthielten sie auch Bestimmungen, die auf Kinder zutrafen wie das Diskriminierungsverbot, das Recht auf Schutz durch Familie, Gesellschaft und Staat, das Recht auf Namen und Staatsangehörigkeit und den Schutz des Kindes bei Auflösung der elterlichen Ehe.

1978 reichte Polen anlässlich der Konferenz der UNO-Menschenrechtskommission den Entwurf einer Kinderrechtskonvention ein. Dieser stützte sich im Wesentlichen auf die Erklärung von 1959, ein zweiter revidierter Entwurf, den Polen 1980 einreichte, bildete die Grundlage für die Ausarbeitung der endgültigen Fassung der *„Konvention über die Rechte des Kindes"*.

Danach folgten zehn Jahre mit Diskussionen und Debatten über das Konzept, die Natur und den genauen Inhalt der Kinderrechtskonvention. Am 20. November 1989 beschloss die UNO den endgültigen Text der Konvention.

Konvention über die Rechte des Kindes 1989

Präambel

Die Vertragsstaaten dieses Übereinkommens – in der Erwägung, dass nach den in der Charta der Nationen verkündeten Grundsätzen die Anerkennung der allen Mitgliedern der menschlichen Gesellschaft innewohnenden Würde und der Gleichheit und Unveräußerlichkeit ihrer Rechte die Grundlage von Freiheit, Gerechtigkeit und Frieden in der Welt bildet, eingedenk dessen, dass die Völker der Vereinten Nationen in der Charta ihren Glauben an die Grundrechte und an Würde und Wert des Menschen bekräftigt und beschlossen haben, den sozialen Fortschritt und bessere Lebensbedingungen in größerer Freiheit zu fördern, in der Erkenntnis, dass die Vereinten Nationen in der Allgemeinen Erklärung der Menschenrechte und in den Internationalen Menschenrechtspakten verkündet haben und übereingekommen sind, dass jeder Mensch Anspruch hat auf alle darin verkündeten Rechte und Freiheiten ohne Unterscheidung, etwa nach der Rasse, der Hautfarbe, dem Geschlecht, der Sprache, der Religion, der politischen oder sonstigen Anschauung, der nationalen oder sozialen Herkunft, dem Vermögen, der Geburt oder dem sonstigen Status, unter Hinweis darauf, dass die Vereinten Nationen in der Allgemeinen Erklärung der Menschenrechte verkündet haben, dass Kinder Anspruch auf besondere Fürsorge und Unterstützung haben,

überzeugt, dass der Familie als Grundeinheit der Gesellschaft und natürlicher Umgebung für das Wachsen und Gedeihen aller ihrer Mitglieder, insbesondere der Kinder, der erforderliche Schutz und Beistand gewährt werden sollte, damit sie ihre Aufgaben innerhalb der Gemeinschaft voll erfüllen kann,

in der Erkenntnis, dass das Kind zur vollen und harmonischen Entfaltung seiner Persönlichkeit in einer Familie und umgeben von Glück, Liebe und Verständnis aufwachsen sollte,

in der Erwägung, dass das Kind umfassend auf ein individuelles Leben in der Gesellschaft vorbereitet und im Geist der in der Charta der Vereinten Nationen verkündeten Ideale und insbesondere im Geist des Friedens, der Würde, der Toleranz, der Freiheit, der Gleichheit und der Solidarität erzogen werden sollte,

eingedenk dessen, dass die Notwendigkeit, dem Kind besonderen Schutz zu gewähren, in der Genfer Erklärung von 1924 über die Rechte des Kindes und in der von der Generalversammlung am 20. November 1969 angenommenen Erklärung der Rechte des Kindes ausgesprochen und in der Allgemeinen Erklärung der Menschenrechte, im Internationalen Pakt über bürgerliche und politische Rechte, im Internationalen Pakt über wirtschaftliche, soziale und kulturelle Rechte sowie in den Satzungen und den in Betracht kommenden Dokumenten der

Sonderorganisationen und anderen internationalen Organisationen, die sich mit dem Wohl des Kindes befassen, anerkannt worden ist,

eingedenk dessen, dass, wie in der Erklärung der Rechte des Kindes ausgeführt ist, ‚das Kind wegen seiner mangelnden körperlichen und geistigen Reife besonderen Schutzes und besonderer Fürsorge, insbesondere eines angemessenen rechtlichen Schutzes vor und nach der Geburt, bedarf',

unter Hinweis auf die Bestimmungen der Erklärung über die sozialen und rechtlichen Grundsätze für den Schutz und das Wohl von Kindern unter besonderer Berücksichtigung der Aufnahme in eine Pflegefamilie und der Adoption auf nationaler und internationaler Ebene, der Regeln der Vereinten Nationen über die Mindestnormen für die Jugendgerichtsbarkeit (Beijing-Regeln) und der Erklärung über den Schutz von Frauen und Kindern im Ausnahmezustand und bei bewaffneten Konflikten, in der Erkenntnis, dass es in allen Ländern der Welt Kinder gibt, die in außerordentlich schwierigen Verhältnissen leben, und dass diese Kinder der besonderen Berücksichtigung bedürfen, unter gebührender Beachtung der Bedeutung der Traditionen und kulturellen Werte jedes Volkes für den Schutz und die harmonische Entwicklung des Kindes,

in Anerkennung der Bedeutung der internationalen Zusammenarbeit für die Verbesserung der Lebensbedingungen der Kinder in allen Ländern, insbesondere den Entwicklungsländern haben folgendes vereinbart:

Die Kinderrechtskonvention besteht aus 54 Artikeln, die sich mit den verschiedensten Bereichen auseinandersetzen. In der Präambel wird der Sinn der Konvention erklärt. Dann folgen drei Teile. Der erste erklärt die bürgerlichen, politischen, kulturellen, sozialen und wirtschaftlichen Rechte des Kindes. Der zweite Teil beschäftigt sich mit der Anwendung und der Bekanntmachung der Konvention und dem Kinderrechtsausschuss. Der dritte Teil enthält die Bestimmungen über die Ratifizierung und das Inkrafttreten der Konvention.

Die Rechte der Kinderrechtskonvention werden in drei große Bereiche geteilt: Vorsorge, Schutz und Beteiligung. Zum Bereich der Vorsorge, der zu einem angemessenen Lebensstandard des Kindes führen soll, gehören die Rechte auf Leben, Nahrung, Bildung und Freizeit. Dazu kommt noch die Unterstützung für Flüchtlingskinder und Kinder mit Behinderungen sowie die Rehabilitation für Opfer von Gewalt und Ausbeutung. Der Bereich Schutz, welcher der besonderen Verletzlichkeit von Kindern und Jugendlichen Rechnung tragen soll, umfasst Rechte wie Schutz vor körperlicher oder geistiger Gewalt, Schutz vor sexueller und wirtschaftlicher Ausbeutung und das Recht auf Schutz bei bewaffneten Konflikten. Ein neuer Gedanke findet sich im Bereich Beteiligung, der einen wesentlichen Unterschied zu früheren Kinderrechtsdokumenten darstellt. Er enthält die Rechte auf Partizipation, also die Berücksichtigung der Meinung der Kinder und Jugendlichen, auf Informations- und Meinungsfreiheit, auf Privatsphäre sowie die Rechte auf Gedanken-, Gewissens- und Religionsfreiheit.

Die Kinderrechtskonvention trat am 2. September 1990 in Kraft. Im selben Jahr fand der erste Weltkindergipfel statt, der zusätzliche Aufmerksamkeit auf die Konvention richtete. Bei diesem wurden eine Erklärung mit dem Titel *„Erklärung für das Überleben, den Schutz und die Entwicklung des Kindes"* und ein Aktionsplan, mit dem Ziel der weltweiten Verbesserung der Lebensumstände von Kindern bis in das Jahr 2000, beschlossen.

Um die in der Kinderrechtskonvention genannten Bestimmungen zum Schutz der Kinder in bewaffneten Konflikten und vor sexueller Ausbeutung zu verbessern, wurden 1994 von der UN-Menschenrechtskommission zwei Arbeitsgruppen zur Ausarbeitung von Zusatzprotokollen eingesetzt. Das Zusatzprotokoll *„Kinder in bewaffneten Konflikten"* sollte die Situation von Kindersoldaten verbessern, nach dem Zusatzprotokoll *„Kinderhandel, Kinderprostitution und Kinderpornografie"* sollten bestimmte Tatbestände unter Strafe gestellt und die internationale Zusammenarbeit bei der Bekämpfung und Strafverfolgung derartiger Delikte gefördert werden. Beide Protokolle traten 2002 in Kraft.

Um zu überprüfen, welche geplanten Ziele nach zehn Jahren erreicht wurden und um neue Ziele festzusetzen, fand im Jahr 2002 ein zweiter Weltkindergipfel statt. Dabei wurde ein Abschlussdokument mit dem Titel *„Eine kindergerechte Welt"*, gemeinsam mit der Aufforderung an jedes Land, einen „Nationalen Aktionsplan" zu erarbeiten, beschlossen.

25. Das Römische Statut des Internationalen Strafgerichtshofs 2002

Das sogenannte „Rom-Statut" ist die Grundlage des Internationalen Strafgerichtshofes. Dieser ist ein ständiges Gericht zur Umsetzung des Völkerrechts, besonders des Völkerstrafrechts. Spezielle Tatbestände sind dabei Völkermord, Verbrechen gegen die Menschlichkeit, Kriegsverbrechen und das Verbrechen der Aggression. Der Internationale Strafgerichtshof ist eine unabhängige internationale Organisation mit Sitz in Den Haag, deren Beziehungen zu den Vereinten Nationen über ein Kooperationsabkommen geregelt sind.

Der Gerichtshof kann nur über Individuen und nicht über Staaten zu Gericht sitzen. Ausführliche Definitionen der Tatbestände Völkermord, Verbrechen gegen die Menschlichkeit und Kriegsverbrechen sind im Statut aufgeführt. Auf eine Definition des Tatbestands der Aggression, d.h. des Angriffskriegs, konnte sich die Gründungskonferenz nicht einigen. Bis diese vorliegt, was laut Internationalem Strafgerichtshof nicht vor 2009 zu erwarten ist, übt der Internationale Strafgerichtshof seine Gerichtsbarkeit über das „Verbrechen der Aggression" nicht aus. Zudem konnte die Forderung nach universeller Zuständigkeit nicht durchgesetzt werden, besonders die USA verweigern die Zuständigkeit des Strafgerichtshofes für ihre Bürger. Zur Rechenschaft gezogen werden kann ein Täter grundsätzlich nur dann, wenn er einem Staat angehört, der das Statut ratifiziert hat, oder wenn die Verbrechen auf dem Territorium eines solchen Vertragsstaates begangen wurden.

Der Gedanke zur Schaffung eines Internationalen Strafgerichtshofes begann mit den Nürnberger Strafprozessen gegen die Führung des nationalsozialistischen Deutschland, welche die alliierten Siegermächte nach dem Ende des Zweiten Weltkriegs durchführten. Die Grundsätze dieses Internationalen Nürnberger Militärtribunals wurden zu einer wichtigen Quelle des Völkerrechts. Dazu mussten die in Nürnberg angewandten Prinzipien für künftige Verfahren auf eine allgemein anerkannte völkerrechtliche Grundlage gestellt werden.

Die Generalversammlung der UN bestätigte 1946 auf ihrer ersten Sitzung die Grundsätze des Nürnberger Prozesses. Damit war wenige Wochen nach dessen Ende der erste Schritt zur Schaffung allgemeiner Prinzipien eines Völkerstrafrechts getan. 1947 setzte die UN-Generalversammlung die Völkerrechtskommission ein. Diese bestand aus unabhängigen Völkerrechtsexperten und erhielt den Auftrag, die fortschreitende Entwicklung des Völkerrechts und dessen Kodifizierung zu fördern.

Die Völkerrechtskommission formulierte 1950 auf der Grundlage des Nürnberger Statuts die „Nürnberger Prinzipien", die für die weitere Entwicklung des Völkerrechts eine entscheidende Rolle gespielt haben:

1.   Jede Person, welche ein völkerrechtliches Verbrechen begeht, ist hierfür strafrechtlich verantwortlich.

2.   Auch wenn das nationale Recht für ein völkerrechtliches Verbrechen keine Strafe androht, ist der Täter nach dem Völkerrecht strafbar.

3.   Auch Staatsoberhäupter und Regierungsmitglieder sind für von ihnen begangene völkerrechtliche Verbrechen nach dem Völkerrecht verantwortlich.

4.   Handeln auf höheren Befehl befreit nicht von völkerrechtlicher Verantwortlichkeit, sofern der Täter auch anders hätte handeln können.

5. Jeder, der wegen eines völkerrechtlichen Verbrechens angeklagt ist, hat Anspruch auf ein ordnungsgemäßes Verfahren.

6. Folgende Verbrechen sind als völkerrechtliche Verbrechen strafbar:

a) Verbrechen gegen den Frieden

b) Kriegsverbrechen

c) Verbrechen gegen die Menschlichkeit

7. Die Mittäterschaft zur Begehung der genannten Verbrechen stellt ebenfalls ein völkerrechtliches Verbrechen dar.

Die Nürnberger Prinzipien setzten neue Maßstäbe für das Völkerrecht, da sie feststellen, dass Politiker eine völkerrechtliche Verantwortung haben und dafür auch persönlich zur Verantwortung gezogen werden können. Die Sicherung des Weltfriedens und die Einhaltung der Menschenrechte haben Vorrang vor der nationalen Souveränität eines Staates.

Das Weltrechtsprinzip, die Anwendung nationalen Strafrechtes auf Sachverhalte, die nicht im Inland liegen, ist eine weitere Säule des internationalen Strafrechts. Es kann auch in den Fällen wirksam werden, die nicht in die Zuständigkeit dieser internationalen Gerichte fallen. Damit schließen sie Lücken in der Bestrafung von Verbrechen gegen die Menschenrechte.

Das Problem des Weltrechtsprinzips ist seine Abhängigkeit von den unterschiedlichen nationalen Rechtssystemen und der unterschiedlichen Qualität der Rechtsprechung in den einzelnen Ländern. Dem können „Völkerstrafgesetzbücher" entgegenwirken, welche die Grundsätze des Römischen Statuts des Internationalen Strafgerichtshofs in nationales Recht umsetzen.

Erstmalig in seiner Geschichte richtete der Sicherheitsrat der Vereinten Nationen im Mai 1993 einen „Ad-hoc-Strafgerichtshof" als friedenserhaltende Maßnahme nach Kapitel VII der UN-Charta ein. Die Zuständigkeit des „*International Criminal Tribunal for the Former Yugoslavia*" war zeitlich und geografisch auf die Kriegs- und Menschenrechtsverbrechen in allen Teilen des ehemaligen Jugoslawien seit dem 1. Januar 1991 beschränkt. Weitere Gerichtshöfe für Menschenrechtsverletzungen wurden danach in Ruanda, Sierra Leone, Kambodscha und Osttimor eingerichtet.

1989 wurde die Idee eines Internationalen Strafgerichtshofs wieder aufgegriffen, als auf Antrag von Trinidad und Tobago die UN-Generalversammlung die Völkerrechtskommission ersuchte, ihre bereits in den Fünfzigerjahren begonnene Arbeit zur Einrichtung eines Internationalen Strafgerichtshofes wieder aufzunehmen.

1994 erfolgte der Entwurf eines Völkerstrafgesetzbuchs und die Einsetzung eines *„Vorbereitungskomitees für einen Internationalen Strafgerichtshof"*. Die Völkerrechtskommission legte einen neuen Entwurf eines Völkerstrafgesetzbuchs als Grundlage für einen Strafgerichtshof vor, und das Komitee arbeitete die Vorschläge zahlreicher Staaten ein. Im Frühjahr 1998 legte es dazu einen abgestimmten Entwurf vor.

Im Sommer 1998 beriet eine Konferenz in Rom dieses Statut. Am 17. Juli 1998 wurde das *„Römische Statut des Internationalen Strafgerichtshofs"* verabschiedet und innerhalb kurzer Zeit von 60 Staaten ratifiziert, um am 1. Juli 2002 in Kraft zu treten. Verbrechen, die ab diesem Tag geschehen und in die Zuständigkeit des Internationalen Strafgerichtshofs fallen, können vor ihm verhandelt werden.

Römisches Statut des Internationalen Strafgerichtshofs 2002 (Auswahl)

Präambel

Die Vertragsstaaten dieses Statuts –

im Bewusstsein, dass alle Völker durch gemeinsame Bande verbunden sind und ihre Kulturen ein gemeinsames Erbe bilden, und besorgt darüber, dass dieses zerbrechliche Mosaik jederzeit zerstört werden kann, eingedenk dessen, dass in diesem Jahrhundert Millionen von Kindern, Frauen und Männern Opfer unvorstellbarer Gräueltaten geworden sind, die das Gewissen der Menschheit zutiefst erschüttern,

in der Erkenntnis, dass solche schweren Verbrechen den Frieden, die Sicherheit und das Wohl der Welt bedrohen,

bekräftigend, dass die schwersten Verbrechen, welche die internationale Gemeinschaft als Ganzes berühren, nicht unbestraft bleiben dürfen und dass ihre wirksame Verfolgung durch Maßnahmen auf einzelstaatlicher Ebene und durch verstärkte internationale Zusammenarbeit gewährleistet werden muss,

entschlossen, der Straflosigkeit der Täter ein Ende zu setzen und so zur Verhütung solcher Verbrechen beizutragen,

daran erinnernd, dass es die Pflicht eines jeden Staates ist, seine Strafgerichtsbarkeit über die für internationale Verbrechen Verantwortlichen auszuüben,

in Bekräftigung der Ziele und Grundsätze der Charta der Vereinten Nationen und insbesondere des Grundsatzes, dass alle Staaten jede gegen die territoriale Unversehrtheit oder die politische Unabhängigkeit eines Staates gerichtete oder sonst mit den Zielen der Vereinten Nationen unvereinbare Androhung oder Anwendung von Gewalt zu unterlassen haben,

in diesem Zusammenhang nachdrücklich darauf hinweisend, dass dieses Statut nicht so auszulegen ist, als ermächtige es einen Vertragsstaat, in einen bewaffneten Konflikt oder in die inneren Angelegenheiten eines Staates einzugreifen,

im festen Willen, zu diesem Zweck und um der heutigen und der künftigen Generationen willen einen mit dem System der Vereinten Nationen in Beziehung stehenden unabhängigen ständigen Internationalen Strafgerichtshof zu errichten, der Gerichtsbarkeit über die schwersten Verbrechen hat, welche die internationale Gemeinschaft als Ganzes berühren,

nachdrücklich darauf hinweisend, dass der auf Grund dieses Statuts errichtete Internationale Strafgerichtshof die innerstaatliche Strafgerichtsbarkeit ergänzt, entschlossen, die Achtung

241

und die Durchsetzung der internationalen Rechtspflege dauerhaft zu gewährleisten,
sind wie folgt übereingekommen:

Art. 1 – Errichtung des Gerichtshofs

Hiermit wird der Internationale Strafgerichtshof errichtet. Der Gerichtshof ist eine ständige Einrichtung und ist befugt, seine Gerichtsbarkeit über Personen wegen der in diesem Statut genannten schwersten Verbrechen von internationalem Belang auszuüben; er ergänzt die innerstaatliche Strafgerichtsbarkeit.

Die Zuständigkeit und die Arbeitsweise des Gerichtshofs werden durch dieses Statut geregelt.

Art. 2 – Verhältnis des Gerichtshofs zu den Vereinten Nationen

Der Gerichtshof wird durch ein Abkommen, das von der Versammlung der Vertragsstaaten dieses Statuts zu genehmigen und danach vom Präsidenten des Gerichtshofs in dessen Namen zu schließen ist, mit den Vereinten Nationen in Beziehung gebracht.

Art. 4 – Rechtsstellung und Befugnisse des Gerichtshofs

1. Der Gerichtshof besitzt Völkerrechtspersönlichkeit. Er besitzt außerdem die Rechts- und Geschäftsfähigkeit, die zur Wahrnehmung seiner Aufgaben und zur Verwirklichung seiner Ziele erforderlich ist.
2. Der Gerichtshof kann seine Aufgaben und Befugnisse, wie in diesem Statut vorgesehen, im Hoheitsgebiet eines jeden Vertragsstaats und nach Maßgabe einer besonderen Übereinkunft im Hoheitsgebiet eines jeden anderen Staates wahrnehmen.

Art. 5 – Der Gerichtsbarkeit des
Gerichtshofs unterliegende Verbrechen

1. Die Gerichtsbarkeit des Gerichtshofs ist auf die schwersten Verbrechen beschränkt, welche die internationale Gemeinschaft als Ganzes berühren. Die Gerichtsbarkeit des Gerichtshofs erstreckt sich in Übereinstimmung mit diesem Statut auf folgende Verbrechen:

a) das Verbrechen des Völkermords;

b) Verbrechen gegen die Menschlichkeit;

c) Kriegsverbrechen;

d) das Verbrechen der Aggression.

2. Der Gerichtshof übt die Gerichtsbarkeit über das Verbrechen der Aggression aus, sobald in Übereinstimmung mit den Artikeln 121 und 123 eine Bestimmung angenommen worden ist, die das Verbrechen definiert und die Bedingungen für die Ausübung der Gerichtsbarkeit im Hinblick auf dieses Verbrechen festlegt. Diese Bestimmung muss mit den einschlägigen Bestimmungen der Charta der Vereinten Nationen vereinbar sein.

Art. 6 – Völkermord

Im Sinne dieses Statuts bedeutet „Völkermord" jede der folgenden Handlungen, die in der Absicht begangen wird, eine nationale, ethnische, rassische oder religiöse Gruppe als solche ganz oder teilweise zu vernichten.

a) Tötung von Mitgliedern der Gruppe;

b) Verursachung von schwerem körperlichem oder seelischem Schaden an Mitgliedern der Gruppe;

c) vorsätzliche Auferlegung von Lebensbedingungen für die Gruppe, die geeignet sind, ihre körperliche Vernichtung ganz oder teilweise herbeizuführen;

d) Verhängung von Maßnahmen, die auf die Geburtenverhinderung innerhalb der Gruppe gerichtet sind;

e) gewaltsame Überführung von Kindern der Gruppe in eine andere Gruppe.

Art. 7 – Verbrechen gegen die Menschlichkeit

1. Im Sinne dieses Statuts bedeutet „Verbrechen gegen die Menschlichkeit" jede der folgenden Handlungen, die im Rahmen eines ausgedehnten oder systematischen Angriffs gegen die Zivilbevölkerung und in Kenntnis des Angriffs begangen wird:

a) vorsätzliche Tötung;

b) Ausrottung;

c) Versklavung;

d) Vertreibung oder zwangsweise Überführung der Bevölkerung;

e) Freiheitsentzug oder sonstige schwer wiegende Beraubung der körperlichen Freiheit unter Verstoß gegen die Grundregeln des Völkerrechts;

f) Folter;

g) Vergewaltigung, sexuelle Sklaverei, Nötigung zur Prostitution, erzwungene Schwangerschaft, Zwangssterilisation oder jede andere Form sexueller Gewalt von vergleichbarer Schwere;

h) Verfolgung einer identifizierbaren Gruppe oder Gemeinschaft aus politischen, rassischen, nationalen, ethnischen, kulturellen oder religiösen Gründen, Gründen des Geschlechts im Sinne des Absatzes 3 oder aus anderen nach dem Völkerrecht universell als unzulässig anerkannten Gründen im Zusammenhang mit einer in diesem Absatz genannten Handlung oder einem der Gerichtsbarkeit des Gerichtshofs unterliegenden Verbrechen;

i) zwangsweises verschwinden lassen von Personen;

j) das Verbrechen der Apartheid;

k) andere unmenschliche Handlungen ähnlicher Art, mit denen vorsätzlich große Leiden oder eine schwere Beeinträchtigung der körperlichen Unversehrtheit oder der geistigen oder körperlichen Gesundheit verursacht werden.

Art. 8 – Kriegsverbrechen

1. Der Gerichtshof hat Gerichtsbarkeit in Bezug auf Kriegsverbrechen, insbesondere wenn diese als Teil eines Planes oder einer Politik oder als Teil der Begehung solcher Verbrechen in großem Umfang verübt werden.
a) schwere Verletzungen der Genfer Abkommen vom 12. August 1949
nämlich jede der ... Handlungen gegen die nach dem jeweiligen Genfer Abkommen geschützten Personen oder Güter...

Art. 11 – Gerichtsbarkeit

1. Die Gerichtsbarkeit des Gerichtshofs erstreckt sich nur auf Verbrechen, die nach Inkrafttreten dieses Statuts begangen werden.
2. Wird ein Staat nach Inkrafttreten dieses Statuts dessen Vertragspartei, so kann der Gerichtshof seine Gerichtsbarkeit nur in Bezug auf Verbrechen ausüben, die nach Inkrafttreten des Statuts für diesen Staat begangen wurden.

Art. 14 – Unterbreitung einer Situation durch einen Vertragsstaat

1. Ein Vertragsstaat kann eine Situation, in der es den Anschein hat, dass ein oder mehrere der Gerichtsbarkeit des Gerichtshofs unterliegende Verbrechen begangen wurden, dem Ankläger unterbreiten und diesen ersuchen, die Situation zu untersuchen, um festzustellen, ob eine oder mehrere bestimmte Personen angeklagt werden sollen, diese Verbrechen begangen zu haben.
2. Soweit möglich, sind in der Unterbreitung die maßgeblichen Umstände anzugeben und diejenigen Unterlagen zur Begründung beizufügen, über die der unterbreitende Staat verfügt.

Der Internationale Strafgerichtshof ist ein eigenständiges völkerrechtliches Organ, das mit der UNO durch einen Kooperationsvertrag und Immunitätsabkommen verbunden ist.

Sein oberstes Organ ist die „Versammlung der Vertragsstaaten". Der Internationale Strafgerichtshof ist ein unabhängiges Gericht. Einmal im Amt, unterliegen die Richter keinen Weisungen, der Ankläger lediglich in bestimmten Fällen denen des Gerichts selbst oder des Sicherheitsrats. Politische Einflüsse auf die Arbeit des Gerichtshofs sollen so weit als möglich ausgeschlossen bleiben.

E N D E

LITERATUR

DIE MENSCHENRECHTE

Karl Peter Fritzsche, Menschenrechte. Eine Einführung mit Dokumenten, Paderborn, 2004

Matthias König, Thorsten Bonacker, Hans-Martin Lohmann, Menschenrechte, Frankfurt/Main,2005

Christoph Menke, Arnd Pollmann, Philosophie der Menschenrechte, Hamburg, 2008

Stefan Gosepath und Georg Lohmann, Philosophie der Menschenrechte, Frankfurt/Main, 2007

Klaus Schubert, Martina Klein, Das Politiklexikon, Bonn, 2006

Friedrich Heer, Die großen Dokumente der Weltgeschichte. Von den zehn Geboten bis zur Atlantik Charta, Frankfurt/Main, 1978

Friedrich Heer, Sabine Freitag, Klaus Günther, Für eine gerechte Welt. Große Dokumente der Menschheit, Darmstadt, 2004

Janko Musulin, Proklamationen der Freiheit. Von der Magna Charta bis zur ungarischen Volkserhebung, Fischer, Frankfurt/Main,1959

1. DER AUGSBURGER RELIGIONSFRIEDE 1555

Thomas Brockmann, Augsburger Religionsfrieden, in: Enzyklopädie der Neuzeit, Stuttgart, 2005

Axel Gotthard, Der Augsburger Religionsfrieden, Münster, 2004

Carl A. Hoffmann u. a. (Hrsg.), Als Frieden möglich war. 450 Jahre Augsburger Religionsfrieden, Begleitband zur Ausstellung im Maximilianmuseum Augsburg (16.6.-16.10.2005) Regensburg, 2005

Harm Klueting, Das konfessionelle Zeitalter, Stuttgart, 1989

Wolfgang Wüst, Georg Kreuzer, Nicola Schümann (Hrsg.), Der Augsburger Religionsfriede. Ein Epochenereignis und seine regionale Verankerung, Augsburg, 2005, (Zeitschrift des Historischen Vereins für Schwaben 98)

J. Gaertner (Hrsg.), Religionsfreiheit u. Frieden. Vom Augsburger Religionsfrieden zum europäischen Verfassungsvertrag, Frankfurt/ Main, 2007

http://www.lwl.org/westfaelische-geschichte/portal/Internet/ (Text)

2. Die Unabhängigkeitserklärung der Vereinigten Niederlande 1581

Michael Erbe, Belgien, Niederlande, Luxemburg. Geschichte des niederländischen Raumes. Stuttgart, Berlin, Köln, 1993

Michael North, Geschichte der Niederlande. München, 2008

Janko Musulin, Proklamationen der Freiheit. Von der Magna Charta bis zur ungarischen Volkserhebung, Fischer, Frankfurt/Main, 1959 (Text)

http://www.historicum.net/themen/achtzigjaehriger-krieg/einfuehrung/

3. Der Friede von Münster und Osnabrück – Westfälischer Friede 1648

Fritz Dickmann, Der Westfälische Friede. Münster, 1998

Herbert Langer, Das Tagebuch Europas. 1648 – Der Westfälische Friede. Berlin, 1994

Christoph Link, Die Bedeutung des Westfälischen Friedens in der deutschen Verfassungsentwicklung. Zum 350-jährigen Jubiläum eines Reichsgrundgesetzes, in: JZ 1998, 1ff.

Eva Ortlieb, H. Duchhardt (Hrsg.), Der Westfälische Friede, München, 2001

Roswitha Philippe, Württemberg und der Westfälische Friede, Münster/Westfalen, 1976

Georg Schmidt, Geschichte des Alten Reiches. Staat und Nation in der Frühen Neuzeit 1495–1806, München, 1999

Benno Teschke, Mythos 1648 – Klassen, Geopolitik und die Entstehung des europäischen Staatensystems, Münster, 2007

Manfred Wolf, Das 17. Jahrhundert. in: Wilhelm Kohl (Hrsg.), Westfälische Geschichte. Band 1. Düsseldorf, Schwann, 1983 (Veröffentlichungen der Historischen Kommission für Westfalen, XLIII), S. 537-685, bes. S. 561 ff.

http://www.lwl.org/westfaelische-geschichte/portal/Internet/ http:// www.lwl.org/LWL/Kultur/Westfaelischer_Friede/ (Text)

4. Die Habeas-Corpus-Akte 1679

David J. Clark, Gerard McCoy, David Clark, The Most Fundamental Legal Right. Habeas Corpus in the Commonwealth, Oxford University Commonwealth Law Journal, Volume 1, Number 2, 2001, pp. 287-292(6)

http://www.constitution.org/eng/habcorpa.htm (Text)

http://de.encarta.msn.com/encyclopedia_761579036/Habeas-Corpus-Akte.html

5. Die Bill of Rights Englands 1689

Günther Doeker, Malcolm Wirth, Das politische System Großbritanniens, Berlin,1982

Günther Franz, Staatsverfassungen der Vergangenheit und Gegenwart, Oldenbourg, 1975

P.C. Mayer-Tasch, Die Verfassungen Europas, Stuttgart, 1966

Carl Stephenson, F.G. Marcham, Sources of English Constitutional History, New York, 1972

Martin Hasenöhrl, Die Entwicklung des politischen Liberalismus in England. Von der Bill of Rights bis zur konstitutionellen Monarchie, E-Book, Grin-Verlag, Würzburg, 2000

http://avalon.law.yale.edu/17th_century/england.asp

http://www.verfassungen.de/gb/gb1689.htm (Text)

6. Die Virginia Bill of Rights 1776

Die Amerikanische Revolution und die Verfassung 1754-1791, dtv-Dokumente 2956, S. 258

Manfred Jonas, Die Unabhängigkeitserklärung der Vereinigten Staaten, Hannover, 1964

Wilhelm Altmann, Ausgewählte Urkunden zur außerdeutschen Verfassungsgeschichte seit 1776, Berlin, 1913

http://www.dadalos-d.org/deutsch/Menschenrechte/Grundkurs_MR2/Materialien/dokument2.htm (Text)

http://www.gunstonhall.org/documents/vdr.html (Text englisch)

7. Die Unabhängigkeitserklärung der USA 1787

Angela u. Willi Paul Adams (Hrsg.), Die Amerikanische Revolution und die Verfassung 1754–1791, München, 1987

Gert Raeithel, Geschichte der Nordamerikanischen Kultur. Bd. 1: Vom Puritanismus bis zum Bürgerkrieg 1600–1860, Frankfurt/Main, 1987

Udo Sautter, Geschichte der Vereinigten Staaten von Amerika, Stuttgart, 1991

Howard Zinn, Eine Geschichte des amerikanischen Volkes. Band 2: Unabhängigkeitserklärung, Revolution und das Aufbegehren der Frauen, Berlin, 2006.

Philipp Gassert u. a., Kleine Geschichte der USA. Reclam, Stuttgart, 2007

Stephan Bierling, Geschichte der amerikanischen Außenpolitik, München, 2003

Horst Dippel, Geschichte der USA, München, 1996

Jürgen Heideking, Christof Mauch, Geschichte der USA, Tübingen, 2006

Hans R. Guggisberg, Die Geschichte der USA, Stuttgart, 1975

Alexander Emmerich, Geschichte der USA, Stuttgart, 2008

http://de.wikipedia.org/wiki/Unabhängigkeitserklärung_der_Vereinigten_Staaten

http://www.dhm.de/magazine/unabhaengig/erkl_index.htm (Text)

8. Die Erklärung der Menschen- und Bürgerrechte 1789

Antoine de Baecque, Wolfgang Schmale, Michel Vovelle (Hrsg.), L'an 1 des droits de l'homme. Presses du CNRS, Paris, 1988

Marcel Gauchet, Die Erklärung der Menschenrechte. Die Debatte um die bürgerlichen Freiheiten 1789, Hamburg, 1991

Marcel Gauchet, Menschenrechte. In: Kritisches Wörterbuch der Französischen Revolution. Bd. 2, (Hrsg.) von François Furet und Mona Ozouf, Frankfurt/Main, 1996, S. 1180-1197.

Georg Jellinek, Die Erklärung der Menschen- und Bürgerrechte, Saarbrücken, 2006

Georg Jellinek und Klaus H. Fischer, Die Erklärung der Menschen- und Bürgerrechte. Ein Beitrag zur modernen Verfassungsgeschichte, Darmstadt, 1996

Wilhelm Rees, Die Erklärung der Menschen- und Bürgerrechte von 1789, Leipzig 1912, Reprint Frankfurt/Main, 1968

Günther Franz, Staatsverfassungen, Darmstadt, 1975

http://de.wikipedia.org/wiki/Erklärung_der_Menschen-_und_Bürgerrechte (Text)

9. Die Bill of Rights der USA 1791

Irving Brant, The Bill of Rights. Its Origin and Meaning, Indianapolis, 1965

Ronald Hoffman, Peter J. Albert, The Bill of Rights. Government Proscribed. University Press of Virginia for the United States Capitol Historical Society, Richmond, 1997, 463 pp.

Richard Labunski, James Madison and the Struggle for the Bill of Rights, Oxford, 2008

Leonard W. Levy, Origins of the Bill of Rights (Contemporary Law Series), New Haven, 1999

Paul L. Murphy, The Shaping of the First Amendment. 1791 To the Present (Bicentennial Essays on the Bill of Rights) Oxford, 1999

Robert Allen Rutland, The Birth of the Bill of Rights, 1776–1791 University of North Carolina Press, New York, 1955

Harold J. Spaeth, Edward C. Smith, HarperCollins College Outline. The Constitution of the United States, New York, 1991

http://www.verfassungen.de/us/verf87.htm#z (Text)

10. Die Erklärung der Rechte der Frau und Bürgerin 1792

Olympe de Gouges, Schriften, Basel, 1989

Birgit Menzel, Frauen- und Menschenrechte – Geschichtliche Entwicklung einer Differenz und Ansätze zu deren Beseitigung. IKO, Frankfurt/Main, 1994

Hannelore Schröder (Hrsg.), Olympe de Gouges – Mensch und Bürgerin, Aachen, 1995

http://olympe-de-gouges.info/Erklaerung-der-Rechte-der-Frau-und-Buergerin.htm (Text)

http://www.anabell.de/biografien/olympe_de_gouges/olympe_de_gouges_erklaerung_der_rechte_der_frau_und_buergerin.php (Biographie)

http://de.wikipedia.org/wiki/Erklärung_der_Rechte_der_Frau_und_Bürgerin

11. Das Kommunistische Manifest 1848

Günther Hildebrandt und Walter Wittwer, 125 Jahre Kommunistisches Manifest und bürgerlich-demokratische Revolution 1848/49, Ruggell, 1975

Karl Marx und Friedrich Engels, Das Kommunistische Manifest. Eine moderne Edition. Mit einer Einleitung von Eric Hobsbawm, Hamburg-Berlin, 1999

Das Manifest der Kommunistischen Partei/ Das Kapital. Gekürzte mit Kommentaren versehene Fassung von Karl Marx, Friedrich Engels, Berlin, 1998

http://de.wikipedia.org/wiki/Manifest_der_Kommunistischen_Partei

http://www.vulture-bookz.de/marx/archive/volltext/Marx-Engels_1848--90~Das_Kommunistische_Manifest.html (Text)

12. Die Paulskirchenverfassung 1849

Jörg-Detlef Kühne, Die Reichsverfassung der Paulskirche. Neuwied, 1998

Karl Binding

Der Versuch der Reichsgründung durch die Paulskirche. Schutterwald/ Baden, 1998

Johannes Grützke, Paulskirche. Der Zug der Volksvertreter, Frankfurt/ Main, 2002

Elmar Hucko, Von der Paulskirche zum Museum Koenig. Vier deutsche Verfassungen, Köln, 1984

Christoph Stoll, Die Paulskirche und die erste Verfassung der Deutschen, München, 1989

http://verfassungen.de/de/de06-66/verfassung48-i.htm (Text)

13. Die Emanzipationsdeklaration der Vereinigten Staaten 1863

Dietrich Gerhard, Lincoln und die Sklavenbefreiung, Hannover, 1965

James McPherson, The Struggle for Equality. Abolitionists and the Negro in the Civil War and Reconstruction, Princeton, 1964

Leonard L. Richards, Gentleman of Property and Standing. Anti-Abolition Mobs in Jacksonian America, New York, 1970

John L. Thomas (Hrsg.), Slavery Attacked, The Abolitionist Crusade, Englewood Cliffs/New Jersey, 1965

Adam Hochschild, Sprengt die Ketten. Der entscheidende Kampf um die Abschaffung der Sklaverei, Stuttgart, 2005

Carin T. Ford, Lincoln, Slavery, and the Emancipation Proclamation, Berkeley Heights, 2004

David Armentrout, Patricia Armentrout, The Emancipation Proclamation, Vero Beach, 2004

Allen C. Guelzo, Lincoln's Emancipation Proclamation. The End of Slavery in America, Simon&Schuster, New York, 2006

http://libertyonline.hypermall.com/Lincoln/emancipate.html (Text englisch)

http://de.wikipedia.org/wiki/Emanzipations-Proklamation

14. Die Erste Genfer Konvention 1864

Jana Hasse, Erwin Müller, Patricia Schneider, Humanitäres Völkerrecht: politische, rechtliche und strafgerichtliche Dimensionen. Baden-Baden, 2001

Hans-Peter Gasser, Humanitäres Völkerrecht. Eine Einführung, Baden-Baden, 2007

http://www.drk.de/voelkerrecht/pdf/Faltblatt_Genfer_Abkommen.pdf

http://de.wikipedia.org/wiki/Genfer_Konventionen

http://en.wikisource.org/wiki/First_Geneva_Convention (Text englisch)

http://www.icrc.org/ihl.nsf/FULL/120?OpenDocument (Text englisch)

15. Die Haager Landkriegsordnung 1907

Dirk Diehm, Völkerrechtliche Grundlagen des Besatzungsrechts vor dem Ersten Weltkrieg. Die Haager Landkriegsordnung von 1907 und ihre Auslegung im Deutschen Reich und Europa, E-Book, Grin-Verlag, Würzburg, 2007

Rudolf von Laun, Die Haager Landkriegsordnung, Hannover, 1947

Anton Schlögel, Die Genfer Rotkreuz-Abkommen vom 12. August 1949 sowie die Abkommen betreffend die Gesetze und Gebräuche des Landkrieges vom 18. Oktober 1907 u. Anl. (Haager Landkriegsordnung), Mainz, 1955

Knut Ipsen, Volker Rittberger, Christian Tomuschat, 100 Jahre Zweite Haager Friedenskonferenz, in: Die Friedens-Warte, Bd.82/4, Berlin, 2008

http://www.geschichtsthemen.de/haager_landkriegsordnung.htm (Text)

16. Die Atlantik-Charta 1941

Die Atlantik-Charta und die Konferenzen von Casablanca, Moskau, Cairo, Teheran, Yalta, Volk & Zeit, Karlsruhe, 1946

Churchill, Winston S., Englands größte Stunde. Der Zusammenbruch Frankreichs, Teil 1, Bern, 1953

http://en.wikisource.org/wiki/The_Atlantic_Charter (Text englisch)

http://lexikon.meyers.de/wissen/Atlantikcharta+(Quellentexte) (Text deutsch)

17. Die Charta der Vereinten Nationen 1945

Walter Schätzel, Die Charta der Vereinten Nationen und die Satzung des Völkerbundes nebst dem Statut des Haager Internationalen Gerichtshofes, Wiesbaden, 1948

Walter Schätzel, Die Charta der Vereinten Nationen, München, 1967

Hartmut Krüger, Die Charta der Vereinten Nationen und das Statut des Internationalen Gerichtshofs, Reclam, Ditzingen, 1975

Hans von Mangoldt, Volker Rittberger, Franz Knipping (Hrsg.), Das System der Vereinten Nationen und seine Vorläufer. Unter Mitarbeit von Martin Mogler u. Stephan Wilske, München, 1995

Dieter Göthel, Die Vereinten Nationen: Eine Innenansicht. Auswärtiges Amt, Berlin, 2002

http://www.unric.org/index.php?option=com_content&task=view&lang=de&id=108&Itemid=196 (Text)

18. Die universelle Deklaration der Menschenrechte der Vereinten Nationen 1948

Christoph Meckel, Allgemeine Erklärung der Menschenrechte. Verkündet von der Generalversammlung der Vereinten Nationen am 10. Dezember 1948, Frankfurt/Main, 1990

Giorgio Paschotta, Menschenrechte der UNO-Charta von 1948. Allgemeine Erklärung der Menschenrechte vom 10. Dezember 1948, Jork, 2006

Die UNO-Menschenrechte. Allgemeine Erklärung der Menschenrechte. Beschlossen und verkündet von der Generalversammlung der Vereinten Nationen am 10. Dezember 1948, Berlin, 1994

http://www.unhchr.ch/udhr/lang/ger.htm (Text)

19. Das Deutsche Grundgesetz 1949

Michael F. Feldkamp, Der Parlamentarische Rat 1948 – 1949. Die Entstehung des Grundgesetzes, Göttingen, 2008

Udo Sautter, Deutsche Geschichte seit 1815. Daten, Fakten, Dokumente 2. Verfassungen, Utb Stuttgart, 2004

Werner Martin, Der Weg zum Grundgesetz. Deutsche Interessen und der Einfluss des Auslands, Tübingen, 2008

Klaus Stern, Das Staatsrecht der Bundesrepublik Deutschland – Band V., München 2000 Deutscher Bundestag und Bundesarchiv (Hrsg.), Der Parlamentarische Rat 1948–1949. Akten und Protokolle, Bd. II: Der Verfassungskonvent auf Herrenchiemsee, Boppard am Rhein, 1981, S. 507

http://de.wikipedia.org/wiki/Grundgesetz_für_die_Bundesrepublik_Deutschland

http://www.bundestag.de/parlament/funktion/gesetze/grundgesetz/index.html (Text)

20. Die Europäische Deklaration der Menschenrechte 1950

Christoph Grabenwarter, Europäische Menschenrechtskonvention, München, 2008

Jens Meyer-Ladewig, Europäische Menschenrechtskonvention. Handkommentar, Baden-Baden, 2006

Wolfram Karl / Philip Czech (Hrsg.), Der Europäische Gerichtshof für Menschenrechte vor neuen Herausforderungen. Aktuelle Entwicklungen in Verfahren und Rechtsprechung, Salzburg, 2007

http://de.wikipedia.org/wiki/Europäische_Menschenrechtskonvention

http://conventions.coe.int/Treaty/ger/Treaties/Html/005.htm (Text)

21. Die Genfer Flüchtlingskonvention 1951

Otto Benecke, Vierzig Jahre Asylgrundrecht. Verhältnis zur Genfer Flücht-lingskonvention, Bonn, 1990

http://de.wikipedia.org/wiki/Genfer_Flüchtlingskonvention

http://www.unhcr.at/grundlagen/genfer-fluechtlingskonvention.html

http://www.unhcr.at/fileadmin/unhcr_data/pdfs/rechtsinformatio-nen/1_International/1_Voelkerrechtliche_Dokumente/01_GFK/01_GFK_Prot_dt.pdf (Text)

22. Der Weltraumvertrag 1967

Adrian Bueckling, Der Weltraumvertrag, Köln, 1980

Detlev Wolte, Common Security in Outer Space And International Law, Genf, 2006

Wulf von Kries, Bernhard Schmidt-Tedd, Kai-Uwe Schrogl, Grundzüge des Raumfahrtrechts. München, 2002

http://www.unoosa.org/pdf/publications/STSPACE11E.pdf (Text englisch)

http://www.auswaertiges-amt.de/diplo/de/Aussenpolitik/Internat-Recht/Weltraumrecht/Uebersicht.html

23. Die Frauenrechtskonvention 1980

Stephan Meder, Arne Duncker, Andrea Czelk, und Tatjana Aigner, Frau-enrecht und Rechtsgeschichte. Die Rechtskämpfe der deutschen Frauenbewegung, Wien, 2006

Brita Neuhold, Renate Pirstner, und Silvia Ulrich, Menschenrechte – Frauenrechte: Internationale, europarechtliche und innerstaatliche Dimensionen, Innsbruck, 2003

http://www.humanrights.ch/home/de/Instrumente/UNO-Abkom-men/Frauenrechtskonvention/content.html (Text)

24. Die Konvention über die Rechte des Kindes 1989

Daniela Friedrich, Die UN-Kinderrechtskonvention, E-Book, Grin-Verlag, Würzburg, 2007

Reinhardt Jung, Die Rechte der Kinder: Die Kinderrechtskonvention der Vereinten Nationen, Osnabrück, 1997

Dorothea Pass-Weingartz, Das Übereinkommen über die Rechte der Kinder. Die UN-Kinderrechtskonvention im Wortlaut, Bonn, 1992

http://de.wikipedia.org/wiki/Kinderrechtskonvention

http://www.aufenthaltstitel.de/unkinderrechtskonvention.html (Text)

25. Das Römische Statut des Internationalen Strafgerichtshofes

Markus Benzing, The Complementarity Regime of the International Criminal Court. International Criminal Justice between State Sovereignty and the Fight against Impunity, in: Max Planck Yearbook of United Nations Law, Leiden, 2003, S. 591-628

Hermann-Josef Blanke, Claus Molitor, Der Internationale Strafgerichtshof, in: Archiv des Völkerrechts (AVR). 39. Bd., 2001, S. 142-169.

Andreas Bummel, Meilenstein des Völkerrechts – Der Internationale Strafgerichtshof, in: Mainzer Zeitschrift für Jurisprudenz. Nr. 1, Mainz, 2001.

Salla Huikuri, Entstehung und Bedeutung des ICC (Internationaler Strafgerichtshofs) unter besonderer Berücksichtigung der US-amerikanischen AußenpolitikE-Book, Grin-Verlag,Würzburg, 2008

Gregor Kemper, Der Weg nach Rom, Die Entwicklung völkerrechtlicher Strafgerichtsbarkeit und die Errichtung des Ständigen Internationalen Strafgerichtshofs, New York, 2004

http://www.menschenrechte.org/beitraege/straflosigkeit/strafgerichtshof.pdf

http://www.internationaler-strafgerichtshof.de/

http://www.admin.ch/ch/d/sr/c0_312_1.html (Text)